정의의 신학: 둘(the Two)의 신학

이 책을 2014년 8월 15일부터 '세월호의 아픔을 함께 하는 이 땅의 신학자들'로 함께 투쟁해왔던 학문과 삶의 동지들에게 바칩니다.

— 우리의 활동은 2014년 10월 30일 177명의 신학자가 서명한 기자회견으로, 11월 1일 기도회로, 세월호 에세이 『곁에 머물다: 그 봄을 기억하는 사람들의 겨울편지』(서울: 대한기독교서회, 2014), 『남겨진 자들의 신학: 세월호의 기억과 분노 그리고 그 이후』(서울: 동연, 2015)로 그리고 한국문화신학회, 『세월호 이후 신학: 우는 자들과 함께 울라』(서울: 모시는사람들, 2015)로 이어졌다. 그대들과 함께 외쳤던 정의의 함성을 새삼 박근혜 대통령이 탄핵되던 날 다시 떠올린다.

정의의 신학
-둘(the Two)의 신학-

〈한국기독교학회 제11회 소망학술상 수상 저서〉

박일준 지음

동연

| 감사의 글 |

내 생각과 삶은 '선생'(先生)으로부터 왔다. 그 선생 이정배 교수님과 감신 연구실에서 책을 읽으며 생각을 나누던 시간들이 어느덧 이런 어쭙잖은 글들로 모아졌다. 그 앞선 삶만큼 부끄럽지 않은 삶의 시간이 되기를 바라지만, 늘 부족하기만 하다.

변선환 아키브의 신옥희 선생님에게도 감사를 전합니다. 아키브 소장직을 변변히 잘 수행하지도 못하는 저에게 늘 격려를 아끼지 않으셨던 선생님의 마음에 깊이 감사드립니다.

이제는 혼자가 아니라, 동무들과 늘 어울려 살아가는 존재가 되었습니다. 〈인문학밴드: 대구와 카레〉의 김희헌, 박지은, 이상철, 정경일, 최순양, 신익상, 이은경, 최상도, 이관표, 박재형, 김지목, 그리고 연세대학교 GRN 연구팀원들인 로버트 코링턴(Robert S. Corrington), 레온 니모진스키(Leon Niemoczinski), 김정두, 김수연, 손호현, 송용섭, 손문 그리고 학문의 동지 전현식 교수님, 또한 장신대학교 〈페미니즘과 제3의 성〉 연구팀 캐서린 켈러(Catherin Keller) 교수님과 김은혜 교수님에게 감사를 전합니다. 함께 공부하면서, 많은 영감과 도움을 주었고, 자그마하나마 이리 결실을 맺습니다. 또 한국문화신학회 총무로서 늘 부족한 저를 격려해주시는 협성대학교 박숭인 교수님과 임원들에게 감사를 드립니다.

무엇보다도 한국기독교학회와 소망교회에 감사를 전합니다. 한국기독교학회가 선정하는 소망학술상은 소망교회의 후원으로 이루어지는데, 현장성이라는 망령이 한국적 신학의 사유방식을 말라죽어가도록 만들었던 지난 풍토를 돌아볼 때 이런 책을 출판할 수 있도록 지원하여주셔서 감사합니다. 내용 없는 현장성의 변죽들보다는 알찬 사유와 내용으로 영근 신학 작업들을 계속 지원하여주시기를 부탁드립니다.

끝으로 이 책을 출판을 위해 수고해주신 도서출판 동연의 김영호 대표님께 마음 깊이 감사를 올립니다.

내 삶의 보석들, 아내 한경숙과 주원, 주은, 주영에게 감사하며

2017년 3월

박일준

| 목 차 |

들어가며

"그때 그는 비로소 모든 것을 받아들일 수 있었다. 영혼의 맨 밑바닥에서 다자키 쓰쿠루는 이해했다. 사람의 마음과 사람의 마음은 조화만으로 이어진 것이 아니다. 오히려 상처와 상처로 깊이 연결된 것이다. 아픔과 아픔으로 나약함과 나약함으로 이어진다. 비통한 절규를 내포하지 않은 고요는 없으며 땅 위에 피 흘리지 않는 용서는 없고, 가슴 아픈 상실을 통과하지 않는 수용은 없다. 그것이 진정한 조화의 근저에 있는 것이다." ― 무라카미 하루키, 『색채가 없는 다자키 쓰쿠루와 그가 순례를 떠난 해』(서울: 민음사, 2013), 363-364.

정의는 '둘'(the Two)의 문제이다. 정의는 '의'가 공평하게 행해지고 있느냐의 개념이고, 그것은 곧 '둘의 사이' 문제가 된다. 하지만 이것은 정의가 관계의 문제라는 말이 아니다. 우리 시대에 '관계성' 개념은 참 많이 남용되어왔다. 특별히 인간관계라는 말은 자신의 이익을 위한 인맥이라는 말과 치환되어 사용되어왔고, 이는 '관계'란 곧 같은 이익을 얻기 위한 동맹 관계를 가리키는 말로 남용되어왔다. 정의는 이러한 관계의 문제가 아니다. 정의는 그 관계를 가능케 해주는 '사이'(the Between)의 문제이고, 이 사이는 주체에게 실재와 환상 사이에서 끊임없는 자기 교정의 노력을 그리고 끊임없는 공부―쿵푸라는 중국어 본래 발음의 의미에서—의 노력을 요구한다. 칸트의 말대로 우리는 정의라는 실재 혹은 정의라는 '물 자체'에 도달할 수 없기 때문이다.

도대체 도달할 수 없는 정의(justice)를 우리는 왜 그토록 찾고 궁리해야만 할까? 글쎄 그건 신비일는지도 모른다. 인간의 신비. 하지만 그것이 신비이건 아니건 간에, 우리는 그 정의가 우리 세계를 넘어선 곳으로부터 도래하여 우리 사회의 부정의를 판단하고 분별하는 척도로 작동한다고 '믿는다.' 그렇다 믿는다 우리는. 정의가 존재함을. 그래서 정의 담론은 본래부터 신학적 담론이다. 여기서 필자는 정의가 종교적 담론임을 주장하지 않는다. 세상에는 많은 종교들이 있고, 그 종교들마다 각자의 장점과 훌륭한 점들이 있으리라 상상한다. 하지만 적어도, 필자의 좁은 소견으로, 기독교 특별히 개신교는 정의 담론을 현실화시켜내는 데 그 고유성이 있는 종교이다. 2천 년도 더 오래된 로마 제국 시대에 '기독교인들'은 귀족과 노예가 함께 모여 '형제님'이라 부르면서 예배를 드렸다. 그들을 향해 동성애자들이라는 딱지를 붙였으리라. 그 옛날에 귀족과 평민 그리고 노예들로 구성된 남자와 여자들이 모여 예배를 드렸다. 그들을 향해 혼음하는 방탕한 무리라는 딱지가 붙었으리라. 그 옛날에 어린아이들과 어른이 함께 모여 예배를 드렸다. 그 시간에 '살'과 '피'를 나눈다는 말이 나돌았고, 그래서 그 기독교인들은 예배 때 모여 사람을 잡아먹는 식인집단이라는 딱지가 붙었다. 그러나 사람들의 핍박과 제국 당국의 간헐적인 박해에도 불구하고, 기독교 신앙을 가진 이들은 살아남았고, 그들은 새로운 시대를 창출하였다: 하나님 앞에서 동등한 사람들이 모여 예배하는 공동체. 물론 이 이상적인 모습은 역사적으로 온전히 실현된 적이 거의 없지만, 하나님 앞에서의 평등이라는 생각은 서구 역사 속에서 부정의를 판단하는 개념적 지렛대를 제공했다. 루터가 선포한 종교개혁 3대 원리 중 '오직 은혜로만'(*sola gratia*)은 이를 온전히 반복했다. 이 반복은 무엇을 반복하는가? 하나님 앞에서 성직자와 평신도의 구별은 위계적일 수 없다는 것. 모두 동등하다는 것.

우리가 돌아보는 모든 세상에서 사람들은 동등하지 않다. 어떤 것을 통해서건 우리는 서로 다르다. 그리고 그 다름은 우리 서로를 차별하는 근거가 된다. 그렇게 불평등하고 차별이 횡행하는 세상의 한복판에 모든 사람은 (하나님 앞에서) 동등하다는 생각이, 믿음이 찾아왔다. 그것은 곧 죽은 자에 대한 믿음이었다. 그가 부활했다는. 본 사람은 거의 없었고 확인할 길도 없었지만, 그들은 그를 전한 사람(들)의 입을 통해 그의 생각을 믿었다. 그의 생각이 무엇이었는지는 텍스트들 자체가 일관성과 논리를 갖추고 있다고 보기 어렵기 때문에 (아마도 전승자들의 관점과 해석의 다양성 때문에) 정확히 알 수는 없지만, 그가 부활했다고 모인 사람들이 실현한 공동체의 모습 속에서 그의 생각을 읽을 수 있다. 귀족과 노예가 동등하게 형제님인 세상. 신분여하에 상관없이 남녀가 함께 형제님과 자매님으로 머리 숙이는 세상. 나이에 상관없이 모두가 형제자매님으로 머리 숙이며 인사하는 세상.

결국 정의는 우리에게 '둘'(the Two)의 출현을 가져다준다. 그것은 지금 살아가는 현실에 대항하는 관념의 도래로 인해 현실을 둘(the Two)로 만들어버리는 사건이다. 그래서 우리의 삶은 현실과 이상이라는 분열을 겪는다. 우리가 살아가는 '현실'이라는 것도 두뇌의 세계 인지 메커니즘에 따르면 재구성이다. 현실에 실현되어본 적 없는 이상도 우리의 개념적 생성물이다. 말하자면, 현실이라는 것도 이상이라는 것도 뇌의 관점에서 보면 재구성이고 가상이라는 점에서 큰 차이가 없다는 말이다. 결국 '둘'은 우리의 환상(fantasy 혹은 illusion)이다. 현실은 이상을 꿈꾸는 것과 같고, 이상은 가상적 현실의 창출이다. 따라서 현실에 대한 인식과 이상에 대한 환상 모두 이야기적 구조를 갖는다. 달리 말하자면, 정의란 우리에게 어떤 꿈을 꾸며, 오늘을 살아갈 것인가를 묻는다. 유발 하라리는 최근 저서 *Homo Deus*에서 유기체는 알고리즘으로 구성되어 있고, 인간을 포함한 유기체는 그 알고리즘에 의해서 작동한다는 점을 지적한다. 즉 우리의 모든 행동은 생화학적으로 만들어진 생체 메커니즘에 의해서 작동한다는 것이다. 인간의 특이성은 이 생화학적 알고리즘으로부터 자유롭다는 데 있는 것이 아니라―그런 환상을 근대 이래로 끊임없이 만들어내왔던 것도 사실이지만―오히려 그러한 메커니즘에 따라 소비하고 행동하고 선택하고 결단하면서도, 그것을 생화학적 메커니즘에 따른 '기계적인' 결정이 아니라, 자신의 주체적인 선택과 결단의 결과라 생각한다는 점이다. 이는 환상이 아닌 망상(delusion)[1]에 사로잡혀 행동하는 경우도 마찬가지이다. 그러한 의지적 선택과 결단의 근거에 환상이 놓여 있다. 즉 정의는 우리의 환상이다. 이는 그것이 실현되었으면 하는 소망을 담고 있기도 하고, 우리 역사의 모든 정치적 혁명의 순간에 실현되어야 할 이상으로서 제시되어왔다는 점에서 과거의 실재이기도 하다. 요점은 그러한 정의의 환상이 이 삶의 세계에 "둘"(the Two)의 분열을 도입한다는 점이다. 우리가 현실이라고 인정하는 이 체제가 정당하지 않다는 분열 말이다.

　한 번도 온전히 실현되어본 적이 없는 개념이 역사의 순간들 속에

---

1) 리처드 도킨스는 *The God Delusion*에서 '환상'과 '망상' 사이의 재미있는 구별을 전해준다. 환상 즉 illusion은 A를 B라고 착각하는 경우를 가리킨다. '망상'은 A라는 대상 자체가 존재하지 않는데, 존재한다고 믿으며 행위하는 경우를 가리킨다.

간헐적으로 실현되지만, 이내 배신당한다. 그 개념의 본래적 의도와 목적이 현실의 정치적 타협 속에서 배신당하고, 개념은 껍데기만 남게 된다. 그 배신당한 과거가 다시 현재에 반복된다. 이 반복은 이전의 시간을 기계적으로 반복하는 것이 아니라, 현재가 배신한 과거의 개념 즉 배신당한 과거의 잠재성을 반복하는 것이다. 그래서 반복은 지금 여기에 '차이'를 도입한다. 그 개념적 차이가 세상을 바꾸는 동기가 된다. 이것이 기독교다. 하나님의 공의로움과 하나님 나라라는 개념은 단지 신학적인 개념에 불과했던 것이 아니라, 우리 문명에, 보다 구체적으로 유럽 문명에 '정의라는 개념을 배태하는' 촉매가 되었다. 그래서 정의는 신학적인 개념이다. 정의는 하나님 나라의 도래와 맞물려 있다. 때로 '정의'라는 말의 유래를 그리스적 기원에서 찾지만, '자신의 정당한 몫을 되찾는다'는 개념의 정의는 기존 체제의 부정의를 까발리는 개념이 아니라, 도리어 기존의 셈법이 정당하게 실천되지 못했다는 측면이 더 강하다. 정의라는 개념은 역사적으로 단지 셈법은 맞지만, 그 셈이 온전히 적용되지 못했다는 소극적 측면에서 문제가 되었던 것이 아니다. 보다 근원적이다. 지금 기존의 체제가 근원적으로 잘못되었다는 것이다. 우리가 모든 시대를 살아온 사람들이 아닌데, 지금 이 체제가 태어나면서부터 이런 체제였는데, 도대체 지금 이 체제가 잘못되었다는 근거는 무엇인가? 바로 성서다. 그 이야기 속에 정의 개념이 담겨 있다. 하나님께서 나와 우리 조상에게 허락해주신 이 땅을 왕이 빼앗을 수 없다는 나봇의 항변 속에 정의 개념이 담겨 있지 않은가? 우리는 역사적으로 강자가 모든 것을 빼앗는 것은 부정의한 것이 아니라, 약육강식 세계의 정의라는 환상을 주입받으며 성장하지 않는가? 그래서 우리는 늘 힘 있는 자 앞에서 침묵했던 경험들이 있는 것 아닌가? 그런데 왜 그런 삶의 교육과 경험이 틀렸다는 생각이 드는 것인가? 성서의 이야기가 왜 정의의 이야기로 들려야 하는 것일까? 여기서 정의와 현실이 둘(the Two)로 창출되는 것이 느껴지지 않는가?

우리의 문명이 발달해갈수록, '정의'(justice)를 향한 함성은 더 커져간다. 인공지능과 포스트휴먼의 시대가 되면서, 삶의 불평등 조건들은 확대되어가고 있고, 더 많은 수의 사람들이 이전보다 못한 삶의 조건에서 이전보다 더 혹독한 삶을 요구받고 있다. '그래도 대학은 나와야 직업을 얻지'라고 말하던 시대는 벌써 아득한 기억의 옛날이 되어가고, 대학을 졸업하고도 비정규직, 알바, 파트타임 등을 전전하는 사람들이 널려 있으며, 삶을 걸고 열심히 달려왔던 직업의 현장에서 구조조정과 명퇴에 몰려 이직 시장으로 내몰린 이들은 아무런 준비 없이 생존투쟁의 현장에서 쓰러져간다. 이렇다 할 준비 없이 맞이한 노년은 삶이라는 것이 공포스럽다는 사실을 체감시켜주고 있고, 하루가 멀다 하고 쏟아지는 정부의 대책은 아무런 희망이 되지 못하며, 이제 하루하루 일용직 노동자처럼 한시적 일거리를 전전하는 인생이 되고 있다. 그런 절망적인 시대 상황을 은폐하기 위해 늘 정권은 사람들에게 '환상의 구조'를 작동시킨다. '이 나라가 북의 '악마적 존재'로부터 위협받고 있다,' '돈이면 다 된다,' '예쁘면 다 용서된다,' '부모라는 백도 능력이다,' '앵커하려면 이뻐야 한다,' '대기업이 쓰러지면 나라 경제가 쓰러진다' 등. 이 와중에 국정농단을 했다는 사람은 그저 몇 가지 손놀림으로 수백억 대의 자금을 끌어 모아 이런저런 일들을 도모했다 하니, 그걸 듣는 사람들의 허탈감이 커져간다. 지금 우리가 살아가는 시대는 상당히 불공평하다는 느낌이 2017년 대한민국을 휘감고 있다. 이렇게 부정의한 시대에 우리는 역설적으로 정의를 향한 함성을 듣는다. 역사적으로 '정의'가 이 땅 위에 온전히 실현된 적은 전혀 없으나, 그 있지도 않은 허구의 정의를 줄기차게 외쳐대는 이유는 무엇인가?

정의는 시대에 대한 판단이 아니다. 그것은 미래로부터 과거로 보내진 편지이다. 우리가 인간으로서 살아가야 하는 세계는 정의로운 세계여야 한다. 그것이 바로 귀족과 평민과 노예가, 그리고 남자와 여자가 그리고 어른과 아이가 함께 예배 보며 한시적으로 실현했던 하나님 나라의 이미지이자 관념이다. 하나님 나라는 과거의 어느 역사적 현실로부터 재구성된 것이 아니라, 아직 이 땅에 도래하지 않은 미래로부터 그 초대교회 신앙인들의 믿음으로 들어왔다는 점에서 미래적이다. 하지만 그 미래로부터 도래한 메시지는 오늘의 현실을 살아가는 우리에겐 이천여 년 전의 초대교회로부터 알려진다는 점에서 과거로부터 도래한다. 그리고 우리의 현실은 그 과거의 정의 사건의 잠재성을 배신했다. 현실과 타협해야 한다는 명목으로 말이다. 정의로운 사회라는 개념은 현실적으로 가능하냐 불가능하냐라고 묻지 않는다. 정의라는 개념은 현실이라는 환상에 '둘의 실재'(reality of the Two)를 도입한다. 그리고 맹목적으로 타협하고 안주했던 현실에 긴장과 불화를 도입한다. 그것은 바로 실재 혹은 현실의 근원을 그대로 까발리는 것이다. 우리가 현실이라고 말하는 환상은 우리의 현실 이면에 도사리고 있는 수많은 불안정성을 은폐하고 있을 따름이다. 혹은 외면했거나.

2014년 4월 16일 인천을 떠나 제주도로 수학여행을 가던 학생들이 탔던 배가 침몰했다. 그리고 일반인들과 안산 단원고등학교의 학생들을 포함한 304명이 결국 되돌아오지 못했다. 이 사고에 무능한 대처로 정권 초기부터 국민적 저항을 받았던 대통령 박근혜가 탄핵 위기로 몰리자 '안산'의 모 대형교회 목사가 버스 20대를 대절해 신도들을 실어 날랐다는 보도를 읽는다. 여기서 우리는 묻는다. 무엇이 정의인가? 이 물음은 어느 것이 하나님의 뜻이냐를 묻는 것이다. 광화문의 세월호 광장 옆 텐트에서 지난 4년여 간 유족들과 함께했던 이들중 기독교인들이 많았다. 세월호와 관련한 철학자들의 시국선언도, 정치학자들의 시국선언도, 언론인들의 시국선언도 드물었지만, 177명의 신학자들은 기자회견을 열고, 성명서를 낭독하고, 사건을 텍스트로 남기기 위해 출판을 하기도 했다. 정치적으로 어느 쪽이 올바른것이냐의 문제는 결국 하나님이 판단하실 문제이다. 그러나 정의의물음은 그렇게 우리에게 대답을 주는 것이 아니라, 어느 것이 진정한정의이냐에 대한 균열과 긴장을 도입한다는 것이다. 이런 균열과 긴장을 도입하는 것은 바로 기독교적 사유의 고유성이다. 그래서 둘의주체는 대답이 아니라 물음이다.

필자는 이 책을 총 7개의 장으로 구성했다. 1장에서는 환상으로서정의 개념이 지구촌 소비자본주의 체제 아래서 얼마나 실재적(realistic)인지를 살펴보았고, 2장에서는 환상이란 우리가 마음의 얼굴에쓰는 가면과 같다는 것을. 하지만 그 가면은 쓰고 버리는 가면이 아니라, 우리의 인격이 마음에 쓰는 가면 즉 페르소나와 같은 것이어서 그저 쉽게 쓰고 벗어버리는 것이 아님을 살펴보았다. 3장에서는 우리시대의 주체의 형상들이 마치 유령처럼 우리가 살아가는 실제 세계속으로 난입하고 있다는 점을 서술하였다. 영화나 이야기들 속에 귀신이나 좀비 이야기가 너무 많이 등장한다. 요즘 우리 주변에 이는 단지 문학적 상상력의 산물인 것만은 아니다. 살아 있지만, 좀처럼 살아있는 자의 당연한 권리를 인정받지 못하는 사람들이 많아지고 있다는'환상'(vision)일 것이다. 이런 시대적 상황 속에서 4장에서는 유령적 주체의 형상들을 성서에서, 소비 주체에서, 이민자의 사이-주체에서 그리고 혼종적 주체에게서 찾아보았다. 근대의 순수(purity)의 시대가 지나가고 이제 지구촌이라는 현실이 우리에게 도입한 혼종성(hybridity)의 형상들을 힐라스와 이정용과 호미 바바의 이야기를 통해 살펴본 것이다. 6장에서는 우리 시대의 대안 주체의 한 모습으로서 철학자 바디우의 저항과 믿음의 주체를 소개하며 정의 담론 이야기를 마친다. 마지막 7장에서는 이런 다양한 학문적 분야들이 교차해야 하는 정의 담론의 구성을 위해서는 신학 내적인 대화만을 통해서는 불가능함을 그리고 우리 시대 종교학적·철학적 담론은 신학적 담론을 통해 정의 물음의 중요성을 배워야 함을 주장했다.

　서임권(敍任權) 투쟁으로 온 유럽이 권력다툼의 장으로 변질되어 가던 11세기, 베크 수도원의 부원장이었던 안셀무스는 '성서와 교회 전통에 의지하지 않고 오직 이성으로만' 하나님의 존재를 증명하려는 시도를 펼쳐보였다. 그것은 곧 한 시대의 시작 즉 '이성의 시대'의 시작을 알리는 몸짓이 되었다. 철학자 화이트헤드는 중세를 '암흑시대'라 지칭하는 근대의 편협하고 교만한 서술을 무시하고, 중세를 이성의 시대라 규정하고, 이 시대는 "무한마저도 합리화하려는" 시대였음을 논구한다. 당시 특별히 고위 성직자의 임명권이 황제나 국왕에게 있었고, 이는 신앙적으로 경건한 사람이 아니라 정치적으로 유능한 사람이 대주교와 같은 중요한 요직에 등용되는 사태를 낳았다. 그러면서 교회와 수도원이 지닌 재산이 신앙적 경건보다 더 중요한 것으로 간주되는 일들이 일어났고, 실제로 황제와 국왕들은 그러한 교회의 경제적 이득을 자신의 것으로 취하여 이용하는 데 큰 관심이 있었다. 정치적으로 유능한 고위 성직자들은 정치적 세력의 균형추가 움직이는데 따라 '성서와 교회 전통'을 자유자재로 인용하며, 그들이 필요한 신학적 담론을 생산해내는 경우가 많았다. 안셀무스의 소위 '신 존재 증명'은 이러한 시대적 상황을 배경으로 한다. 그가 신의 존재를 증명하는데, 성서와 교회 전통을 배제한 것은 그가 불경건해서가 아니라 역설적으로 경건했기 때문이다. 그래서 신앙이 없는 사람일지라도 상식 수준의 이성만 있으면 알아듣고 이해하고 소통할 수 있는 담론의 창출, 그것이 그의 신학적 작업이었고, 그의 이성에 기반한 신학이었다.

오늘 우리는 신학의 담론이 사회에 전혀 소통 안 되는 시대를 살고 있다. 교회는 신학이 교회라는 현장을 무시하거나 무관한 담론을 창출한다며, 교회와 직접적으로 연관이 있는 소위 실천신학 분야의 연구를 독려하면서, 신학의 무능을 부채질한다. 이는 신학과 교회 사이의 긴장과 갈등을 균형 있게 유지할 이성적 사유의 부재가 불러온 참사이다. 신학은 교회의 시녀가 아니다. 현장에서 열심히 주님의 일을 감당하는 목회자들이 현실의 이슈들에 묻혀 주목하지 못하거나 보지 못하는 측면들을 도입하는 일, 과거 교회의 모습이 오늘의 교회에서 배신당한 현실 등을 지적하며, 현실의 교회가 온전한 방향으로 나아가도록 비판적 동무의 역할을 해야 할 신학이 대형교회의 입김에 휘말려, 그들을 위한 신학으로 전락하는 측면이 크다. 하지만 무엇보다도 오늘 신학의 위기는 신학자들 스스로 자신의 해야 할 일 즉 '공부'에 대한 노력이 게으른 탓이다. 이제 교회와 신학은 하나의 획일화된 주체로 서서 전체주의적 주체로 부패해가기보다는, '둘'(the Two)로서서 서로에게 비판적 동무가 될 필요가 있다. 한 대형교회가 원로목사의 아들 교회와 병합하면서, 사실상 목회 세습 과정에 착수했다는 신문기사가 보인다. 교회 내에서 자행되는 상식 이하 수준의 처리 과정들에 대해서 침묵하면서, 사회를 하나님 나라의 복음으로 변혁하겠다는 말은 허언일 수밖에 없다. 교회 자체가 스스로의 경건성을 회복할 수 있도록 신학은 맞는 것은 맞다, 틀린 것은 틀리다고 말하며, 비판적 동무관계로 서야 한다. 교회도 마찬가지로 신학이 공허한 이론으로 흐르지 않도록 현장의 목소리를 비판적으로 말할 준비를 해야 한다. 복음의 현장으로 나가서 신학은 내팽개쳐 놓고, 부흥과 성장만을 위해서 전념하는 현재의 목회는 신학을 위한 비판적 동무의 모습으로 부족하다 못해 절망적이다.

정의(justice)를 주제로 하는 본서의 기획은 신학자들의 공부(工夫, 그 본래 중국식 발음은 '쿵푸')의 한 샘플을 제시하고자 함이다. 이제는 1990년대 유통되던 '학제간'(inter-disciplinary) 연구가 아니라 다중학문적(multidisciplinary) 연구가 이루어져야 한다는 주장들이 들려온다. 한국연구재단 프로젝트 분야에 '융복합 연구'라는 항목이 생긴 지도 오래되었다. 인문학과 과학기술 간의 연관성 있는 연구가 필요한 시대인 것이다. 사실 우리 사회 문제는 어느 특정 전문분야의 지식과 연구로 해결될 단편적인 성질의 문제는 거의 없다. 모든 문제는 우리가 살아가는 여러 분야들의 문제들을 포괄한다. 이는 신학도 마찬가지이다. 사회가 포스트-휴먼(posthuman)의 시대로 진입해간다면, 신학도 포스트휴먼의 시대에 어떻게 신학 작업을 전개해야 할 것인지를 제시해야 한다. 이러한 신학적 노력을 필자는 "실용주의적 신학"(pragmatic theology)이라고 부르고 싶다. 이는 시대의 문제들에 맞는 신학적 대안들을 찾는 노력을 의미한다. 여기서 '실용주의적'이라는 말은―많은 사람들이 정치경제적 현실의 관점에서 대안을 모색한다는 다소 도착적 의미로 이해하지만―결코 현실의 이익을 실용적으로 추구한다는 말이 아니다. 실용주의는 미국 남북전쟁 이후의 현실을 반영한다. 올바른 대의를 따른 시민전쟁이었다고는 하지만 남군과 북군 모두 엄청난 대가를 치렀고, 그들 모두 자신들이 올바르다고 믿는 바를 따라 목숨까지 바쳤다. 결과는 어느 한편의 승리였지만, 그 승리가 사람들의 갈라진 마음까지 치유해주지는 못한다. 어떤 문제에 대한 생각이 다를 때, 그리고 양측 모두 진지할 때, 문제는 심각해진다. 어느 것이 맞는지를 결정하는 것 자체가 문제인 것이다. 실용주의란 이 상황에서 양측 모두가 자신의 입장의 근거로 사용하는 '성서와 교회의 전통' 모두를 잠시 내려놓고, 인간이 가지고 있는 이성의 능력을 따라 상식적 대안들을 모색하는 작업이다. 이것이 바로 안셀무스가 신 존재 증명으로 시도했던 작업이다. 나는 오늘 우리 시대에 필요한 신학작업이 바로 이것이라고 생각한다: '이해를 추구하는 신앙'(faith seeking understanding). 그것은 신앙이 이성에 종속되는 것을 의미하는 것이 아니다. 이해를 통해 신앙을 추구하는 작업은 더더욱 아니다. 오히려 우리의 기독교적 신앙은 하나님과 세계에 대한 이해를 추구한다. 그것은 성서의 문자와 교회의 권위에 의존하여 이해를 쥐어짜내던 지난 시대의 신앙에 대한 비판이다.

실용주의의 미덕은 가류주의(fallibilism)이다. 이는 우리의 논증은 절대성을 증명하는 것이 아니라는 생각이다. 즉 나의 생각이 틀릴 가능성이 있다는 것이다. 그럼에도 불구하고 '나'는 최선의 과정을 통해 이해를 추구한다. 그리고 우리의 해석 공동체는 그 담론을 비판하고 토론하는 과정에서 그 논증에 잠재된 오류와 위험들을 개선해나간다. 이를 미국의 기호학자 찰스 퍼어스(Charles S. Peirce)는 '해석자들의 공동체'라고 표현했다. 해석은 어느 특정 학자나 이론에 대한 맹목적인 순종이나 지배로 이루어질 수 없는 것이다. 시대와 세계는 매 시간 변하고, 메시지를 전하는 텍스트는 그러한 변화하는 세계 실재를 위해 메시지가 해석되어야만 한다. 이 해석은 특정 개인의 천재적 이론으로 발견되는 것이 아니라, 해석자들의 공동작업으로 이루어진다. 공동의 연구와 토론과 비판 작업을 통해 해석자들의 공동체는 좀더 나은 해석들에 접근해나가는 것이다. 절대적 진리를 발견하는 것이 아닌 것이다.

철학자 김영민은 '동무'와 '친구' 사이의 구별을 소개한다. 친구는 오랫동안 익숙해져 친해진 얼굴을 의미한다. 그 익숙함은 친구에 대한 비판을 허용하지 않는다. 그저 모든 것을 친구가 이해하고 받아줄 것을 요구한다. 우리는 친구니까. 하지만 동무는 비판적 긴장과 갈등의 관계를 내포한다. 서로 어깨동무를 하고 같은 방향을 바라보며 나아가던 동무가 다른 길로 나아가려 할 때, 서로 걸고 있는 어깨동무의 관계는 동무를 그냥 놓아주지 않으며 실랑이를 벌인다. 왜 이 길을 가야 하는지 혹은 왜 이 길로 가면 안 되는지. 뭐 때로는 폭력이 오갈 수도 있겠지만, 동무는 가급적 최선을 다해 서로를 설득하며 비판적 토론의 시간을 가지리라. 우리에게 필요한 관계는 바로 이 신학적 동무 관계일 것이다. 시대는 빠르게 변해가고, 우리의 사고방식은 급속히 변해가는 과학기술의 시대에 무엇이 올바른 것인지에 대해서 변하는 세계만큼 신속한 판단 능력을 보여주고 있지 못하니 말이다. 그러니 더욱 비판적 대화가 필요하다.

대화는 내가 말하고 있는 것이 올바르다는 확신에 근거하지만, 그것은 절대적이라는 잘못된 믿음을 전제로 하지 않는다. 내가 틀릴 수 있다는 가능성의 인정, 이것이 전제되지 않는다면 모든 대화는 위험하고 폭력적이다. 차이와 다양성의 시대일수록 대화의 기술이 필요한 까닭이다. 진리는 그렇게 우리의 비판과 대화의 관계를 통해서 서서히 다가오는 것이다. 물론 궁극적으로 우리를 자유케 하는 것은 '진리' 즉 하나님이시지 결코 대화가 아니다. 하지만 내가 만난 하나님이 다른 사람이 만난 하나님과 같다고 여겨지지 않을 때, 우리는 더욱더 깊은 성찰과 공부에 기반한 비판과 대화가 필요하다. 이 길이 진정 하나님이 나에게 가도록 요구하는 길인지를 알기 위해서 말이다. 그래서 신앙은 이해를 추구한다(*fides quaerens intellectum*).

I

정의, 그 환상의 실재성:
지구촌 소비자본주의 체제 아래 정의 담론의 가능성

정의는 "사이"(the between)의 문제이다. 다시 말해서 정의는 현실이 아니다. 어쩌면 현실 세계 속에 실현되어본 적이 없는 환상의 실재이다. 환상의 실재로서 정의는 현실화된 적이 없지만, 그러나 현실을 살아가는 사람들의 삶 속에 실존하는 현실보다 더 현실적인 실재로 기능한다. 즉 이 비/현실적인 정의에 대한 환상이 우리 삶의 구조에 균열을 낸다. 이 삶은 정의로운 삶이 아니라고. 즉 사이는 해체의 공간이면서 동시에 환상(fantasy)의 공간이다. 정의는 환상과 구별되지 않는다. 둘 다 현실이 아니라는 점에서 그렇다. 하지만 정의와 환상은 동일하지 않다. 정의는 우리 삶에 균열을 만들고, 우리 삶의 부정의함을 고발하면서, 삶을 붕괴시키며 난입하지만, 환상은 오히려 우리 삶의 균열을 그 환상을 통해 메워준다. 괜찮다고. 다 그런다고. 그래서 정의와 환상은 늘 혼동스럽다. 정의가 환상인지, 환상이 정의인지. 소비자본주의 시대에 우리는 정의와 평등을 상품을 구매할 수 있는 평등한 권리로 이해한다. 정의가 소비자본주의 구조 속에서 환상화하는 것이다. 그 환상의 음성과 정의의 음성은 우리 삶의 가장 내밀한 일상 속에서 일어나는 정의의 사건성(eventness) 혹은 사건적 구조(evental structure)를 통해 구별된다. 그러나 그 사건은 메시아적인 초월자의 도래가 아니라 부재하는 정의와 진리를 외상과 흔적을 통해 뒤틀려 보여주는 삶의 과정이다. 그 왜곡되고 뒤틀린 우리 삶의 부정의한 구조를 폭로한다는 점에서 정의는 환상이 아니라, 환상의 실재성(the Real of the fantasy)이다.

1. 21세기 지구촌 시장 자본주의 경제체제의 성격

지금의 사회경제 구조 속에서 인간의 존재 여부는 구매력(buying power)으로 측정된다. 따라서 인간은 "쇼핑"으로 정의된다(Badiou 2005, 121). 이 시장 자본주의 체제 속에서 평등은 가장 도착된 형태로 구현된다. 돈 앞에 모든 사람은 평등하다. 돈을 소유한 사람은 그 누구든지 소유한 양만큼의 권리를 누릴 수 있다. 이 평등 앞에서 그 누구도 차별받지 않는다. 이 평등은 "소비자의 권리"라는 형태로 구체적인 형식을 입는다(Badiou 2005, 121). 돈을 많이 소유한 사람과 덜 소유한 사람 사이에 "불평등한 구매력"이 존재한다는 사실은 부차적인 문제이다(Badiou 2005, 121). 왜냐하면 상품으로 진열된 모든 것은 누구에게나 가격을 지불한다는 것을 전제로 평등하게 제공되기 때문이다. 여기서 우리가 살아가는 세계는 막연한 세계가 아니라 "시장"이다(Badiou 2005, 121). 그곳에서 상품을 구매할 능력을 갖추지 못한 자는 배제된 자 혹은 존재하지 않는 자로 살아갈 수밖에 없고, 그것은 그 누구의 잘못도 아니다.

시장자본주의의 경제적 접근성의 평등성은 언제나 "행복"이라는 이념 혹은 "웰빙"(Well-being)이라는 이념과 맞물려 있다. 행복은 "접근이 제한된 대상"을 얻음으로써 획득되는데, 예를 들어 남들이 쉽게 구매할 수 없는 고가의 상품을 소유함으로써 행복감은 높아지며, 그런 느낌을 늘 신의 은총으로 감사하게 받아들이게 될 때 소비사회의 종교성 또한 높아진다(지젝 2007, 71). 그래서 바디우는 행복을 "진리의 범주가 아니라 존재의 범주"라고 했다(지젝 2007, 72). 여기서 행복은 "주체가 자신의 욕망의 결과와 완전히 대면할 수 없거나 대면하려 하지 않을" 때 주어진다(지젝 2007, 73). 행복의 대가, 즉 "주체가 자신의 욕망의 모순에 갇혀"버리는 대가를 대면하지 않고 외면할 때 행복이 주어진다는 것이다(지젝 2007, 73). 욕망은 언제나 "원하지 않는 것을 원한다(원하는 척한다)"(지젝 2007, 73). 그 욕망에게 최악의 사태는 정말 원하는 것을 얻는 것이다. 그렇게 될 때 욕망이 창출하는 행복감은 소실되고 만다.[2] 이러한 욕망의 굴레를 벗어나는 것은 욕망이 우리로 하여금 무의식적으로 알고 싶어 하지 않으려는 것을 대면하게 하고 알게 하려는 고통스러운 투쟁의 과정이다.

---

[2] 지젝은 이러한 욕망과 행복의 모순적인 관계의 대표적인 예를 우리 시대 좌파의 모습에서 찾는다. 우리의 자본주의 체제가 전혀 받아들일 수 없는 것들(완전고용, 복지국가, 이민자 권리 보장 등)을 요구하면서, 이런 것들이 궁극적으로 완전히 실현될 수 없는 것들을 알면서도, "자신들의 양심을 지키는 동시에 자신의 특권적 지위도 계속 누"리는 좌파 지식인들의 모습 말이다(지젝 2007, 74). 그래서 진정한 진보는 지젝에 따르면 그 알지 않으려는 무의식적 성향에 맞선 고통스러운 투쟁을 통해 얻어진다(지젝 2007, 75). 말하자면 불가능한 것을 요구하는 특권에 안주하기보다는, 그 불가능한 것들을 어떻게 현실로 실현하려는 절망적인 노력을 경주해왔느냐에 따라, 소위 '진보'들은 평가받아야 한다. 하지만 여전히 그들은 자신들의 특권적인 주장에 자신들에 존재 이유를 두고 민주주의를 도착적으로 유린한다.

이 소비자본주의 사회에서 욕망의 행복 추구는 맹목적이고 충동적이기보다는 윤리와 도덕을 표명하며 성장해나간다. 소비사회에서 상품구매 기회의 평등성은 이제 각 소비자에게 '획일성'을 넘어서서 자신만의 고유한 차이를 소비를 통해 존재론적으로 표현할 기회를 부여한다. "차이를 느껴라!"(feel the difference!) 혹은 "당신의 차이를 알라!"(know your difference!) 등과 같은 광고문구들은 이제 우리 사회의 삶의 모토가 된다(Heelas 2008, 63; cf. 박일준 2010A, 383). 이러한 소비사회의 모토는 교육 현장에서 각 개인의 고유한 잠재성을 계발한다는 미명하에 교육상품화되어가기도 한다(Heelas 2008, 73). 이제 포스트모던주의의 '차이에 대한 강조'와 더불어 '차이' 자체가 상품화되어가는 것만이 아니라, 더 나아가 이제 '차이'는 정치의 통치전략으로 나타난다. 예를 들어 다문화, 다인종, 다종교 시대에 관용은 정치적으로 중요한 이슈가 되었지만, 관용 정책이 결코 그러한 정책을 태동하게 만들었던 정의로운 세상의 실현과는 무관하게, 관용은 이제 "통치성의 실천"이 되어 "권력의 가면"이 되어버렸다. 바로 이것이 우리 시대의 차이의 정치라고 웬디 브라운은 고발한다(브라운 2010, 31; 59). 이러한 사실들은 이제 범지구적으로 단일화된 시장경제체제하에서 '차이를 통한 정의 담론,' 소위 포스트-모던 담론은 체제에 길들여지기 시작했다는 사실과 또한 대안적 영성을 찾으려는 사람들의 종교적 심성은 지구촌 자본주의 체제 속에서 '소비'와 '레저'를 통해 출구를 모색 중이라는 사실을 예증한다(박일준 2010A, 381-397).

이러한 소비자본주의는 민족국가에 기반한 근대의 제국주의 형태가 아니라, 경계를 초월하여 무장소적으로 존재하는 "제국"의 형태로 체제를 구축하며 지구촌을 구성한다(Hardt & Negri 2004, xiii). 핵심은 권력이 네트워크를 통해 작동한다는 것이다. 이 네트워크로서의 제국 속에서 소통은 "권력을 생산하면서 조직"하는 산업으로 성장하고, 그의 지배이념은 언제나 "평화"이다(네그리 & 하트 2001, 67; 20). 이러한 지구촌 권력 지형의 변화 속에서 정작 정의를 문제 삼는 이들을 당혹스럽게 하는 것은 "제국의 조건으로서 순환, 이동성, 다양성, 혼종성이 우리가 비판의 대상으로 삼던 근대 이원론, 근대의 주권 개념의 근거로서 타자 개념, 그리고 그의 외부성 등을 이미 극복하고 넘어선 것처럼 보"인다는 것이다(박일준 2010B, 59-60). 그래서 네그리와 하트는 이제 '민중'이나 '인민' 개념에 근거한 정의가 아니라, '다중' (multitudes) 개념에 근거한 정의를 말해야 한다고 역설한다(네그리 & 하트 2001, 13; 92; Hardt & Negri 2004, xiv). 하나의 체계로 묶인 (인터넷과 같은) '범지구적 네트워크의 출현' 속에서 이제 부르주아지/프롤레타리아 식의 이분법적 구분은 의미가 없어졌고, 더 이상 '제국주의'를 추구하는 확고한 악의 근원도 보이지 않는다. 모두가 가해자이면서 피해자가 되어가고 있는 이 '시스템' 아래에서 우리는 다중(multitude)으로 정의를 말할 수 있을 것인가? 결국 핵심은 지구촌 시장 자본주의가 표방하는 '평등' 말고 진정한 정의를 말할 수 있는 지점, 즉 이 시스템의 한계를 고발할 수 있는 가장 적나라한 지점을 우리가 찾을 수 있는가에 달려 있다.

사실 근대 이래 인간 사회는 "경제 시스템의 부속물"로 전락했고 (듀마노스키 2011, 37), 세계 경제는 섬뜩한 인구 성장을 "열 배 정도" 앞질러 팽창해왔다(듀마노스키 2011, 37). 그러한 비약적인 경제 성장에도 불구하고, 우리는 세계를 풍요롭게 하는 데 실패했다. 세계 인구의 77퍼센트는 빈곤하며, 부의 양극화는 지구촌 시장경제 기반의 자본주의 시스템하에서 점점 더 심화되어가고 있고, 그래서 오늘을 살아가는 인류의 5분의 1은 2달러로 카푸치노를 마시지만, 인류의 절반은 그 2달러로 하루를 연명하며 살고 있다. 이 풍요의 시대에 내재하는 불안정성보다 더 불안정한 것은 바로 우리의 지구촌 경제시스템이 급격한 변동과 재난에 무척이나 취약하다는 것이다(듀마노스키 2011, 265-271).3) 그러한 불안정성을 해소하기 위해 고안되는 것이 한편으로 민주주의 체계를 자본주의 시스템과 등가시키는 것이다. 그리고 민주주의는 사법적 절차로 환원되어, 이제 시스템 상에 발생하는 변이와 오류를 법적으로 다스리려는 감시체계를 더욱더 강화해간다. 정의의 이름으로 말이다. 사법 체계와 경찰 권력의 강화가 결국 소비자본주의 체제를 지구적으로 안정적으로 운영하는 하나의 전략인 셈이다. 범죄와의 전쟁을 명목으로 기하급수적으로 늘어가는 CCTV 망의 감시체제의 강화, 그것의 명목은 사법권과 경찰 권력의 강화가 정의를 이 땅에 실현하는 절차라는 것이다. 우리의 자본주의 시스템은 급격한 변동에 취약하다.

---

3) 우리의 현재 경제체제가 구축한 '세계화 모델'은 다가올 기후 격변과 재난에 극도로 취약한 상태로 우리를 몰아넣고 있다고 듀마노스키는 경고한다. 구제역 발발을 통해 단번에 무너진 식량 주권, 이웃나라의 쓰나미로 유발된 한반도 피폭, 100년 만의 재난이 더 이상 비정상이 아니라 매년 발발하는 정상으로 간주되어야 하는 상황 등은 이제 우리가 기후 변화와 환경 파괴로 인한 엄청난 재난들을 맞을 준비를 해야 할 때가 되었음을 알려준다. 그런데 우리의 세계화 시스템은 그런 준비에 무척 취약하다. 전 지구를 통신과 수송 네트워크로 묶고 있는 이 시스템은 효율성을 높이기 위해 재고를 쌓아두는 대신 적시공급 체계를 선호하는데, 만일 중대한 위기가 발생하여 전염병의 확산을 막기 위해 국경 봉쇄와 같은 일이 벌어진다면, 고립된 지역은 얼마나 자체적으로 버틸 수 있을까? 소비자본주의 시스템은 결국 그러한 변이들의 발생을 규제하기 위해 안정적인 사법 시스템을 구축한다.

2. 정의와 법의 관계

지구촌 소비자본주의 시대에 '정의'는 철 지난 유행어로 여겨지거나 사법 절차의 과정들을 일컫는 용어로 축소되어버렸다. 모든 것이 말끔하게 '디자인'되어 정비되고 있는 중진국의 도심지에서 '정의'(justice)란 언제나 '법의 힘'을 통해 구현된다고 통념적으로 믿어진다. 다양한 이익관계들이 얽혀 있는 분쟁들의 경우 법의 힘을 통하지 않고는 해결되지 않는 경우가 많다. 그래서 실현되지 않는 정의를 이 땅으로 데려오기 위해 우리는 법의 힘에 의지하곤 한다. 이 땅의 민주주의를 실현하기 위해 우리는 얼마나 많은 사법적 절차를 진행하고 있는가? 우리의 사법 절차에 대한 호소는 결국 정의가 법의 구현을 통해 실현될 수 있다는 검증되지 않는 논리가 작동하고 있는 것이다.

그러나 정말 법의 힘은 정의를 구현하기 위한 것인가? 정말 법은 정의와 등가할 수 있는 것인가? 데리다에 따르면, 법의 힘으로는 정의를 실현할 수 없는 근원적 불가능성4)이 있다(데리다 2004, 15). 법은 기본적으로 부정의한 행위를 '금하는' 규정으로 채워지지만, 부정의한 일을 하지 않는 것과 정의를 행하는 것은 결코 동일하지 않다. 법이 정의를 실현할 수 없다는 근원적 불가능성은, 데리다에 따르면 영어식 표현인 'enforcing the law' 속에 담겨 있다. 즉 법을 집행하는

---

4) 정의와 법 간의 대비는 로마서의 핵심 주제이기도 한데, 예를 들어 할례 법은 적어도 할례를 시행하는 민족의 조상 아브라함에게는 해당되지 않기 때문이다. 그래서 시초로 돌아가 보면 결국 이스라엘도 할례를 받지 않은 자였다. 그렇다면 법의 기초에는 위법자가 있는 셈이다. 여기서 법이 정한 경계가 정의의 경계로 등가될 경우, 법 바깥에 있는 사람들은 부정의한 사람이 되고, 결국 원초적으로 부정의한 것은 그 법 자체 혹은 그 법의 기원이 되는 셈이다. 결국 법이 선포하는 정의는 법 체제의 테두리 안에서 법의 힘을 지닌 자들을 위한 정의가 되고 만다(cf. Jennings 2006, 42-43).

것은 언제나 법을 강제하는 것이다. 이 법의 강제성은 법 집행에 부수적이거나 부차적인 것이 아니라 "본질적으로 함축되어 있는 힘"이라고 한다(데리다 2004, 16; 25). 사실 법의 강제력은 그 법 절차가 생명을 취할 수 있는 힘을 갖고 있다는 데서 유래한다. 말하자면 남의 생명을 취할 수 있는 폭력성이 법의 힘을 근간하고 있는 것이다. 만일 법의 본질적 함축성이 '힘' 혹은 폭력이라면, 정당한 폭력 혹은 합법적 폭력과 부당한 폭력의 구분은 어떻게 가능한가?라는 질문이 제기된다. 데리다의 대답은 그러한 구별 자체가 쉽지 않으며 임의적이라는 것이다(데리다 2004, 17). 데리다에 따르면 정의란 결국 "타자에게 타자의 언어로 자신을 전달하는 것"인데, 법의 보편적 구조는 이를 "불가능"하게 만든다(데리다 2004, 39). 즉 보편적으로 전달되고 적용되어야 할 법은 자신의 언어를 처음부터 '타자'에게 강요할 수밖에 없다. 따라서 법은 본질적으로 그 기원에서부터 '폭력적'일 수밖에 없다. 여기에 법의 역설이 놓여 있다. 법을 통해서 구현하려고 하는 바는, 적어도 명목상으로는, 정의이다. 그런데 그 정의를 실현하기 위해 법이 집행하는 절차의 근간은 '폭력'이다. 이러한 역설 앞에서 우리는 '정의'를 어떻게 말할 수 있을까?

제닝스(Theodore W. Jennings)는 바울의 본문들과 데리다의 본문들을 상호 교차적으로 읽어냄으로써, 법 너머의 정의를 말할 수 있는 가능성을 모색한다. 그는 전통적으로 '율법과 믿음' 간의 문제로 읽혀지던 바울의 본문들을 데리다의 정의에 대한 성찰을 적용하여 읽어내면서, 전통적으로 바울의 텍스트에서 '의'(righteousness)로 번역되던 'dike'라는 용어는 '정의'(justice)로 번역돼야 한다고 주장한다(Jennings 2006, 5; 41). 만일 로마서의 "의"(righteousness)라고 번역된 용어를 '정의'(justice)로 읽을 경우 로마서에서 바울이 말하려는 요점은 극적으로 바뀐다. 즉 로마서에서 바울의 요점은 "정의는 법을 통해 수립되거나 혹은 될 수 있는 것이 아니라, 오히려 정의는 은혜 혹은 선물의 귀결"이라는 것이다(Jennings 2006, 7-8). 정의가 아니라 '의'로 바울의 본문을 읽었던 것은 우리의 전통적인 대속 이론의 영향이다. 그런데 로마서에서 율법은 은혜와 대립하는데, 그 은혜는 율법을 통해서 혹은 그의 수행과 실천을 통해서 도래하는 것이 아니라 전적인 하나님의 선물로 도래한다. 바로 그 은혜를 통한 하나님의 선물과 더불어 '정의'가 이루어지는 것이다. 여기서 은혜는 법의 체제 안에서는 "불가능한 가능성"으로 존재한다. 왜냐하면 그것은 "교환의 논리"를 넘어서 있기 때문이다(Jennings 2006, 3). 여기서 교환의 논리란 만일 네가 A를 주면 나는 너에게 B를 주겠다는 식의 논리를 가리킨다. 대속적 구원론은 정확히 이 교환의 논리를 신앙 속에서 반복하는 것인데, 네가 죄를 회개하고 예수 그리스도를 믿으면 너에게 구원을 약속하겠다는 구조 속에는 우리 삶의 경제 논리인 '교환의 논리'가 고스란히 작동하고 있는 셈이다. 바울이 은혜를 통해 주장하는 것은 바로 이 '교환의 논리'를 넘어서는 은혜의 선물의 논리이다. 따라서 은혜는 자본주의적 교환경제 속에서 "잉여"로 간주될 수밖에 없는 것이지만, 바로 그 잉여를 통해서 정의는 설 자리를 확보한다. 핵심은 정의는 법 바깥에 있다는 것이다.

법을 넘어선 정의 혹은 법 밖의 정의라는 바울의 개념은 법에 대한 우리의 "이중구속"(double bind)을 형성한다(Jennings 2006, 18). 말하자면 우리를 구원하는 것은 (율)법에 대한 준수가 아니라 "그리스도의 죽음"이지만, 역설적으로 우리는 율법의 폐기를 통해서가 아니라, 율법의 완성으로써 구원을 받는다는 것이다(Jennings 2006, 18). 그리스도는 정확히 법의 이름으로 죽었다. 그래서 그의 죽음은 그 "법에 대한 우리의 죽음"(our death to law)을 상징한다(Jennings 2006, 18).
이 죽음은 바로 율법이 요구하는 것에 대한 위반을 의미한다. 역설적
인 것은 바로 우리의 그 죽음이 법이 본질적으로 성취하고자 하는 것,
즉 "죄로부터 우리의 구원"을 가져온다는 것이다(Jennings 2006, 18).
즉 법을 준수함으로써가 아니라 법에 대하여 죽음으로써, 역설적으
로 우리는 법이 우리를 통하여 이루고자 하는 것을 성취한다. 우리가
이루고자 하는 것은 법의 구현이 아니라 법에 대하여 죽는 것이지만,
바로 그 죽음이 궁극적으로 우리에게 구원을 가져다준다는 것이다.
법은 생명이 아니라 죽음을 가져오지만 그 죽음을 통하지 않고서는
새 생명의 구원에 이르지 못한다는 말이다. 결국 십자가에서 이루어
지는 죽음의 폭력은 "법의 정당성"을 그 기반에서부터 흔들어놓지만
(Jennings 2006, 18), 바로 그 폭력을 통해서만 구원은 우리에게 선물
로서 도래한다.[5]

법에 대한 우리의 이중구속[6]은 우리의 삶의 세계에서 정의가 존

---

5) 아울러 바울은 자신의 본문에서 단순히 '믿음과 의'에 대립된 신앙적 '율법-주의'만을
문제 삼고 있는 것이 아니라, 우리 (로마 제국의 범지구적) 체제를 유지하는 법적 시스
템을 포함하여 전체 체제를 문제 삼는다. 예수는 결국 로마 제국의 질서를 유지하기 위
한 법에 의해 처형당했다. 결국 예수의 십자가 죽음은 단지 율법의 폭력성만을 지적하는
것이 아니라 모든 인간의 사법 체계가 담지하고 있는 원초적 폭력성을 지적하는 것이다.
왜냐하면 예수의 죽음은 "합법적"(legal)인 처형이었지만 그러나 "부당한"(unjust) 집
행이었기 때문이다(Jennings 2006, 63). 예수의 정의는 결국 무기력하고 약했고, 법
의 힘은 강했다. 바울이 주장하고자 하는 바는 바로 이 예수의 약함이 법의 강함을 전복
한다는 것이다(Jennings 2006, 70). 그렇다면 법의 이 강력한 부당성은 신적인 정의
를 확증하는 방식이 된다(Jennings 2006, 72). 바로 이런 맥락에서 로마서 13장의 '세
상 권세에 복종하라'는 말씀이 읽혀져야 한다. 그것은 세상 권력에 정당성이나 정의를
부여하지 않는다. 하지만 법이 드러내는 부정의를 통해 우리는 정의의 도래를 보게 되
기 때문에, 거기서 정의의 도래를 믿고 은혜의 선물로 받을 준비를 하라는 것이다.
6) 이 이중구속의 역동성은 데리다의 또 다른 텍스트 *Monolingualism of the Other*에도
나오는데, 그를 직접 인용하자면, "I only have one language, which is not mine"

재하는 위치를 알려준다. 즉 정의는 법 안이 아니라 법 밖에 있다. 그렇기 때문에 법 안에 사는 우리가 법 바깥의 정의에 이르는 길은 법에 대하여 죽는 길이다. 정의가 법 바깥에 있다는 것은 곧 사법 시스템 아래에서 정의는 추방된 것 그리고 불법적인 것으로 존재한다는 것을 의미한다. 따라서 우리는 법의 준수를 통해서 구원의 정의를 이룰 수 없지만, 역설적으로 그러한 법에 대한 우리의 해체는 '그 법이 구현하려는 법,' 즉 정의의 법을 가져다줌으로써 우리로 하여금 법을 버리지 못하게 한다. 이것이 법의 이중구속이다. 여기서 우리가 해체해야 할 법은 바로 모든 이에게 무차별적으로 부여되는 강제력을 동반하는 보편 법이다. 정의는 그러한 획일적인 법의 적용을 통해 도래하지 않는다. 정의를 실현할 수 있는 법은 언제나 '특이성'의 법인데, 그 특이성의 법이란 내가 처한 구체적인 정황에서 우리로 하여금 거역치 못할 '부르심'으로 도래하는 사랑의 법을 의미한다. 각 개체가 처한 구체적인 삶의 복잡성은 법을 위반하는 사람의 삶의 이야기 속으로 법을 데려온다. 법을 통한 정의의 구현은 법을 규정하는 자구의 보편적 적용을 통해 이루어지지 않는다. 법적으로 남의 건물 앞에서 노숙을 하면 안 된다. 공공의 질서를 유지하는 법은 법적으로 그러한 노숙 행위를 금하고 있다. 여기서 노숙자들을 법적으로 처리해서 내모는 것은 합법적 행위이긴 하지만, 아무런 대책 없이 우리를 찾아온 힘없고 나약

(Derrida 1998, 1). 즉 내 안에는 오직 하나의 언어가 있는데, 그 언어는 나의 언어가 아니라는 것이다. 여기서 그가 전복하고 해체하고자 하는 것은 우리가 소위 '모국'과 '모국어'를 경계 짓고 구별하는 행위 가운데 담겨 있는 근원적인 이질성이다. 언어는 모국어로 주입되고 나면, '나'와 동일하게 살며 작동하지만, 사실 그 언어는 나와 동질화될 수 없는 이질적 타자성을 담지하고 있다. 그 이질적 타자성에 대한 감수성을 회복한다면, 근원적 타자인 메시아성에 이를 수 있다고, 즉 타자에 대한 원초적인 환대의 지평에 이를 수 있다고 데리다는 주장한다.

한 자들을 사법의 힘을 동원하여 길거리로 내모는 행위는 법이 실현하려는 정의와 분명히 걸맞지 않는다. 그래서 법은 정의를 실현하지 못한다. 이 상황에서 바울은 "사랑의 법"을 도입한다. 이 법은 현행 법 너머의 법, 그러나 결코 문자와 정의(definition)로 구현되지 못할 법이다. 여기서 사랑의 법 혹은 정의는 오로지 우리의 '곁눈질의 시선으로만'("oblique") 보여지고 다가온다(Jennings 2006, 24). 즉 정의는 직접적으로 말해지거나 보여지지 않는다(Jennings 2006, 25).

그래서 정의는 바로 이 두 법, 즉 법과 그를 초과하는 사랑의 법 "사이"(the between)의 "간격"(the interval)에 존재하며, 이 사이는 정의를 실현하고자 할 때마다 언제나 우리에게 해체의 공간으로 작용한다(Jennings 2006, 27). 왜냐하면 법 너머의 정의 혹은 (보편) 법 너머의 (사랑의) 법을 말할 때 "너머"는 "이격"(離隔 즉 injustice를 의미하는 *adikia*) 혹은 "불화"를 의미하는데, 이는 법의 거침없는 적용을 중단시키고, 또 배분의 정의를 추구하는 법의 계산을 중단시키기 때문이다(Jennings 2006, 33). 그렇다면 정의는 계산 불가능하다. 왜냐하면 법의 계산 혹은 계산의 정의 바깥에 존재하기 때문이다. 법의 계산으로는 정의란 법 안에 존재할 수 없다. 법의 계산에 포함되지 않기 때문이다. 따라서 정의는 배분 법을 "초과한다"(Jennings 2006, 34).

데리다와 바울은 정의를 '선물'(justice as gift)로 조망한다. 전통적 번역을 따르자면 우리의 신앙의 의는 하나님의 은혜의 선물로 주어진다. 그러나 해방신학자 미란다의 제안을 충실히 받아들여 바울의 본문을 데리다의 눈으로 새롭게 이독하자는 제닝스의 주장을 따르자면, 정의는 하나님의 선물로 세상에 주어진다. 선물은 기존의 교환경제 체제, 즉 주고-받기의 체제에 "중단"(interruption)을 의미하고, 그래서 정의는 "규범의 중단"(interruption of norm [*nomos*]), 즉 "무규범적인 규범"(*nomos anomos*)이 된다(Jennings 2006, 81). 하지만 이 규범의 중단으로서 정의는 소유되지 않는다. 바로 여기에 선물의 역설이 있다. 선물은 누군가에게 주어지는 순간 더 이상 선물이 아니라 누군가의 소유물이 된다(Jennings 2006, 83). 선물은 더 이상 존재하지 않는다. 선물은 누군가의 소유가 될 수 없는 불가능한 것이 된다(Jennings 2006, 83). 선물은 바로 이 불가능성의 경험이고, 이것이 정의라는 은혜의 선물을 경험하는 구조이다. 그것은 누군가에게 일의 대가로, 즉 공로로 주어지는 것이 아니다. 그렇기에 선물은 교환경제의 질서를 중단시키고, 난입한다. 하지만 그 선물이 그 누군가의 것이 되는 순간 그것은 사라진다. 이 선물은 교환경제 체제의 법에 "이질적인"(heterogeneous) "잉여" 혹은 "초과"로 도래한다(Jennings 2006, 92). 왜냐하면 주고-받음의 인과율 체제 안에서는 산출되지 않는 것이기 때문이다.

이러한 이질적 타자 혹은 잉여의 도래는 기독교의 메시아의 도래와 논리적으로 같은 구조를 이룬다(Derrida 1998, 68). 데리다는 메시아의 도래를 '차연의 구조' 속에서 이해하였다. 즉 그의 실현이 '지연되고, 그로써 차이를 낳는'(deferring and differing) 운동의 구조로 보았던 것이다. 특정 인물로서의 메시아의 도래이기보다는 오히려 메시아의 도래는 언제나 차연의 운동으로서 구조적(structural)인 것이다. 즉 데리다에게는 정의가 메시아의 도래를 의미하는 기호가 되는 것이 아니라, 메시아가 정의의 도래를 가리키는 기호로 작용한다. 따라서 데리다는 "메시아주의"(messianism)를 배격한다(Derrida 1998, 68). 그렇다면 메시아, 즉 정의의 도래는 일회성 사건이거나 최종적인 사건이 아니라, 우리가 살아가는 텍스트의 근본 구조, 즉 사법적 텍스트의 근본적 구조인 것이다. 이러한 구조의 운동이 우리로 하여금 끊임없이 정의를 말하도록 부추긴다.

3. 권력의 위계질서 안에 발생하는
하나님 나라의 반-질서(hier(an)archy)

메시아 대신 메시아성(Messianicity)을 말하는 데리다를 크게 참고
하지만, 그럼에도 불구하고 카푸토는 메시아성 대신 하나님 나라와
그 사건을 정의의 소재로 삼는다. 카푸토에게 정의에 대한 가장 기본
적인 정의는 "법은 해체 가능하지만, 정의는, 만일 이런 것이 존재한
다면, 해체 가능치 않다"는 것이다(Caputo 2006, 140). 처음부터 정의
란 해체 가능한 것과 해체 불가능한 것 사이의 끊임없는 협상을 의미
한다. 그러한 협상은 해체 가능한 것과 불가능한 것 사이의 경계를 정
하는 문제가 아니라, 해체 불가능한 정의가 해체 가능한 법의 구조 속
으로 난입하는 것을 의미한다. 거기서 정의는 "영원한 플라톤적 형상"
처럼 우리 머리 위에 떠 있는 어떤 불변의 이상이 아니라, 개인의 특정
한 요구에 적합한 "고유하고 특별한 정의"로서, 이 정의는 결국 "각
개인의 가장 내밀한 특이성"에 대한 정의이다(Caputo 2006, 140).

카푸토의 정의에 대한 기본적 상상력은 위계질서(hierarchy)의 체
제 속으로 도래하는 하나님 나라는 일종의 '질서 아닌 질서' 혹은 반-
질서(反-秩序)—정확히는 (무)위계질서(hier(an)archy)로 번역된다—
로 도래한다는 것이다(Caputo 2006, 14). 즉 카푸토에게 정의란 언제
나 하나님 나라(kingdom of God)와 그의 사건적 도래이다. 반-질서
(hier(an)archy)는 위로부터 아래까지 정교하고 치밀하게 구성된 체
제의 질서 안에 포함되어 있지만 질서의 요인으로 간주될 수 없는 것,
그래서 '존재하지 않는 것'(*ta me onta*, those who are not [고전 1:27-
28])으로 간주되는 것을 가리킨다. 질서는 자신의 체제 안에 '있는' 것
과 '없는' 것을 구별한다. 체제의 관점에서 '있는 것' 즉 존재하는 것이

란 체제 권력의 위계질서 안에 편성되는 것을 의미한다. 이 체제 안에서 '있는' 자란 결국 위계질서의 구조 속에서 '힘을 가진 자'를 의미한다. 하나님 나라는 이 체제 안에 '있는' 자들을 위해 그들에게 도래하는 것이 아니라, 그 속에 '없는' 자들을 위해 도래하는 사건이다. 그러나 이 반-질서의 도래는 기존의 것에 대한 맹목적 파괴를 의미하지는 않는다. 그 반-질서란 법 없는 상태를 의미하는 것이 아니라, "법과 정의 사이의 차이를 협상하는 것," '유한한 법과 무한한 정의의 사건 사이에서 수행되는 협상,' 즉 조건을 규정하는 세계의 이름들과 그 조건들에 '아니요'를 말하는 무-조건적인 사건 사이에서 수행되는 협상을 뜻한다(Caputo 2006, 27). 이 협상은 서로의 의견을 조율하는 협상이 아니라, "법이 눈멀었을(blind) 때" 작동하는 정의의 해체의 힘을 의미한다. 법의 눈이 멀었다는 것은 곧 법이 각 개인의 구체적인 삶의 "특이성"(singularity)을 보지 못하고 있다는 것을 의미한다. 정의가 시행하는 해체란 바로 여기에서 작동한다. 정의의 해체는 법이 눈이 멀어 보지 못하는 그 특이성을 주목하고 변호하는 것이다(Caputo 2006, 30).

그래서 정의의 해체 작업을 '하나님의 이름으로' 시행하는 이들은 "기존 법에 말썽꾸러기"(troublemaker to the established law)일 수밖에 없다(Caputo 2006, 31). 왜냐하면 그들은 평화를 가져오는 사람들이 아니라 "검을 가져오는" 사람들이기 때문이다(Caputo 2006, 32). 카푸토는 그렇게 정의의 사건을 일으켜 가는 이를 "사건의 공무를 집행하는 이"(functionary of the event)로서 "예언자"라 부른다(Caputo 2006, 31). 그들은 기존 제도와 유착된 이름과 명사들을 제거해나가는 사람들로서, 특별히 인간에 의해 고안된 하나님의 이름이 정의의 사건이 일어나는 것을 억압하고 방지할 때, 마이스터 에카르트의 유명한 말처럼, "그 하나님을 제거하기 위해 하나님께 기도하는" 사람이다

(Caputo 2006, 33). 따라서 카푸토에게 하나님의 이름은 언제나 하나님의 이름에 ×표를 치는 연산이다. 즉 기존 제도의 하나님에 대한 해체 작업을 시행하는 것이다. 이러한 해체 작업은 우선 사건이 "하나님의 이름"으로 도래한다는 사실로부터 시작한다(Caputo 2006, 2). 이름으로 도래한다는 것은 이름을 넘어선 어떤 것이 이름 안에 임시로 거하며 도래한다는 것을 의미한다. 이름과 사건 "사이"의 틈은 이름이 언어로 구조화되어 있고 그 구조 체계 속에 포함되는 것만을 셈하기 때문에 발생한다. 이런 의미에서 이름은 "조건적"이다(Caputo 2006, 3). 사건은 이름의 언어적 구조와 대비하여 "무조건적"이다(Caputo 2006, 3). 따라서 사건은 이름의 구조를 "해체"하며 도래하지만, 이는 언제나 언어 속에 임시 피난처를 구함으로써만 가능하다. 데리다의 말대로 텍스트밖에는 아무것도 없기 때문이다. 즉 언어는 사건의 대상을 가리키는 데 불충분하지만, 그러나 언어를 통하지 않고서는 어떤 것도 우리는 의식하거나 생각할 수 없다. 그렇다면 카푸토의 사건의 신학은 언제나 데리다의 "종교 없는 종교"처럼 "신학 없는 신학"이 될 수밖에 없다(Caputo 2006, 7). 어떠한 이름을 통해 하나님을 이름한다 해도 결국 하나님은 그 이름을 해체하면서 사건적으로 도래할 것이기 때문이다. 결국 실재(reality)는 이러한 이름과 사건의 구조 속에서 "양극성"(bipolarity)을 이루면서, 매순간 새로운 사건들을 창출해나간다(Caputo 2006, 8). 즉 사건과 이름의 둘(the Two)의 구조인 것이다. 사건은 우리의 삶의 구조에 언제나 "누전"(short-circuit)을 일으키며, 권력의 힘으로 구조화된 세계를 "도발"(provocation)한다(Caputo 2006, 13). 이는 기존 이름들의 구조와 질서가 누전을 일으키도록 하는 사건이다. 그래서 카푸토는 하나님의 이름은 "소란" 혹은 "거룩한 혼란"(holy disarray)의 이름이라고 말한다(Caputo 2006, 14).

이름은 해체되어야 하지만, 사건은 언제나 이름을 초과하는 어떤 것이 이름에 정박하면서 빚어지는 사건이기 때문이다.

그 거룩한 혼란의 사건은 제도나 정치의 물리적 변화를 통해 나타날 뿐만 아니라, 무엇보다도 내적인 변화를 통해 촉발된다. 하나님의 이름을 통해 사건을 접할 때 일어나는 내적 변화를 기술하는 전통적인 용어는 회심(conversion)인데 한나 아렌트는 이 *metanoia*를 "마음 바꾸기"(the change of heart)로 번역할 것을 제안한다(Caputo 2006, 129; 144). 정의는 체제 안에서 실현 불가능하다. 왜냐하면 체제는 정의의 사건을 허용치 않고 있기 때문이다. 오히려 '이 힘의 실현이 정의다'라고 사람들에게 주입시키며 정의를 폐제하려 한다. 따라서 체제의 눈으로 불가능하다고 간주되는 정의는 이론적으로 불가능한 가능성을 의미하는 것이 아니라, 체제 내적으로는 절대 불가능한 것을 가리킨다. 그리고 이 불가능한 것이 우리의 질서 체제로 침노해 들어올 수 있다고 (믿음으로) 마음을 바꾸는 행위를 카푸토는 '사건'이라고 부르는 것이다. 그래서 사건은, 예를 들어 "정의, 선물, 용서, 환대" 등과 같은 여러 가지 이어지는 이름들로 번역되면서 진행된다(Caputo 2006, 29). 그래서 카푸토는 정의의 하나님 나라를 "존재하지 않는 자(들)의 코라적 지상왕국"(the earthly khoral kingdom of the me *onta*)이라고 부르며, 자신의 철학을 "약한 신학"(weak theology)이라 부른다(Caputo 2006, 36). 사건은 약한 자들의 '마음 바꾸기'를 통해 도래하기 시작한다. 세상의 있는 자들이 불가능하다고 주입하고 세뇌한 것들을 버리고, 이제 정의가 가능하다고 마음을 바꿔먹기 시작하면, 세상은 새롭게 창조되기 시작한다는 것이다. 이 마음 바꾸기(회개)의 구조는 바로 어둠에 놓여 있는 세상에 '빛이 있으라'고 선포한 하나님의 창조 사역이며, 또한 우리를 아프고 절망하게 만든 이들에 대한 기억을 정의를 매개로 다시 "재-형성"(re-formation)하고 "혁신"(trans-formation)하는 용서의 구조이다(Caputo 2006, 147). 바로 여기에 하나님 나라의 그리고 하나님의 초월성이 존재한다. 그 초월성은 이 세상 너머의 또 다른 세상이나 왕국을 지향하는 것이 아니라, 이 땅에서 그들이 불가능하다고 말한 지평의 세상이 새롭게 말씀으로 열려가는 사건을 가리키는 것이다.

초월은 카푸토에게 세상에서 쫓겨나고 버려진 모든 이에게 하나님이 자신의 장막을 펼치시는 것을 의미하며, 그래서 카푸토는 초월 대신 "내월"(in-scendence)을 주장한다(Caputo 2006, 45). 버림받고 쫓겨난 이들에게 장막을 펼치심으로, 하나님은 이 세상 안에서 세상으로부터 초월된 새로운 세상을 열어 가신다. 이러한 하나님의 내월적 움직임과 반-질서는 곧 우리의 "코라적 육체성"(khoral corporeality) 혹은 "코라적 성육신"(khoral incarnation)을 긍정하는 것을 의미한다 (Caputo 2006, 80).[7] 이는 정의와 하나님이 별개의 사건이 아니라는 것을 의미한다. 법은 개인에 대하여 특별한 배려를 할 수 없다. 법은 "공정하고," "보편적이며," "특이성에 원리적으로 눈 감아야" 한다 (Caputo 2006, 141). 법이 편파적으로 적용된다면, 그것은 언제나 부정의와 특혜의 소지를 안기 때문이다. 법이 보편적으로 적용될 수 없다면 그 법은 법으로서의 가치를 상실할 것이다. 그런데 법의 그러한 보편적이고 공평한 적용은 결코 정의를 가져올 수 없다. 왜냐하면 정

---

7) '코라'(khora)는 플라톤의 『티마이오스』에 등장한다. 플라톤은 천지 우주의 발생 과정을 다 설명한 후 다시 처음으로 돌아가, 이 모든 과정을 가능케 하는 것 그러나 그 자신으로는 아무것도 아닌 것, 그래서 존재의 산파라 불리는 것을 설명하고자 하는데 그것을 '코라'라 부른다. 즉 모든 것을 가능케 하는 그 무엇이지만 그 자체로는 언표되거나 인지되지 못하는 것을 의미한다.

의란 각 개인에게 고유한 필요에 응답하는 것이기 때문이다. 각 개인이 요청하는 정의는 그 자체로 "해체할 수 없다"(Caputo 2006, 141). 그래서 정의는 개인에 기반한 "약한 힘"(weak force)으로서, "희미한 신음소리와 함께 법 앞에 지속적으로 출몰하는 유령"같은 존재이며, 법은 폭력적으로 강제될 수 있는 힘을 지닌 "강한 힘"(strong force)이다(Caputo 2006, 141).

정의가 언제나 법과의 간격 혹은 사이에서 이루어지는 협상으로 나타난다는 것은 곧 정의란 '온전히' 완성된 최종의 형태로 실현되는 것이 아님을 말한다. 그것은 언제나 특이성이 요구하는 외침을 무심한 법의 자리에 현시(present)하면서 협상하는 힘이다. 그렇기 때문에 법과 정의 사이의 차이는 결코 종결되거나 채워지지 않는다. 이 영원한 차이가 우리의 체제 속으로 정의가 끊임없이 출몰하게 하는 근원적인 힘이다. 그래서 정의의 윤리는 언제나 메시아적 윤리의 구조를 지닌다(Caputo 2006, 141). 이 말은 정의는 언제나 '사이'(the between)로부터 일어나는 힘이라는 말이다. 그런데 중요한 것은 이 정의의 메시아적 시간이 우리에게 또 다른 시간, 또 다른 세계를 가져오는 것은 아니라는 것이다. 그것은 우리가 살아가는 매일 지금의 이 시간을 다른 마음을 통해, 즉 *metanoia*(change of heart)를 통해 바라보며 살아가는 것을 의미한다. 이는 정의를 아무것도 아닌 아무런 차이도 만들어내지 못하는 무기력한 어떤 것으로 만들기보다는 오히려 '매일 혹은 매 순간을 성스럽게 지켜나가려는 것'을 말한다. 하나님 나라의 진정한 의미는 바로 이것이다. 즉 그것은 "지금 여기의 인간 삶, 하나님이 통치하시는 인간 삶"을 가리키며, 그렇게 마음-바꾸기를 통해 도래하는 새로운 세상은 또 다른 시간과 공간이 아닌 바로 지금 여기에 주어지는 "선물"이다(Caputo 2006, 170). 즉 오늘이라는 선물

말이다. 선물로 주어진 오늘은 고요하고 평화로운 날이 아니라, 언제나 법과 정의 사이의 치열한 협상이 이루어지는 날이다.

4. 정의와 진리의 주체

데리다와 제닝스, 카푸토의 공통점은 정의란 '차연'의 구조로부터 유래한다는 것이다. 뒤집어 말하면 정의는 주체가 쟁취하는 것이 아니라, 차연의 구조를 담지한 우리 삶의 텍스트가 '차연'적 운동을 전개함으로써 도래하는 메시아성으로서, 하나님 나라로서 도래하여 우리 삶의 한복판에 소동과 불협화음을 유발하며 새로운 창조를 만들어나간다는 것이다.

아마도 여기서 바디우는 물을 것이다. 정의의 주체는 그때 무엇을 하는가? 바디우의 주체는 상황의 체제 바깥에 있는 진리와 정의를 상황에 봉합하고는 사라지는 정의의 연산이다. 바디우는 『무한한 사유』(*Infinite Thought*)에서 부정의의 현실은 "명백"하지만(clear), 정의는 "불명료"(obscure)하다고 말한다(Badiou 2005, 52). 부정의는 고통과 반란으로 그의 흔적을 남기지만, 우리의 존재 가운데 그 어떤 것도 정의를 나타내지는 않는다(Badiou 2005, 52). 존재를 규정하고 세워나가는 상황의 상태에 정의란 소비를 할 수 있는 평등한 권리로 양화되고 수치화된 정의이기 때문에, 정의는 언제나 그 존재성을 불명확하게 갖고 있을 수밖에 없고, 그렇다면 이제 철학의 과제는 더 이상 정의를 규정하거나 명제화하는 것이 아니라 정의를 통해 정치의 진리를 주장하는 것이다(Badiou 2005, 53). 그런데 정의는 국가와 상관이 없다. 국가는 진리들을 접촉하는 정치적 방향성에 무관심하거나 적대적이기 때문이다. 오히려 정의는 국가에 "심각한 불편"을 초래한다 (Badiou 2005, 55). 오히려 정의는 "국가 혹은 사회에 비일관성[을 초래하는], 즉 평등주의의 정치적 방향성[을 초래하는] 철학적 이름"이다(Badiou 2005, 58).

바디우에게 진리와 정의는 언제나 체제 밖으로부터 도래하기 때문에 언표 불가능하고 파악 불가능하다. 그리고 진리를 상황의 지식에 봉합하고 나면 주체는 사라져야 한다. 즉 진리의 주체, 정의의 주체는 상황의 체제가 백과사전적 지식 체계로 은폐하는 '진실'을 폭로하고 노출하여 상황의 체제를 변화시킨 다음, 다시 정의의 사건이 도래하기까지 사라진 존재로 혹은 은폐된 존재로 존재한다. 상황의 체제가 상황의 논리로 셈하여지지 않는 것 그래서 존재로 간주되지 않는 것들을 무자비하게 체제 바깥으로 내몰아 억압할 때, 정의의 주체가 출현한다. 이때 정치적 사유는 언제나 "국가와 불화"한다(Badiou 2005, 62). 상황의 체제는 언제나 체제의 셈법으로 계산되는 것들을 정렬하면서 질서를 세워가고, 정의는 그러한 셈법으로부터 배제된 것들에게 평등을 부여하는 주체의 사유방식이기 때문이다. 바로 여기에 주체를 사유하는 중요성이 있다. 고대 그리스의 정치에서 "데모스"는 "사회적 서열 조직에서 명확히 정해진 자리가 없는 사람들"로서 자신들의 부당한 처우나 불의에 대항하여 권력에 맞서 자신들의 정당한 몫을 주장하는 데 그치지 않고, 스스로를 배제된 사람들을 대표하는 "사회 전체(진정한 보편성)의 대표자, 대변자"로 자처하였다(지젝 2007, 106). 즉 그들은 "무"의 대표자 혹은 대변자로서 "체제가 셈하지 않는 [모든] 존재"를 대변하며, 사회 구조와 그 부분의 일부이지만 그 일부로 셈하여지지 않는 이들 사이의 긴장을 정치적 갈등으로 표출시키면서, 진정한 보편성을 대변하게 된다는 것이다(지젝 2007, 106). 이렇게 보편적 단독자(universal singular)로서 진정한 보편을 대변할 경우, 이 보편의 대변자로서 단독자는 기존 사회 체계의 자연스런 관계를 교란하며 등장한다. 주체는 바로 이 보편적 단독자의 등장이다.[8]

바디우의 사유에서 가장 고유한 측면은 바로 "주체," 즉 보편적 단독자로서 '진리의 주체'를 다시금 주장하는 것이다. 데카르트 이래로 인간 의식의 주체란 언제나 주체의 경계 바깥으로 밀려난 것들을 착취하고 억압하는 역사였으며, 바로 그러한 주체의 경계에 근거하여 타자들을 악마화하는 역사였기 때문에, 다시금 '진리의 주체'를 거론할 때 포스트모던적 사유를 전개하는 많은 사람들의 의혹을 산 것이 사실이다. 역사의 주체가 모든 시대 모든 사람의 해방을 위하여 일어선다고 했지만, 그 서구 근대인들의 해방 프로그램은 늘 특정 이해계층의 사람들을 위해 다른 이들이 당하는 착취를 은폐하는 것이었다. 바디우가 주장하는 진리의 주체 물음은 특별히 데리다가 말하는 정의와 환대의 담론과 연관하여 무척 중요하다. 비록 정의가 언제나 법과 치열한 협상을 벌여나가는 과정에서 우리에게 끊임없이 정의라는 물음을 통해 해체를 수행하게 만들지만, 정작 그 정의를 진리로 받아들여 시행해나갈 수 있는 행위자는 존재하지 않는다. 어쩌면 이토록 많

---

8) 예를 들어, 그리스도가 이 단독적 보편자의 자리를 차지하는 것은 그가 신적인 보편성을 지니고 있기 때문이 아니라, 그가 "인간 자체, 사회적 지위 없는 인간, 이렇다 할 특징이 없는 인간"이기 때문이다(지젝 2007, 131). 핵심은 그리스도는 신이며 인간이라는 것이 아니라, 그리스도는 "인간인 한에서" 신이라는 것이다(지젝 2007, 131). 이것이 바로 영지주의와 기독교의 차이이다. 우리는 신성을 회복하기 위하여 타락한 인간성을 극복하는 것이 아니라, "타락 자체 속에서 고대하던 해방을 인식하는 것"이다(지젝 2007, 140). 따라서 정의는 타락한 인간성을 올바로 세워가기 위한 신적인 형상이나 이상이 아니라, 바로 우리의 부정의한 세계 속에서 인식되는 보편성, 즉 셈하여지지 않은 부분까지도 조망할 수 있는 인식을 갖는 것이다. 이는 "관점"의 전환을 의미한다(지젝 2007, 141).

은 부정의와 생태적 위기를 초래한 인간에게 다시금 진리의 주체라는 지위를 부여하기가 무척 꺼려지는 것도 사실이다. 그렇기에 생명의 힘을 저항과 탈주의 힘으로 읽어내는 것이 무리한 제안은 아닐 것이다. 생명은 조화와 평화를 지향하겠지만, 그럼에도 부정의한 현실하에서 언제나 저항과 탈주의 원동력을 가져다줄 것이라는 상상력은 들뢰즈의 유목적 상상력이 가져다주는 공헌일 것이다. 하지만 타자성과 차이의 담론들(데리다와 들뢰즈)은 언제나 정의를 정치적으로 실현할 동기를 부여해주지 않는다. 오히려 탈주의 담론은 우리로 하여금 지금의 이 시스템과 맞붙어 싸울 이유가 없다고 주장한다. 그저 외면하며 탈주해나가는 몸짓만으로 충분한 저항이 된다는 것이다(cf. Faber, Krips & Pettus 2010, 211). 정의를 실현할 (역사의) 주체는 언제나 폭력의 주체이면서 부정의의 주체로 변질될 운명을 안고 있기 때문이다. 기독교가 제국의 종교로 공인받는 순간 일어난 일이 바로 이것이 아닌가?

그런데, 모든 것이 단일한 시장경제 체제를 통해 범지구적으로 통합되어 있는 작금의 현실 속에서 그 누구도 이 체제에 대하여 저항과 전복을 꿈꾸지 못하고 있는 시점에 '생명과 평화'란 정의를 부르짖는 주체는 가능한가? 모두가 저항의 방식으로 탈주해나가는 것도 무의미하지는 않지만, 누군가는 새로운 전복과 반란을 외쳐야 하지 않을까? 바로 이런 맥락에서 주체를 주장하는 바디우의 철학은 의미가 있다. 우선적으로 바디우에게 철학은 "반란의 차원을 욕망"하는 활동이면서, 동시에 모든 이들을 향한 사유의 "보편성"을 또한 욕망한다(Badiou 2005, 29). 주체는 저항적 진리를 사건을 통해 상황에 봉합하고 사라지지만, 그러나 그러한 사라짐은 또 다른 진리의 출현을 기다리는 인내의 몸짓이다. 그래서 저항의 몸짓으로서 "눈에 뜨이지 않기"

(becoming-imperceptible)를 통하여 탈주를 결행하기보다는(Faber, Krips & Pettus 2010, 164; 347), 투사적 주체(militant subject)로서 배제되고 쫓겨난 정의의 이름들을 사건에 대한 충실성에 기반하여 상황에 선포한다. 그런데 주체의 진리 사건은 정의가 뒤틀리고 왜곡된 곳에서만 나타나지 않는가? 적어도 라캉을 따른다면 말이다. 그렇다면 정의의 주체 혹은 진리의 주체는 그만의 환상 속에 '정의' 혹은 '진리'를 꿈꾸는 것은 아닌가? 아니면 자신만의 환상의 이름일지라도 정의와 진리를 선포하는 행위 자체가 사건이 되는 것인가?

5. 환상의 실재, 정의

카푸토는 하나님 나라는 "영원 속에서가 아니라 시간 속에서 이유 없이(without why)" 그날을 살아가는 "삶의 방식"이라고 말한다 (Caputo 2006, 15). 그것은 사건의 진리를 "이름 속에서가 아니라 행위 속에서" 찾아가는 것을 의미한다(Caputo 2006, 20). 바로 이 흔들리지 않는 일상성의 흐름—그럼에도 불구하고 일상성(quotidianism 혹은 everydayness)은 전혀 정의되거나 포착되지 않는다—이 최고의 창조성이자 가장 특별한 것이라고 지젝은 주장한다(지젝 2007, 68-69). 바로 여기에 종교의 특이성이 놓여 있다. 수없이 많은 변화와 흐름 속에서 종교는, 특별히 기독교는 "여전히 지속되고 있다"면, 그 유구한 지속성은 특별한 창조성을 담지하고 있고, 그 담지된 창조성의 핵심은 바로 도착적 전복성이라는 것이다. 도착적 전복성은 기존의 것들을 뒤집어놓는다는 의미라기보다는 오히려 이 일상성 자체가 끊임없이 우리의 사유와 체제와 상상력을 전복한다는 의미이다.

지젝에 따르면 오늘날의 신앙은 "형식적인 예배로 구체화되는 부인된(disavowed) 신앙"으로, 이를 풀어서 말하자면 "나는 내가 무슨 짓을 아는지 알고 있다. 그럼에도 나는 그 짓을 한다. … 왜냐하면 나는 내가 무엇을 믿는지 모르기 때문이다"를 구현하는 행위이다(지젝 2007, 10). 이런 상황에서 지젝은 "그러니까 믿어 안 믿어?라는 저속한 질문"을 확실하게 주장해야 한다고 말한다(지젝 2007, 11). 그러한 질문을 통해 우리의 신앙이 담지한 도착적 핵심을 드러내고, 기독교의 진정한 전복적 핵심에 다가서도록 유물론적 접근방법을 제시해야 한다고 주장한다(지젝 2007, 11). 앞의 그 저속한 물음을 던질 때 철학자들을 놀라게 만드는 것은 믿음의 사람들이 진짜로는 믿지 않는다는 사실이 아니라, 오히려 그토록 냉소적인 사람들이 실은 내면으로 우리가 생각하는 것보다 훨씬 더 "남 몰래 믿는다는 사실(자기들이 인정하고 싶어 하는 것보다 훨씬 더 많이 믿는다는 사실)"이다(지젝 2007, 15). 왜? 믿음은 물려받는 것이 아니라, 단절을 통해 혹은 전복을 통해 이루어지는 주체적인 몸짓이기 때문이다. 이 단절로서의 믿음을 가장 힘차게 구현한 인물이 바로 바울이었다(지젝 2007, 19). 이 단절 속에서 중요한 것은 우리의 믿음이 가진 도착을 드러내어 극복하는 것이 아니라 오히려 기독교의 믿음의 핵심은 바로 이 도착 속에 있음을 주장하는 것이고, 그 도착은 전복의 형식으로 모습을 드러낸다는 것이다. 이 도착적 핵심은 "성육신"으로 표현된다. 즉 신이 구원을 위해 인간을 타락한 땅에서 들어올려 하늘나라로 맞이하는 것이 아니라, 신이 도리어 인간의 땅으로 내려왔다는 사실에 우리의 믿음을 도착적으로 전복하는 혁명성이 담겨 있다는 것이다. 이 혁명성은 곧 배신의 드라마를 담지하고 있다. 즉 우리의 구원을 향한 환상을 배신하는 것이다. 우리를 구원의 나라로 데려가는 것이 아니라, 신이 이 땅위에 내려와 우리와 더불어 고통받는 것, 그것은 우리가 갖고 있는 신앙에 대한 철저한 그리고 가장 도착적인 배신이다(지젝 2007, 31). 그래서 이 배신은 "사랑하기 때문에 배신"하는 배신이 된다(지젝 2007, 33). 그 배신의 절정은 십자가 위에서 인간이 된 신 예수가 신 자신으로부터 버림받는 사건에서 절정에 달하게 된다. 즉 '하나님, 어찌하여 나를 버리시나이까'라는 외침 속에 담지된 배신은 곧 인간의 메시아를 향한 기대를 처참히 배신하는 외침이 된다.

　이상에 논리에 따르면 정의는 우리에게 새로운 세상을 열어주는 열쇠가 아니다. 오히려 정의의 실재계는 우리의 언어적 구조로 짜인 상징계를 벗어나 탈주하는 것이 아니라, 오히려 우리의 상징계 속에서 라캉의 여성적 논리 즉 '전부가 아님'(non-All)으로 작동한다. 이는 '전부'로 간주되는 계의 밖에 '실재계'가 있음을 가리키는 것이 아니라, 이 전체를 셈하는 "총체화의 부재," 즉 "전부의 부재"를 의미한다고 지젝은 수잔 바너드를 인용하며 설명한다(지젝 2007, 113). 다시 표현하자면, (칸트에게서처럼) 실재계는 상징계 바깥에 초월적으로 존재하는 것이 아니라, "실재계는 상징계 자체, 즉 '전부가 아님'의 양태로 존재하는 상징계"라는 것이다(지젝 2007, 115). 따라서 정의는 우리의 소비적 상징 세계 안에서 '총체성'의 논리로 셈하여지지 않은 어떤 것으로 존재하는 것이다. 그것은 우리에게 도래하지 않는 유토피아나 환상을 통해 유지되는 어떤 것이 아니다. 오히려 환상은 정의의 실재성을 은폐하는 장치이다. 그렇게 은폐된 형식만으로 정의가 드러날 수밖에 없는 것은 우리가 실재를 바라보는 욕망의 구조와 환상의 장치 때문이다. 즉 실재는 그대로 드러나는 것이 아니라 오직 "외상과 균열의 결과로"만 드러난다(지젝 2007, 121-122).

　실재(the Real)가 그대로 드러나지 않고 "외상과 균열의 결과로 드

러날 뿐"이라면, 정의의 실재도 우리에게 스스로 모습을 드러내기보
다는 부정의에 의한 착취의 귀결로서, 즉 상처와 고통과 고난으로서
드러날 뿐이다. 바로 이 자리가 정의를 곁눈질로 바라볼 수 있는 유일
한 자리이다. 그래서 신은 인간의 땅으로 내려와 육신이 되었던 것이
다. 그렇기 때문에 상처와 고통으로 인하여 실재계는 우리의 현실을
바라보는 눈을 언제나 뒤틀리게 한다. 중력이 시공간을 뒤틀리게 하
듯이 말이다. 이런 맥락에서 실재로의 직접적인 접근이 가로 막혀 있
고 또한 실재계 자체의 뒤트는 힘이 우리로 하여금 실재를 포착하지
못하도록 만들기도 한다. 이러한 실재의 이율배반이 앞에서 '법과 정
의'의 관계 속에 표현된다. 정의의 실재는 법이 정의를 억압하는 순간
에 보여지지만, 정의가 아닌 것을 통해서 보여지기 때문에 정의는 언
제나 왜곡된 형태로 우리에게 드러난다. 이러한 뒤틀림은 우리에게
정의가 실제로는 존재하지 않음을 보여주는 것이 아니라 정의란 언제
나 그 뒤틀림의 "간극"이 존재하는 곳에 존재한다는 것을 보여준다.
진정한 실재는 바로 이 뒤틀림 자체이다. 법은 정의를 실현하지 않는
다. 우리가 법질서 구현을 통해서 보기를 외면하는 사실이 바로 이것
아닌가? 정의 없는 법, 만약 법의 본질이 이렇다면 우리가 이 사회를
구성하고 협력하고 도덕과 윤리를 지켜야 할 원칙을 주장할 수 있는
가? 그렇기 때문에 우리는 법이 정의를 실현한다는 환상을 유지하며
실재를 보지 않으려 한다.

　길가로 내몰린 서울역 노숙자들의 모습이 우리가 누리고 있는 정
의이다. 정확히는 우리가 지금 이 체제를 정의롭다고 칭하는 대가이
다. 그래서 그들의 존재는 인정되지 않아야 한다. 그렇게 우리의 정의
는 엄연한 부정의의 현실을 외면하며 구성된다. 그런데 정의는 어떤
실현되어야 할 이상이나 유토피아가 아니라 "우리가 사건의 불 아래

서 선언하는 것"이라고 바디우는 말하지 않는가?(Badiou 2005, 54).
따라서 진정한 정의의 실현은 그들의 모습을 외면하며, 우리의 정의의 체계를 수호하고 지켜내는 것이 아니라, 오히려 역설적으로 우리의 정의를 버리고 그들의 눈으로 정의를 품어주는 것이다. 그렇게 역설적으로 우리의 법 체계 바깥으로 내몰리는 이들의 삶이 우리가 추구하는 정의의 허구성을 폭로하며 모습을 드러낸다. 정의가 우리의 부정의한 현실 속에서 뒤틀려 나타나는 왜곡의 시점, 그것은 정의에 대한 인식을 가로막는 장애가 아니라 오히려 그것이 바로 정의라는 인식, 이러한 인식 전환과 전복이 기독교적 인식 속에 자리 잡고 있다(지젝 2007, 146). 말하자면 나의 약함은 '신의 권능을 감추었다가 드러내기 위한 것'이 아니라, "내가 약하고 천하여 놀림을 당하고 비웃음당할 때[고후 11] 나는 놀림을 당하고 비웃음당했던 그리스도와 동일시"된다는 것이다(지젝 2007, 148). 그렇기에 그리스도는 "궁극적인 신성한 바보, 모든 위엄을 박탈당한 바보"이다(지젝 2007, 148). 이글턴은 이를 다음과 같이 표현한다:

굶주린 사람의 배를 채워주고, 이민자들을 환영하며, 아픈 이들을 찾아가 돌보고, 부자들의 횡포로부터 가난한 사람과 고아와 미망인을 보호하는 문제다. 놀랍게 들리겠지만 우리는 종교라는 특별한 기구를 통해 구원받는 게 아니라 서로 뒤섞여 살아가는 일상적 관계의 질을 통하여 구원받는다. 일상의 삶이라는 개념을 만들어낸 것은 기독교이지 프랑스 지식인이 아니다(이글턴 2010, 33).

정의란 바로 여기에 있다. 정의는 어떤 특별하고 고매하고 고상한 이상으로서 그것을 통해 우리가 정의를 실현하는 것이 아니라, 우리가 살아가는 일상의 삶 자체가 왜곡된 정의의 실재임을 깨닫는 것으로부터 시작된다. 그 삶 속에서 우리는 정의의 실재를 욕망이 부여하는 환상의 구조를 통해 끊임없이 욕망한다. 하지만 그 정의의 환상은 언제나 욕망으로 뒤틀려 있어서 우리는 무의식적으로 그 정의의 실재가 도래하기를 원하지 않는다. 다만 양심의 가책을 덜고 싶을 뿐이다. 이 정의의 실재는 우리에게 스스로를 "인간쓰레기"로 몰아가게 한다(cf. 이글턴 2010, 35-36). 예수는 자기희생을 통해 바로 이 쓰레기의 자리로 내려온다. 배제되어야 할 존재, 박탈당한 존재, 찌꺼기만 남은 존재, 이를 "잔여"(residue)라고 표현한다면, 지젝은 "진정한 민주적 주체는 '잔여'이다"고 말한다(지젝 2007, 177). 이들이 있음으로 인위적 총체성으로 구성된 전체는 '전부가-아님'(not-all)의 부분들을 포괄할 수 있게 되고, 온전한 전체성을 조망할 수 있게 된다. 이 내적 배제의 위치에 있는 자들이 주체로 서게 될 때 보편적 단독자가 주체로 서게 된다. 결국 민주주의란 이 배제된 자들이 '평등'하게 간주되는 것 아닌가? 이렇게 배제된 자의 위치로 서는 것이 바로 유대교의 뺄셈적 연산이었다면, 바울의 연산은 그렇게 배제된 잔여를 유대인 너머로 확장한 것이다(지젝 2007, 212). 그리고 이런 모습을 통해 정의는 사랑으로 모습을 드러낼 수 있게 된다. 다시 이글턴의 말을 인용하면,

> 이처럼 격렬하게 사랑하는 하느님의 진정한 모습을 보여주는 유일한 형상은 고문받고 처형당한 정치범이다. 성경에서 '아나빔'(anawim) 이라 부르는 가난하고 버림받은 사람들과 연대한 까닭에 죽음을 맞는 정치범 말이다. 로마는 정치범만을 십자가에서 처형했다. 바울의 서신에서 아나빔은 세상의 보잘 것 없는 인간들을 뜻한다. 사회에서 버림받은 인간쓰레기, 그러나 하나님의 나라로 알려진 새로운 형태

의 인간 세계에서는 주춧돌 역할을 할 사람들이다. 예수는 그들을 대표하는 존재로 시종일관 제시된다. 예수의 죽음과 지옥으로의 추락은 광기와 공포, 부조리와 자기 비우기로의 여행이다. 그토록 철저한 혁명만이 현재의 암담한 상황을 해결해줄 수 있기 때문이다(이글턴 2010, 38-39).

이 혁명은 정치적 혁명이나 정권교체로 도래하는 것이 아니라, "죽음과 공허, 광기, 상실 그리고 헛수고를 폭풍처럼 거쳐야 한다"(이글턴 2010, 40). 삶의 진정한 면모는 바로 삶의 고통과 고난을 지나야 드러난다는 말이다. 이 삶의 진정성, 그것은 분명 우리가 매일을 살아가는 삶에 "잉여" 혹은 "과잉"이다. 그런데 이 삶의 '과잉'은 근원적이다. 진정으로 인간적인 삶은 인간적인 삶 자체와 일치하지 않는다. 즉 "온전한 삶을 산다는 것은 삶보다 크다는 뜻"이며, "삶에 대한 병적인 부인은 삶 자체의 부인이 아니라 오히려 이러한 과잉의 부인"이다(지젝 2007, 159). 진정한 삶은 우리의 삶 앞에 과잉의 형식으로서 "유령의 모습을 하고" 나타난다(지젝 2007, 161).

왜곡된 정의의 실상을 몸으로 체현하는 존재들(노숙자들, 이주민 노동자들, 빈곤층 등)이 바로 '정의'임을 받아들이는 것은 곧 그들을 사랑으로 품는 몸짓과 다름없다. 그들을 위한 무언가를 실현하려는 우리의 정의의 욕망은 어떻게 보면 우리의 결핍을 드러내는 장치에 불과하다. 하지만,

뭔가를 결여한 존재, 취약한 존재만이 사랑을 할 수 있다. 따라서 사랑의 궁극적 미스터리는 불완전함이 완전함보다 어느 정도 우위에 있다는 것이다. 한편으로, 불완전한 존재, 뭔가를 결여한 존재가 사

랑을 한다. 즉 우리는 전부를 알지 못하기 때문에 사랑한다(지젝 2007, 186-187).

기독교적 경험의 핵심은 바로 이 "사랑하는 (불완전한) 존재를 신의 위치로 격상시킨 것"이다(지젝 2007, 187). 그것은 바로 법과 정의 사이(Jennings 2006, 27; Caputo 2006, 140; 27), 하나님의 이름과 사건 사이(Caputo 2006, 2), 배제된 이들이 배제되고 쫓겨난 모든 이들을 대표하면서 유발하는 진정한 보편성과 전체성 사이(지젝 2007, 106)에서 유발되는 외상과 상처를 치유의 공간으로 바꾸어나가는, 말하자면 정의라는 환상의 실재를 우리 삶의 주어진 일상성으로 포용하고 품어나가는 몸짓이 될 것이다. 그래서 지젝은 모든 메시아적 정의 개념에 앞서 "이 순수한 사이(in-between)에 대한 사유"를 전개해나가야 한다고 주장한다(지젝 2007, 228). 데리다의 차연은 정확히 이 '사이'의 구조를 "불/가능성"의 모습으로 연출한다. 온전한 실현은 지연되고 차이를 발생시켜나가는 구조를 갖고 있기 때문에 우리는 그에 다가갈 수 없는 근원적 불가능성을 접하게 된다. 그런데 이 불가능성은 라캉에게서 다른 의미로 해석된다. 즉 "불가능한 것으로서의 실재성은 여기서 불가능함이 일어남을, 사랑(또는 정치 혁명⋯)과 같은 기적이 일어남을 의미한다"(지젝 2003, 91). 불/가능성이란 단순히 '불가능'하다는 의미가 아니다. 우리가 접한 모든 정보와 지식은 그것이 불가능함을 말한다. 따라서 그것이 가능함을 믿는 것은 미친 짓이다. 그럼에도 불구하고 나는 믿는다. 바로 그 불가능성을. 바로 이것이 교부 터툴리아누스가 말한 '나는 불합리하기 때문에 믿는다'는 말의 핵심 아닌가? 죽은 자의 부활은 논리적으로 그리고 경험적으로 불가능하다. 그리고 그것을 믿는다고 말하는 사람들도 그것을 본 사람은 거의 없다. 그냥 믿는다고 말한다. 그들의 말을 믿어줄 근거가 없다. 하지만 그들이 함께 모여 예배하는 모습 가운데, 즉 귀족과 평민과 노예가 서로 '형제'라고 부르며 예배하는 가운데, 귀부인과 노예가 서로 '자매'와 '형제'라고 부르며 예배하는 가운데, 어른과 아이가 서로를 형제자매로 부르며 예배하는 가운데, 그들은 그 불/가능성이 그저 불가능한 것이 아님을 보았다. 그 불/가능성은 믿음으로만 실현되는 가능성이다. 그 믿음은 온 존재를 요구한다. 나의 온 존재를 요구하는 그 믿음은 그래서 역설적으로 이해를 추구한다. 진정 내 온 존재를 내던져 그의 실현을 추구할 가치가 있는가? 진리는 그래서 우리의 '이해를 추구하는 신앙'의 몸짓을 통해서 도래한다. 그 이해는 단지 정보의 습득이나 암기를 의미하는 것이 아니다. 내 삶의 온전한 의미를 이해하고자 하는 몸짓이고, 기독교인의 신앙은 그 의미가 언제나 하나님 나라 안에서 이해된다고 말한다. 그 하나님 나라는 곧 지금 우리가 살고 있는 나라와 "둘"(the Two)의 구조를 형성하며 출현한다. 친구가 될 것인가 (비판적) 동무가 될 것인가?

이 저항적 탈주를 위한 출구가 보이지 않는 소비자본주의 시대를 살아가는 우리는 이제 정의와 사랑의 주체를 진리 사건에 충실하여 전복의 몸짓을 행해 나가야 할 때가 아닐까? 비록 그 정의가 우리의 환상에 불과하더라도 말이다. 지젝이 지적하는 바디우의 문제는 사건과 존재의 간극을 벌려놓은 데 있다. 그래서 마치 정의는 언제나 존재의 상황 바깥으로 밀려나 슬피 울며 이를 가는 어떤 것으로 그려진다. 하지만 지젝의 관점으로, "진정한 철학자에게는 모든 것이 항상이미 발생해 있다"(지젝 2003, 134). 이는 이미 정의는 우리 삶의 현실 한복판에 놓여 있다는 것이다. 비록 그것이 우리의 환상의 구조로 인식되거나 보이지 않는다 하더라도 말이다.

II

가면과 환상으로서 정의(justice):

종교개혁 500주년에 기독교의 본래성을 성찰한다

어느 소설가의 말처럼 '고백의 본질은 불가능'이며, 가면의 일관성이 스스로 만들어가는 올곧은 삶의 양식 속에서만 삶은 제 모습을 드러냅니다. 마치 예수처럼, 자신의 삶-죽음의 총체성과 이를 생활정치화하는 일관성만이 그 영혼을 증거합니다. … 예수의 삶의 정황 (*Sitz-im-Leben*), 문제의식, 고민과 이어지는 구체적인 활동, 그리고 삶이 그러했으므로 피할 수 없었던 죽음의 성격 등을 헤아리면, 종교에서 삶으로, 내세에서 현실로, 종말론적 환영에서 '지금 이것'으로, 고백에서 담대행방(膽大行方)의 행위로 나아가는 게 마땅합니다. 예수를 두 번 죽이지 않으려면 지금 이 순간 그를 '믿는' 신자의 길을 포기해야 합니다.

예수가 있었으니 반드시 '(당신들의) 기독교'가 필요치 않으나, 군이 기독교인으로 남고자 하면 결국 어렵사리 몸을 끄-을-고 남을 따르려는 삶의 양식을 갖추어야 합니다. 제자란 '타자성의 소실점을 향해 몸을 끄-을-고 다가서는 검질기고도 슬금한 노력'입니다(김영민 2012, 4-5).

오로지 무신론자만이 올바른 기독교인일 수 있다. 오로지 기독교인 만이 올바른 무신론자일 수 있다(블로흐 2009, 9; 23).

앞의 인용문에서 말하듯이, 정의(justice)란 "가면"이다. 하지만 그것은 한 번 쓰고 버려지는 일회성 가면이 아니라, 우리가 살아가면서 써야 하는 수많은 가면이 각자의 재현된 모습 바깥에서 연출하는 '일관성'을 지닌 가면이다. 그 가면의 일관성은 우리 각자의 "올곧은 삶의 양식 속에서" 정의를 "생활정치화"하려는 노력을 통해 주장되는 이름이다: 정의. 이를 다른 말로 표현하면, 정의란 만들어져 가는 것이다. 정의란 결코 주어지는 초월적인 경험 이전의 것이 아니다. 그렇기 때문에 정의는 '환상'이다. 여기서 말하는 환상이란 존재하지 않는 것을 다른 것으로 착각하고 있다고 믿는 것이지만(illusion), 그러나 이 환상은 비실재적인 것이 아니라 아주 "실재적"(real)이라는 점에서 (vision) 정의는 실재적이다. 즉 정의의 환상은 그의 실재성을 갖고 있다. 실재(the Real)에 대한 환상은 그래서 환상의 실재를 갖는다. 마찬가지로 정의에 대한 환상은 그 환상의 실재를 갖고 있다.

정의는 개신교적 정체성이다. 이는 정의 관념이 개신교인의 기독교적 정체성의 토대에 놓여 있고, 이는 곧 정의가 개신교적 고유성을 구성한다는 것이다. 즉 정의를 사유하는 개신교적 고유 방식이 존재한다는 것이다. 이는 개신교만이 '정의란 무엇인가'에 대한 대답을 주고 있다는 말이 아니다. 단지 정의를 사유하는 개신교만의 고유한 양식이 있다는 것이다. 이 구별은 중요하다. 즉 '정의란 무엇인가'에 대한 개신교의 답이 무엇이냐는 물음은 처음부터 함정이다. 왜냐하면 '정의'(justice)가 대답에 앞서 미리 보편적으로 전제되기 때문이다. 하지만 그런 보편적 정의는 없다. 왜냐하면 '정의'라는 말 자체가 시대의 산물이기 때문이다. 보다 정확한 물음은 '정의'라는 기표가 가리키는 것을 사유하는 개신교의 고유한 방식이 무엇이냐를 묻는 것이다. 정의란 실체가 아니다. 우리는 '정의'라는 판단 기준을 통해 현재의 삶의 형식들을 부정의하다고 판단하는 듯이 행동하지만 사실은 그 정반대이다. 우리는 정의를 직접적으로 경험한 적이 없다. 정의가 온전히 이 땅에 실현된 적이 언제 있었던가? 우리가 '정의'라는 기표를 주장하게 되는 때는 바로 우리의 삶에 '부정의'가 만연해갈 때이다. 즉 정의를 통해서 부정의가 판단되는 것이 아니라, 부정의를 통해 정의가 요청된다는 사실, 바로 이 사실을 우리는 유념할 필요가 있다. 그렇기에 정의는 '환상'일 수밖에 없다. 이때 환상은 비실재이기 때문에 정의는 실재가 아니라는 비판이 따라올 수도 있을 것이다. 그렇다면 사랑은 실재인가? 무엇이 실재라는 것이 반드시 그것이 실체라는 것은 아니다. 비실체임에도 불구하고 실재적인 것이 있고, 이 비실체적인 실재가 가시적으로 눈앞에 보이는 실체적인 실재보다 더 현실 세계에 강력한 영향력을 발휘할 수 있다. 따라서 정의가 무엇이냐는 물음은 대답될 수 없다. 왜냐하면 부정의를 경험하는 구체적인 삶의 현장들이 유사하면서도 매우 고유한 차이들을 함유하고 있기 때문이다. 그리고 각 현장의 차이가 다양한 문화와 종교들이 서로 다른 개념과 이름으로 '정의라는 기표가 가리키는 것'을 표현해왔다. 그렇다면 부정의한 현실에 비추어져서 요청되는 정의라는 이름, 그것은 비존재이고 아직 도래하지 않은 것이다. 아니 좀더 정확히 말하자면 그것은 도래하면 안 된다. 왜냐하면 그것이 이 땅에 실현된 순간, 우리는 더 이상 정의를 사유하지도 요청하지도 않을 것이기 때문이다.

이처럼 정의를 요청하는 기독교적 사유는 기독교의 신 즉 하나님을 사유하는 방식과 같다. 우리가 하나님을 향해 부르짖는 그때 우리는 하나님의 공의 즉 정의를 요청한다. 그리고 하나님의 나라는 언제나 지금 바로 여기로 도래하고 있는 중이다. 기독교적 사유는 정의를 저항의 몸짓으로 사유하는 데 그 보편적 고유성(universal singularity)이 있다. 그것은 또한 단순히 체제에 저항하는 대항 담론에 그치는 것이 아니라, 지금과는 다른 체제를 향해 나아가는 탈주의 몸짓이기도 하다. 하나님에게 순종하고 지배 권력에 복종하라는 현실 교회의 메시지와 달리, 기독교의 고유성은 바로 하나님이 아들 되어 십자가에서 죽었고, 기독교는 바로 그 하나님의 죽음을 살아남았다는 데 있다. 하나님의 아들이 십자가에서 아무런 보호도 받지 못한 채 죽어가야 했던 장면을 생생히 기억하고 있던 초대교회 교인들에게 '하나님의 공의'란 무엇이었을까? 그들은 자신들의 믿음이 반드시 '보상'을 받을 것이라 믿고 확신했기 때문에 그들의 인생을 걸고 신앙에 헌신했을까? 아니면 그와 같은 철저한 절망의 한복판에서 여전히 자신들이 믿는 이 정의의 도래가 이루어져야만 한다고 생각했기 때문에 믿었을까? 개신교의 종교개혁이 갖는 중요한 사상적 전환이 바로 이것이다. 교회는 처음부터 하나님의 죽음을 살아남았고, 그것을 배겨내는 힘은 비실체적 실재 즉 정의를 향한 믿음이었다. 그것은 '환상'을 통한 믿음이지만, 현실로부터 주어지는 조건들에 '저항'하는 힘이기도 했다. 그리고 그 하나님의 죽음을 극복하는 방식이 21세기 자본주의 시대 속에서 도착적으로 퇴락하지 않기 위해서는 정의의 지평을 근대와 다른 지평에서 조망해야 한다.

1. 기독교에서 정의의 사유의 역사적 흔적들

정의란 무엇인가? 이 물음에 답하려는 대부분의 시도들은 정의가 무엇인지 정의(定義)하면서 질문에 대답하려고 도모한다. 서구 사상의 뿌리 희랍 철학에서는 정의를 철학적으로나 신학적으로 "각자에게 각자의 몫을 주라"(*suum cuique tribuere*)라는 말로 정의했다(김현수 2010, 241). 이러한 연장선상에서 플라톤은 정의란 "자기 자신의 것과 자신에게 속하는 것을 갖고 행하는 것"이라고 정의하기도 하였다(김현수 2010, 242). 그리스적 사유 세계에서 세계는 "질서와 조화의 세계"이고, 바로 이것이 정의로운 세계이다(김현수 2010, 243). 왜냐하면 조화와 질서란 각 존재에게 "응당한 몫"(모이라*moira*)을 분배함으로써 구성되는 것이기 때문이다(김현수 2010, 243). 이러한 생각은 아낙시만드로스의 정의 이해에도 그대로 반영되어 있다. 그의 우주론에서 사물의 근원은 "무한정자"(*apeiron*)인데, 이것은 사물의 변화하는 세계에서 야기되는 순간적인 부정의 혹은 불균형을 "자신 속으로 재흡수함으로써 평형으로서 정의가 유지될 수 있도록 하는 매개자"이다(김현수 2010, 248). 이러한 사유 속에서 정의란 다름 아닌 "세계를 구성하는 각 요소들이 균형을 유지하고 서로를 침해하지 않음으로써, 다시 말해 자기 한정성 혹은 자기 동일성을 유지함"으로써 이루어진다(김현수 2010, 248). 이를 달리 표현하면, 아낙시만드로스의 사유 속에서 "정의로운 질서의 세계는 동등한 모이라[moira, 응당한 몫]를 가진 요소들 간의 균형과 대칭으로 이루어"진다(김현수 2010, 248). 김현수는 이러한 서구 사상의 뿌리에 놓여 있는 '모이라'의 개념, 즉 각자의 "응당한 몫"이라는 개념을 통해 서구 세계가 정의(justice)를 정의할 때 "분배의 정의"에 집착하는 이유를 설명한다(김현수 2010, 259).

이러한 분배적 정의에 대한 민감성은 곧 '응당한 몫'이란 개념에서 연상할 수 있듯이 "자기의 절대성, 혹은 누구도 침범할 수 없는 절대적 자아에 대한 주장"과 "타자의 권리에 대한 존중"을 배태시킨 온상이라고 김현수는 주장한다(김현수 2010, 259).

그런데 서구 사상사의 뿌리에서 이렇게 정의를 이해하는 김현수의 이해 배경에는 기독교 사상의 정의 개념과 대립과 갈등을 전제하고 있음을 놓쳐서는 안 된다. 김현수는 신약성서 사도행전 4장 32절9)을 인용하면서, 기독교적 정의의 핵심은 자기 자신의 응당한 몫을 주장하면서 수립되는 것이 아니라 오히려 "자기 것의 포기에서 성립"되고 있음을 주목한다. 그래서 그는 이 그리스적 정의 개념과 기독교적 정의 개념이 과연 "양립 가능한 것일까"를 묻는다(김현수 2010, 261). 만일 누군가의 말처럼 정의가 "물질로 파악"되어야 하며, 그 물(物)이 "하나님의 창조질서이며 정의"라면, 정의란 곧 "물질적 질서 즉 분배"가 될 것이다(위형윤 2000, 332). 그런데 신약성서는 자기의 응당한 몫의 분배를 정의로 보지 않았고, 도리어 그것의 포기에서 정의를 보았다. 이는 곧 하나님의 창조질서가 물질로 파악되는 것이 아니라는 것, 그리고 '자기'라는 것이 근대적 의미의 한 개인을 뜻하는 것이 아니라는 것을 의미한다. 여기서 성서의 정의는 저항적이고 반역적이다. 즉 당대의 사유 체제에 저항하고 반역한다는 것이다.

그리스적 개념과 기독교적 정의 개념 사이의 대립은 기독교가 보여주는 정의의 원천인 하나님 나라가 매우 모순적인 개념이라는 사실에서 비롯된다. 하나님 나라가 구현할 정의는 공상적이라는 점에서

---

9) "믿는 무리가 한 마음과 한 뜻이 되어 모든 물건을 서로 통용하고 제 재물을 조금이라도 제 것이라 하는 이가 하나도 없더라"(재인용: 김현수 2010, 261).

현실성이 떨어지는 유토피아적 개념이다. 그런데 이 유토피아적 꿈은 "오늘의 고통스런 현실에서 배태되고 오늘의 현실 속에 실현될 나라라는 점에서 매우 현실적"이다(박재순 1999, 32-33). 하나님 나라 개념의 이러한 역설적 특성, 즉 상상적이면서 동시에 가장 현실적인 특성은 그것이 "기존의 제왕적 질서"에 대한 불신과 좌절로부터, 즉 그 시대를 살아가는 가난한 민중의 가장 구체적인 삶의 자리로부터 배태되는 것이기 때문에 그렇다(박재순 1999, 34). 이는 기존 현실에 대한 전면적인 불신이면서 총체적인 거절과 부인의 몸짓이다. 동시에 이 거절과 부인의 몸짓을 통해 그들은 자신들의 삶의 희망을 아직 도래하지 않은 하나님 나라의 새로운 질서와 체제로부터 이끌어낸다. 따라서 이들의 삶의 희망은 속절없이 근거 없는 '꿈'에 기반해 있지만, 그 (속절없는) 꿈은 그들에게 가장 현실적인 삶의 힘이었다. 구약의 예언자들이 정의롭고 평화로운 나라를 외쳤다는 것은 역설적으로 그들이 살아가는 현실이 부정의하고 평화롭지 못했다는 것을 보여준다. 이사야서가 말하는 '늑대와 어린 양이 어울려 살아가는' 세계는 가장 비현실적인 세계이다. 그런데 바로 그 비현실적인 꿈을 통해서 이스라엘이 현실을 살아갈 동기를 얻었다는 것은 역설적이고 모순적이다. 바로 이러한 역설과 모순이 현실과 전혀 다른 세계를 꿈꾸게 했고, 삶은 그 비현실적인 꿈을 통해 현실의 삶을 살아나갈 동력을 얻는다. 이 역설과 모순이 빚어내는 정의의 환상 혹은 그 환상의 정의가 기독교적 정의의 핵심이다. 이 비현실적인 꿈이 묵시문학의 예언들을 통해 현실과 접촉점을 갖는다. 묵시문학은 "역사 안에서(의) 절망"을 "역사 밖에서(의) 구원"으로 극복하고자 한다(박재순 1999, 44). 이러한 기독교사상적 흐름은 어거스틴의 정의 이해에서도 찾아볼 수 있다. 어거스틴은 정의를 "하나님이 창조하신 피조물들의 삶의 다양성과 그 안에 담겨진 상이함의 관계적 조화의 완성"으로 보았는데, 그는 이 정의가 인간 세상의 역사 속에서는 실현될 수 없다고 여겼다(유지황 2004, 209; 210). 그 정의는 "장차 다가올 하나님의 도성 속에서 예수 그리스도에 의해 완성될 것"이다(유지황 2004, 211). 어거스틴은 한편으로 정의를 "'모든 존재에게 자신의 본분을 할당하는' 나눔과 공유의 미덕으로서 다양한 구성원으로 이루어진 사회의 조화로운 안녕과 질서"로 여겼다는 점에서 플라톤적인 정의 개념을 이어받았다. 하지만 그는 다른 한편으로 "각 존재의 상대적 다양성을 보편적 정의의 본질 또는 형상에 귀속시킴으로써 모든 존재의 세계를 획일화하려는 것을 거부"했다는 점에서 반플라톤적인 요소도 담지하고 있다(유지황 2004, 212). 그는 보편적인 정의의 형상이 아니라 언제나 정의를 "상대적이며 상황적(contingent) 속성의 실체"로 보았는데, 이 말은 어거스틴의 정의 이해는 정의(justice)에 대한 정의와 규정으로부터 출발하는 것이 아니라 오히려 부정의한 "불의의 실상들"로부터 출발한다는 것을 의미한다(유지황 2004, 214). 즉 어거스틴의 정의는 "모든 인간 삶의 선을 지향하는 하나의 목표 또는 지향점(telos)이지" 결코 출발점이 아니다(유지황 2004, 215). 달리 표현하자면 어거스틴의 정의 이해는 성서의 정의 이해와 마찬가지로 부정의한 현실 상황을 역으로 반영하는 '(불)가능한 꿈'이었다. 하지만 이 '(불)가능한' 꿈은 인간의 현실을 이끌어가는 근본적 동력이라는 점에서 철저히 현실적인 꿈이다.

2. 저항의 눈으로 성서 읽기

성서를 읽을 때, 기독교는 신학의 눈을 반드시 사용한다. 현실의 교회는 신학의 눈으로 읽어낸 성서를 외면할지라도, 적어도 기독교 신학은 성서를 '문자 그대로 읽지 않았다.' 왜냐하면 성서의 언어적 기표(signifier)들은 그 이면에 담겨진 기의(the signified)를 가리키는 손가락이지, 기의 자체는 아니기 때문이다. 그래서 한편으로 불트만(R. Bultman) 같은 학자는 성서를 "비신화화"해서 읽어야 한다고 주장하기도 했다. 하지만 다른 한편으로 블로흐(E. Bloch)는 불트만의 비신화화를 부적절하다고 판단한다. 왜냐하면 과거의 이야기들은 신화와 전설, 동화의 형태로 각각 다양한 사회계층들의 메시지를 담지하고 있기 때문이다. 예를 들어, 동화에는 "천민들의 애환이 담겨" 있고, 전설과 신화는 당대 "지배계급의 관심사"를 반영한다는 것이다(블로흐 2009, 80). 따라서 이러한 다양한 형태의 이야기를 현재의 실존적 관점에서만 의미 있게 받아들인다면 성서와 같은 과거의 문서들이 "과거의 현실에서 현재의 현실을 향해 발언하고 있다는 사실"을 간과하게 된다(블로흐 2009, 87). 아울러 그러한 방식으로 읽어낸 신약성서로는 "모든 것을 파괴하는 〈영겁의 시간Äon〉을 언급"하면서(블로흐 2009, 88), 기존 세계에 저항하는 폭발력을 담지하고 있다는 사실을 전혀 고려하지 못한다. 사람은 개인의 실존적인 정황 속에서만 삶을 살아가는 것은 아니다. 세상의 도처에 벌어지고 있는 현실들은 나의 실존적인 상황과는 때로 거리감 있게 느껴지지만, 결국 그러한 거리감 있는 일에 대한 참여를 자기 개인의 실존적 정황의 관점으로만 바라보고 결정하게 된다면, 이러한 실존적인 신앙은 결국 기독교인들에게 "세계로부터 등을 돌"릴 알리바이 즉 "세계의 불행에 대해 얼마든지 수수 방관해도 좋다는 도덕적 알리바이"를 제공할 따름이다(블로흐 2009, 91). 그래서 만일 우리가 성서의 문자들을 문자적으로만 읽거나 혹은 실존적으로만 읽는다면 성서의 저항적 메시지를 상실하게 된다. 예를 들어, 요한의 묵시록(21장 5절)에 나오는 예수의 말 "보라, 나는 모든 것을 새롭게 만드노라"라는 "폭동의 발언"은 제도화된 기독교에 매우 "뼈아픈 것"이었다(블로흐 2009, 105). 왜냐하면 모든 것을 새롭게 만들겠다는 예수의 종말론적 메시지는 결국 지금 현실의 상황과 구조를 전혀 만족스러워하지 못한다는 말이다. 다시 말해 현실이 너무 부정의하다는 것이다. 현실의 불평등한 관계가 상황을 짓누르고 있을 때 "타인을 공격하지 말고 사랑하라"는 것이 예수의 말씀이었다는 해석은 오히려 진정한 의미의 사랑의 나라를 현실로부터 멀어지게 만들 뿐이다(블로흐 2009, 105). 이때 신약성서의 종말론은 오히려 지금 이 세계의 개혁과 변화와 혁명을 요구하며 불협화음을 일으킨다. 이 종말론은 아직 이루어지지 않은 그래서 아직 존재하지 않는 어떤 나라를 역사의 맨 뒤가 아니라 맨 앞에 둔다. 그래서 기독교적 사유의 특성은 태초의 황금기로 복귀하기를 꿈꾸기보다는 그러한 모든 과정의 시초에 '아직 도래하지 않은 미래(의 나라)'를 출발점으로 해서, 그 (아직은 잠정적인) 미래의 현실적 실현을 향해 나아간다. 그럼으로써 기독교적 사유는 고대 그리스의 사유와 달리 존재를 "개방적으로 규정"하고 있으며(블로흐 2009, 111), "아직 개방되어 있는 〈아직 아닌 존재〉(Das Noch-Nicht-Sein)라는 종말론적 구조"를 통해 전개되고 있다(블로흐 2009, 112). 그렇기에 예수는 "이미/늘 당대적 체계에 이데올로기적으로 함입된 '가족'을 적극적으로 멀리한 채 그 체계와 창의적으로 불화하면서 동무 공동체를 이끌던 일종의 '노숙자'였다"(블로흐 2009, 111). 그래서 "예수의 가족은, 사회적 동화의 정념 속에서 동일시할 수 있는 혈친이 아니라, 성경 속에 잘 표명되었듯이, 차라리 어떤 희망('하나님의 나라')을 향해 당대의 체계와 불화하면서 걸어나가는 동무 공동체라고 해야 할 것이다"(김영민 2012, 118).

모든 저항의 단초는 사실 적어도 기독교에서는 성서에서 출발한다. 성서는 "권력의 신에 저항하고 반란을 일으키라는 외침"을 담고 있다(블로흐 2009, 18). 블로흐에 따르면 마르크스주의의 "체제 파괴적이며 역동적인 모든 유산"이 성서 속에 담겨 있는데, 그 성서 속에는 "정태적인 무엇에서 탈출(엑서더스)"하게 하는 "자유의 나라를 위한 수많은 저항 내지 원형"이 담지되어 있다(블로흐 2009, 132). 이러한 해방을 위한 저항의 몸짓을 블로흐는 "반란과 함께 하는 초월 행위이며, 역으로 〈초월 없는 초월 행위〉와 함께하는 반란"이라고 불렀다(블로흐 2009, 132). 블로흐에 따르면 성서는 "가장 혁명적인 종교 서적이며, 이러한 혁명적 요소는 결코 억압될 수 없다"(블로흐 2009, 141).

2.1. 구약성서의 정의 이해

기독교의 구약성서는 이집트를 탈출하여 긴 광야생활을 거쳐 가나안이라는 '젖과 꿀이 흐르는 땅'에 정착하는 과정을 그려준다. 온갖 고생 끝에 당도한 가나안을 '젖과 꿀이 흐르는 땅'으로 표현하고 있다는 것은 이 땅이 농사에 적합한 땅이 아니며 따라서 먹을 것이 충분한 땅이 아니라는 것을 간접적으로 보여준다. 즉 그 약속의 땅은 "젖과 꿀이 흐르는 땅"이라는 이름으로 불렸는데, 이것은 비옥한 땅을 의미하는 말이 전혀 아니다. 오히려 '젖과 꿀이 흐르는 땅'이란 생태학적으로 황폐한 땅을 가리킨다. "'젖'은 때때로 몇몇 유목민이 염소나 양을 이끌고 지나감을 의미"하며 "'꿀'은 야외에 사는 야생벌에서 꿀을 채취"하는 것을 의미한다(휘터만 2004, 58). 예를 들어 이사야 7장 14-16절에는 처녀가 잉태하여 낳은 아들이 먹을 양식이 "버터와 꿀"이며, 21-25절에는 황폐한 땅에 남은 자들이 연명할 음식이 바로 "젖과 꿀"

이다(휘터만 2004, 58-59). 그 땅에서 농경의 신이 아니었던 야훼는 농사의 신 바알이 지배하고 있던 가나안적 풍토 속에서 정의를 일깨우는 신으로 힘을 발휘한다. 그래서 아모스로부터 이사야까지 이어지는 핵심 사상은 바로 "너희는 항상 선한 행동을 배우며, 항상 정의를 염두에 두어라. 너희는 억압당하는 사람들을 돕고, 고아들에게 살아갈 수 있는 권리를 만들어 주고, 과부들이 살아갈 수 있도록 도와주어라"[10]는 것이다. 더 나아가 이사야 5장 7-9절은 "그는 정의를 기다리고 있다. 보라, 거기에서 인민이 얼마나 학대당하고 있는가를. 야훼신은 정의를 고대하고 있다. 보라, 거기에서 인민이 얼마나 탄식을 터뜨리고 있는가를. 집을 다른 사람들에게 빼앗기고, 경작지를 다른 사람에게 그냥 넘겨야 하는 사람은 참으로 슬프도다. 그들만이 땅을 소유하고 있음에도, 거기에 나무 한 그루 자라지 않을 정도로 황폐하게 되었다"라고 증언한다(블로흐 2009, 181).[11] 여기서 언급되고 있는 하나

---

10) 이사야 1:17; 『공동번역성서』의 구절은 다음과 같다: "착한 길을 익히고 바른 삶을 찾아라. 억눌린 자를 풀어주고, 고아의 인권을 찾아주며 과부를 두둔해 주어라." 『개역개정』의 구절은 다음과 같다: "선행을 배우며 정의를 구하며 학대 받는 자를 도와 주며 고아를 위하여 신원하며 과부를 위하여 변호하라 하셨느니라"(블로흐 2009, 181).
11) 이 번역문을 『공동번역』은 다음과 같이 번역해두고 있다: "만군의 야훼의 포도밭은 이스라엘 가문이요, 주께서 사랑하시는 나무는 유다 백성이다. 공평을 기대하셨는데 유혈이 웬 말이며 정의를 기대하셨는데 아우성이 웬 말인가? 아, 너희가 비참하게 되리라. 집을 연달아 차지하고 땅을 차례로 사들이는 자들아! 빈터 하나 남기지 않고 온 세상을 혼자 살듯이 차지하는 자들아! 만군의 야훼께서 내 귀에 대고 맹세하신다. '많은 집들이 흉가가 되어 제아무리 크고 좋아도 인기척이 없게 되리라.'"; 『개역개정』은 조금 더 난해하다: "무릇 만군의 여호와의 포도원은 이스라엘 족속이요 그가 기뻐하시는 나무는 유다 사람이라 그들에게 정의를 바라셨더니 도리어 포학이요 그들에게 공의를 바라셨더니 도리어 부르짖음이었도다 가옥에 가옥을 이으며 전토에 전토를 더하여 빈 틈이 없도록 하고 이 땅 가운데에서 홀로 거주하려 하는 자들은 화 있을진저 만군의 여호와께서 내 귀에 말씀하시되 정녕히 허다한 가옥이 황폐하리니 크고 아름다울지라도 거주할 자가 없을 것이며".

님의 정의는 구체적이다. 이사야 49장 25-26절의 말을 인용하자면: "왜냐하면 주께서는 다음과 같이 말하기 때문이다. 감옥에 갇힌 자들을 거인으로부터 빼내야 한다. 강한 자들이 약탈한 물건을 반드시 주인에게 되돌려 주어야 한다. 나는 너를 괴롭히는 자들에게 보복을 가하고 너의 자식들을 도우려 한다. 너를 괴롭히는 자들의 살점을 뜯어먹으려 하고, 그들의 피를 마치 달콤한 포도주처럼 들이마셔야 할 것이다. 그렇게 되면 모든 육신들은 알게 될 것이다. 즉 내가 바로 너를 구원하는 자이고, 구세주이며, 야곱 속에 도사린 막강한 자라는 사실을 말이다"(블로흐 2009, 181-182).[12] 척박하고 가난한 땅에서 헐벗은 백성들의 편에서 강한 자와 가진 자를 꾸짖는 하나님의 정의는 징벌적이고 보복적인 것만이 아니다. 오히려 강조점은 언제나 "사회에서 약한 구성원들을 돌보아야 하는 의무"와 연관되어 있다(위형윤 1995, 247). 이렇듯 정의가 강조되는 시대적 메시지는 역으로 정의가 철저히 유린된 현실 상황을 반영한다. 예를 들어, 기원후 66년 유대 반란 과정에서 예루살렘 약탈시 "제일 먼저 불태운 것이 빚 문서, 토지대장"이었다는 점은 경제적 부정의의 문제가 성서에서 지속적으로 문제가 되었다는 것을 역으로 말해주고 있다(위형윤 1995, 248). 성서는 그 부정의한 상황에 대한 해결책으로 "희년"을 제시하는데, 그 사유속에서 "빚의 탕감, 노예들의 해방 그리고 땅의 재분배" 문제가 핵심이라는 사실은 역으로 구약시대 이래로 가난한 사람들의 빚이 문제였

---

12) 『개역개정』의 번역은 다음과 같다: "여호와가 이같이 말하노라 용사의 포로도 빼앗을 것이요 두려운 자의 빼앗은 것도 건져낼 것이니 이는 내가 너를 대적하는 자를 대적하고 네 자녀를 내가 구원할 것임이라 내가 너를 억압하는 자들에게 자기의 살을 먹게 하며 새 술에 취함 같이 자기의 피에 취하게 하리니 모든 육체가 나 여호와는 네 구원자요 네 구속자요 야곱의 전능자인 줄 알리라"(사 49:25-26).

고(위형윤 1995, 248), 빚을 갚지 못해 노예로 팔려나가는 백성들이 빈발했으며, 아울러 땅이 가진 사람들의 사유물로 전락함으로써 빈부 격차가 대물림되고 있었다는 것을 방증한다. '정의'는 그런 상황에서 현실적으로 '부재한 이상적 상황'을 꿈꾸며 수립되고 있었다.

현실에 부재하는 정의는 언제나 그의 부재함을 통해서 저항을 일깨운다. 대표적인 것이 구약의 욥기서이다. 욥은 자신의 삶에 닥쳐진 불행들을 바라보며 야훼 하나님에게 물음을 던진다. 그런데 그 물음 속에 '정의란 무엇인가?'라는 물음이 함축된다. 즉 "어째서 극악무도한 자들은 오랫동안 잘 살아가고 부를 축적하는가?," "어째서 가난한 사람들은 굶주리고 있는가?"(블로흐 2009, 208).[13] 그러면서 이러한 부정의한 현실에 개입하지 않는 하나님을 고발한다: "성 중에서 죽어가는 사람들이 신음하며 상한 자가 부르짖으나 하나님이 그들의 참상을 보지 아니하시느니라"(욥 24:12). 이러한 물음들은 이제 욥이 야훼로부터 "탈출"을 시도하고 있음을 보여준다(블로흐 2009, 212). 말하자면 정의롭지 못한 신으로부터 탈출을 시도하면서, 동시에 정의란 무엇인가를 묻고 있는 것이다. 욥이 말하는 정의의 개념은 후대의 본문 편집으로 희석되고 은폐되었다. 하지만 본문들은 본래의 흔적들을 그 안에 담지하고 있다. 예를 들어 욥기서 19장 5-27절은 "내가 알기

---

13) 욥기서 21장 7-15절은 이렇게 묻는다: "어찌하여 악인이 생존하고 장수하며 세력이 강하냐 그들의 후손이 앞에서 그들과 함께 굳게 서고 자손이 그들의 목전에서 그러하구나 그들의 집이 평안하여 두려움이 없고 하나님의 매가 그들 위에 임하지 아니하며 그들의 수소는 새끼를 배고 그들의 암소는 낙태하는 일이 없이 새끼를 낳는구나 그들은 아이들을 양 떼 같이 내보내고 그들의 자녀들은 춤추는구나 그들은 소고와 수금으로 노래하고 피리 불어 즐기며 그들의 날을 행복하게 지내다가 잠깐 사이에 스올에 내려가느니라 그러할지라도 그들은 하나님께 말하기를 우리를 떠나소서 우리가 주의 도리 알기를 바라지 아니하나이다 전능자가 누구이기에 우리가 섬기며 우리가 그에게 기도한들 무슨 소용이 있으랴 하는구나."

에는 나의 대속자가 살아 계시니 마침내 그가 땅 위에 서실 것이라 내 가죽이 벗김을 당한 뒤에도 내가 육체 밖에서 하나님을 보리라 내가 그를 보리니 내 눈으로 그를 보기를 낯선 사람처럼 하지 않을 것이라 내 마음이 초조하구나"라고 기록되어 있다. 그런데 이 본문 속에서 "대속자"는 히브리어로 고엘(goël)이라 하는데, "결코 '구원자'로 번역될 수 없"는 단어이다(블로흐 2009, 218). 이 고엘이라는 말의 본래 의미는 "살해당한 사람을 보복할 의무를 지닌 가까운 친척 내지 후손"[14]을 가리킨다. 따라서 정의는 '텅 빈 원칙'이나 '추상적인 이념'이 아니라 구체적인 대가를 요구한다. 말하자면 '고엘'이라는 말의 본래적 의미 맥락에서 보자면, 정의란 나의 억울함이 복수되는 것을 말한다. 가난한 사람들이 가난한 것은 그들이 "신에 대해 불경하기 때문이 아니라, 부자들에게 고통당하고 노동력을 강탈"당하고 있기 때문이다(블로흐 2009, 209). 여기서 "피의 보복자"라는 문구는 욥기서 저자가 생각하는 정의란 바로 나의 억울함을 복수해주는 것을 가리킨다. 그렇기 때문에 그 인용 본문에서 욥은 "피의 보복자로서 [하나님]을 소환하려" 한다(블로흐 2009, 220). 바로 이 '피의 보복자'가 "해방의 신 야훼"이다(블로흐 2009, 221). 욥은 기존 제도의 기득권들이 추구하는 조화로운 하나님으로부터 탈출하여, 출애굽의 해방의 신 야훼를 소환하는 중인데, "〈엑서더스〉의 정신은 근본적으로 기존 세계의 창조나 세계의 지배 등과 공통되는 요소가 조금도 없다"(블로흐 2009, 221). 이러한 흐름 속에서 메시아의 나라는 "고유한 선한 양심과 결부되어 있는 피의 보복자의 나라"이고, 바로 이 나라야말로 욥기서의 저자가

---

14) cf) 민 35:19 - "피를 보복할 사람이 그 살인범을 죽일 것이다. 만나는 대로 죽일 수 있다"(블로흐 2009, 218).

부당하고 부정의한 삶의 현실 앞에서 "의식적이고 무의식적으로 추구했던 해결책"이었다(블로흐 2009, 222). 이런 맥락에서 욥은 "반역자"였다(블로흐 2009, 223). 왜냐하면 욥을 하나님을 향한 물음들을 통해 기존의 권력과 동일시된 하나님으로부터 "처음으로 벗어나기" 시작했기 때문이다(블로흐 2009, 230). 이는 "신을 믿지 않으면서도 신에 대한 신뢰감을 견지할 수 있도록 하는" 반역의 자세이다(블로흐 2009, 231).

2.2. 신약성서의 정의 이해

신약성서는 현실에 부재하는 정의와 반역적 보복의 개념을 넘어서서 정의의 미래적 지평을 열어준다. 물론 신약성서의 예수는 사회의 부정의한 상황을 고발하고 꾸짖는다. 부자가 천국 가기란 낙타가 바늘귀 통과하는 것보다 어렵다는 말씀이나 나사로의 비유 등 여러 곳에서 예수는 재물을 섬기는 것을 우상 숭배라고 꾸짖는다. 그러나 그는 부유한 사람들을 무조건 악마시하지만은 않았다. 때로 예수는 부유한 자들로부터 후원을 받기도 했고, 그의 제자들 중에는 부정의하게 재물을 모았을 세리들도 있었다. 따라서 예수는 부의 재분배 혹은 땅의 재분배를 통해 '정의'가 실현될 것으로 보지는 않았다. 정의의 실현은 오히려 이 땅의 그 모든 차별을 무화시키는 하나님 나라의 도래를 통해 이루어진다고 생각했다. 이 도래하는 하나님 나라는 미래의 것 즉 '아직 도래하지 않은 것'이 지금 여기를 살아가는 사람들의 삶에 결정적인 변화를 야기한다는 것을 의미한다. 그것을 통해 이제 우리는 '나의 정의'로부터 '우리의 정의'를 말할 수 있는 지평을 얻게 된다.
세례 요한과 예수가 선포했던 "회개하라 천국이 가까이 왔다"라는 말은 곧 회개하면 부정의를 저지른 죄가 용서받을 수 있는 가능성을 열어두고 있다. 따라서 여기서 미래는 고정된 것이 아니라 "가설적인 것"이다. 미래는 "인간이 [자신의 마음을 돌이켜 회개하면] 얼마든지 선택할 수" 있기 때문이다(블로흐 2009, 184). 여기서 정의는 실현된 것이거나 개념적으로 고정된 것이 아니라, 오히려 기다려야 하는 것이다. 즉 정의란 기대되는 것으로서 '아직 아닌'(the not-yet)의 차원에, 다시 말해 미래의 차원에 있지만, 그것은 과거로부터의 역사를 통해 인간이 어디로 나아가야 할지를 알려주는 방향타와 같다. 즉 그 정의의 손가락이 가리키는 미래에 "주께서는 자신의 눈으로 바라본 대로 심판하지 않고, 자신의 귀로 들은 대로 판결하지 않을 것입니다. 정의로움으로 가난한 사람들을 바로 세우고, 나라의 궁핍함에 대해 정당한 판결을 내리게 될 것입니다"(사 11:3-4; 블로흐 2009, 186).[15] 여기서 이사야 예언자의 태도는 주목할 만하다. 그는 "상부에서 전해지는 소식을 막연히 수동적으로 받아들이는 대신에, 불법과 억압에 대해 도덕적으로 저항함으로써, 다시 말해서 놀라운 적극성을 발휘하여 미래를 바라"보고 있었다(블로흐 2009, 191). 이는 인간의 운명은 바뀌거나 회피될 수 없다고 보았던 그리스의 예언 전통과는 맥을 달리하는 태도이다. 기독교의 예언자들에게 "해방은 미래 속에 완전히 투영되어 있으며, 적극적으로 행동하는 희망을 간직하고 있다"(블로흐 2009, 192). 이러한 미래의 희망을 가지고 예언자들은 "거의 한결같은 마음으로 잘못 성장한 기존 세상 그리고 [하나님]의 약속이 파기됨으로써 나타난 지금까지의 파국 상태 등을 신랄하게 비판"하였다

---

15) cf). "그의 눈에 보이는 대로 심판하지 아니하며 그의 귀에 들리는 대로 판단하지 아니하며 공의로 가난한 자를 심판하며 정직으로 세상의 겸손한 자를 판단할 것이며"(개역개정).

(블로흐 2009, 201). 예언자들은 특이하게도 '창조'를 언급할 때 성서의 첫 장인 창세기 1장의 창조를 거의 또는 전혀 언급하지 않는다. 오히려 그들이 언급하는 창조는 대부분 '새 창조'의 세상이다. 따라서 종말에 관한 그들의 예언은 "얼핏 보면 이미 현존하는 무엇으로서 과거의 사항을 가리키는 것 같지만 실제로는 현존하는 무엇으로부터 빠져" 나온다(블로흐 2009, 201). 주목할 것은 미래에 대한 예언이 과거의 본문들 속에서 현재의 우리에게 말을 건네고 있다는 사실이다. 따라서 예언은 언제나 '오래된 미래'의 메시지이다. 그 오래된 미래로부터의 메시지는 '천국'을 지금 여기의 나라를 침노해오는 하늘나라로 설정했고, 이것은 바로 지금 여기의 현실에 순응하지 않는 저항과 반역의 메시지를 담고 있다. 따라서 회개는 '너의 죄를 고백하라'는 단순한 말이 아니다. 회개를 지칭하는 희랍어 *metanoia*는 '마음을 바꾸어' '새 세상을 창조하라'는 것이었다(Caputo 2006, 129; 144).

바로 이러한 반역의 자세는 원시 기독교의 "체제 파괴적" 모습으로 이어진다(블로흐 2009, 239). 예수를 따르던 공동체는 예수 자신의 "종말론적 급진주의"를 공유하고 있었고, 그의 죽음은 기존 세계를 개혁할 혁명가의 죽음이었다(블로흐 2009, 255). 예수가 '유대인의 왕'이라는 칭호를 단 채 십자가에 달려 죽었다는 사실은 그가 전한 복음이 순수하게 내면의 영혼만을 위한 것이 아니라 분명히 정치적이라는 사실을 간접적으로 알려준다. 예루살렘에 입성할 때 백성들이 붙였던 칭호 '호산나'를 예수는 거절하지 않았다. 호산나라는 칭호를 받아들였다는 것은 곧 "정치적으로 로마에 대항하겠다는 의미"이다(블로흐 2009, 242). 더구나 세상에 화평이 아니라 검을 주러 왔다(마 10:34)고 말하는 예수의 말씀은 "반역자 내지 이단의 면모를 드러낸다"(블로흐 2009, 254). 이러한 모습들 속에서 초대 공동체는 예수의 죽음을 혁명가의 죽음으로 받아들였다. 예수의 혁명가적 면모는 그가 전한 종말론적 급진주의 속에 담겨 있는데, 예수가 자신을 부르는 호칭 "사람의 아들" 혹은 "인간의 아들"은 그 내용을 함축적으로 보여준다. 그는 신의 아들, 즉 세상의 특권을 물려받은 기득권의 아들인 신의 아들이 아니라는 말이다(블로흐 2009, 292). 신약성서에서 "복음을 전하는 자는 실제로 '주님 그리스도'가 아니라 인간의 아들"이라는 사실은 매우 중요하다(블로흐 2009, 293). 심지어 요한복음에서도 예수는 사람들에게 "친구"라 하였지 그들을 부리는 '주인'으로 자신을 칭하지 않는다. 즉 예수는 "막강한 권력자로서 신의 모습을 거부"하고 있다는 것이다(블로흐 2009, 295-296). 이는 기독교의 핵심적 메시지 "해방"이 갖는 본래적인 함축성을 드러낸다. 즉 기존 세계의 기득권이 구축한 구조로부터의 '탈출'이다.

십자가에서 죽고 만 예수에 대한 신학적 재해석은 사도 바울에 의해 완성된다. 예수의 맨 처음 제자들은 사실 예수의 죽음을 있는 그대로 받아들이지 못했다. 아니 받아들이려 하지 않았다. 이러한 상황에서 사도 바울은 "예수는 십자가에 못 박히는 최후를 맞았지만 그래도 메시아이다"라고 생각하던 제자들의 해석을 "예수는 무엇보다도 십자가에서 비참하게 최후를 마쳤기 때문에 메시아이다"로 바꾸었다(블로흐 2009, 311). 이러한 해석적 전환 속에서 "모든 인간의 죄를 사하기 위해 그리스도의 순교적 죽음이 강조"되었고(블로흐 2009, 310), 이를 부활 해석을 통해 변증법적으로 이해하게 되었다. 바울을 통해 형성된 이러한 그리스도의 희생적 죽음이라는 사상은 기독교의 핵심 사상을 저세상 중심으로 변질시켰다. 그럼으로써 기독교 신앙에 담긴 "체제 파괴적 요소는 … 약화"되고 말았다(블로흐 2009, 317). 그럼에도 희생으로서 십자가 죽음에 대한 바울의 해석은 초대 기독교인들에게 "죽음에 대한 두려움의 극복"을 위한 동기를 제공해준다. 말하자면 "죽음을 두려워하지 않고 이에 저항할 수 있는 신앙인으로서의 신비주의적 자세"를 견지하고 있다는 점에서 예수가 품고 있던 저항의 정신이 완전히 소실된 것은 아니었다(블로흐 2009, 319).

성서 속에서 '정의'란 결국 각 시대가 드러내는 '부정의의 현실'을 통해 환상적으로 요청되었다. 따라서 정의의 환상은 그들이 스스로 헤쳐 나갈 수 없는 구조적 부정의의 현실 속에서 '다음 세상' 혹은 '새로운 세상'을 꿈꾸며 살아갈 수 있도록 한 힘의 근원이었다. 그들은 그 절망의 상황에서 '환상'을 보았고, 그 환상을 문학적으로 표현하면서 저항의식을 창조적으로 승화해나갔다(이신 2011, 131-137). 성서는 바로 그러한 저항 의식을 담고 있는 문학이다.

3. 개신교적 정의의 사유

개신교적 사유에서 정의의 목적지는 우리가 살아가는 구체적인 일상이다. 바로 여기에 개신교적 사유의 혁명적 성격이 담겨 있다. 우리가 살아가는 삶은 구원을 위한 과정이나 훈련이 아니다. 구원은 바로 지금 여기의 삶 자체이다. 이러한 개신교적 고유성은 사실 기독교적 사유의 핵심에 맞닿아 있기도 하다. 기독교적 사유의 고유한 특성으로 우리는 기독교의 '신 사유' 즉 '하나님에 대한 사유'를 들곤 한다. 그래서 유일신론을 다른 종교와 구별되는 기독교적 사유의 고유한 바탕이라고 보기도 한다. 하지만 주판치치(Alenka Zupančič)에 따르면, 니체의 사유 속에서 기독교적 사유의 고유성은 하나님의 죽음이고, 기독교는 "그 하나님의 죽음을 살아남았다"는 사실에 있다(Zupančič

2003, 35). 니체 이전에 이미 헤겔은 '신의 죽음'을 선포했다. 그러나 니체가 말하는 하나님의 죽음은 헤겔이 말하는 신의 죽음을 넘어 하나님의 "두 번째 죽음"을 가리킨다(Zupančič 2003, 35). 이는 전통적인 종교 해석이 '상징계적 의미 구조' 속에서 종교의 의미를 풀어나갔다면, 니체는 (주판치치에 따르면) 실재계16)의 종교를 설파했다는 것을 의미한다.

헤겔의 사유 속에서 기독교 십자가의 핵심은 하나님의 아들 예수가 인간의 죄를 대신하여 십자가에서 죽었다는 것이 아니다. 전통 기독교의 대속적(redemptive) 십자가 해석은 그 속에 담긴 훨씬 더 심원한 진리를 은폐한다: 성육신(incarnation) 혹은 하나님이 사람이 되셨다는 사실. 이 성육신은 하나님이 스스로 인간의 아들이 되었고, 그 아들 되신 하나님이 십자가에서 죽었다는 것이다. '신'이 어떻게 육체의 고통으로 죽을 수 있는가를 둘러싸고 많은 신학적 논쟁들이 있었다. 하지만 헤겔의 관점에서 기독교의 핵심은 성육신이고, 성육신의 진리는 '하나님을 대신하는 아들 예수'가 아니라 '스스로 인간의 아들 되신 하나님 자신'이 십자가에서 죽었다는 것을 말한다. 이 하나님의 죽음은 인간에게 '상징적 빚'(symbolic debt)을 부여하는데, 하나님 자신이 인간의 죄를 짊어지고 죽으셨기 때문이다. 이 아버지 하나님의

---

16) 실재계(the Real)와 상상계(the Imaginary), 상징계(the symbolic)는 라캉의 정신분석학에 등장하는 핵심용어들이다. 간략히 설명하자면, 실재(the Real)은 우리에게 직접적으로 접촉되거나 경험되지 않는다. 아직 문화의 상징적 구조가 학습되어 체현되지 못한 아이들에게 실재는 언제나 '상상계'(the imaginary)를 통해 경험되며, 사회의 문화적 구조가 상징적으로 각인된 사춘기 이후 성인들에게 실재는 언제나 그 사회의 상징계적 질서(the symbolic)를 통해 경험된다. 실재계의 종교란 곧 우리 사회 문화의 상징계적 질서 너머의 실재를 파악하는 종교라는 의미이다. 물론 라캉의 본래적 도식에서는 불가능한 일이다.

죽음을 기억하면서 인간의 문명과 문화가 태어나게 되는데, 바로 이것이 프로이트가 그의 책『토템과 타부』에서 설명하는 종교의 기원이다. 따라서 인간 문화가 '상징계'(the symbolic)를 통해 꽃피워 나가기 위해서 하나님의 죽음은 (논리적으로) 필연적이다. 여기서 하나님의 죽음은 상징계 구조의 토대가 된다. 그 아버지는 부재하지만, 그는 바로 부재하기 때문에 살아 있는 아들들에게 영향력을 발휘한다. 기독교는 여기서 더 나아가서 그 죽음이 나 때문임을 부각시킨다. 따라서 하나님의 죽음을 통해서 문화는 하나님이라는 상징의 구조를 향유한다. 물론 여기서 하나님의 죽음은 상징계를 가리키는 것이 아니라, 상징계의 실재(the Real)을 가리키는 것이다. 하지만 상징계의 의미구조가 작동하려면 '하나님'은 상징계 바깥에 놓여 있어야 하고, 바로 그렇기 때문에 하나님은 죽어야만 한다. 여기서 하나님의 존재는 상징계의 잉여(the excess) 즉 상징계 바깥에 놓여 있는 진리이지만, 그 진리는 상징계 안으로 진입하면 안 된다. 그의 존재는 단지 흔적이나 자취로 간접적으로 넌지시 암시될 뿐이다. 따라서 헤겔의 사유 속에서 언급되는 하나님의 죽음은 기독교의 상징 구조를 거절하거나 넘어서는 것이 아니라, 바로 그 상징계적 질서를 토대하는 의미의 기반 그 자체이다. 그런데 이것이 니체가 말하고자 하는 '하나님의 죽음'은 아니다.

니체가 선포하는 하나님의 두 번째 죽음은 한 마디로 상징계를 창출하는 힘으로서 하나님의 죽음을 가리킨다. 달리 말하자면, 헤겔이 말하는 하나님의 죽음은 기독교의 의미구조를 형성하는 상징계적 구조의 논리적 필연이자 귀결이다. 따라서 이 하나님의 죽음은 상징계를 바꾸거나 혁명하는 것이 아니라, 상징계의 놀이구조 안에서 이루어지는 죽음인 것이다. 따라서 이 죽음은 상징계를 부인하기보다는 오히려 강화한다. 니체가 말하고자 하는 하나님의 죽음은 이것이 아니다. 니체의 관점에서 하나님의 죽음은 곧 기존의 상징계적 의미구조 자체의 해체, 즉 서구 문명의 상징계적 의미구조 자체의 해체를 뜻하는 것이다. 이는 "주인-기표"(master-signifier)로서 하나님의 죽음을 의미한다(Zupančič 2003, 36). 그러나 주인-기표로서의 하나님의 죽음이 기표들의 의미화의 연쇄 자체의 종말을 의미하는 것은 아니었다. 단지 "상징계 자체의 생산적/창조적 힘의 지점"으로서 하나님의 죽음을 의미하는데, 이는 곧 종교적 예식들이 창출하는 상징들이 더 이상 의미 효과를 갖지 못하는 상황을 가리킨다(Zupančič 2003, 37). 바로 이것이 종교개혁이 선포하는 하나님의 죽음이다. 다시 말하자면 종교개혁은 중세기의 가톨릭이 부여하는 상징질서에 죽음을 선고한 것이다. 하지만 종교개혁의 가톨릭적 상징질서의 거부는 '하나님의 죽음'을 완결시키기 위한 것이 아니라, "하나님을 (재)작동시키려는 시도"였다(Zupančič 2003, 38). 즉 종교개혁은 가톨릭적 상징구조를 해체하고 새로운 질서를 탄생시킨 것이다. 여기서 주의해야 할 것은 이러한 니체의 시도가 이전 시대의 상징계적 질서를 대체할 새로운 상징질서를 구현하려는 것이 아니라, 오히려 상징계의 힘으로서의 하나님에게 죽음을 선포하고 이제 "실재계의 즉자적인 힘으로서" 작동시키려는 시도라는 점이다(Zupančič 2003, 38). 이는 곧 상징이 가리키는 실재가 직접 상징계 안으로 난입하는 사건이 일어나는 순간을 가리킨다. 루터가 주창한 *Sola Gratia*(오직 은혜로만), 이것은 중세기 상징 질서 속에서 하나님과 인간 사이에서 "매개"의 역할을 감당함으로써 중세적 위계질서를 수립했던 특권적 힘에 대한 거절을 의미한다. 하나님의 은혜는 어떠한 매개 없이 그 스스로 우리 위에 직접 임하신다. 따라서 사제의 매개는 불필요하다는 것이다. 그렇다면 사제/신도로 위계질서화된 이분법적 상징질서는 불필요하다. 종교개혁은 이제 하나님을 상징계의 힘으로서가 아니라 실재계의 힘으로 가동시키고자 한다.

종교개혁이 하나님을 상징계의 힘이 아니라 실재계의 힘으로 재작동시킨다는 말의 의미는 우리가 살아가는 현세의 삶이 저세상에서의 삶을 위한 상징기호가 아니라 바로 저세상에서의 삶 자체가 되는 것이다. 달리 표현하자면 우리 삶의 모든 행위가 바로 저세상에서의 삶 자체가 되는 것이다. 현실에서의 삶이 천국의 삶으로 바뀐 것이 아니라, 천국의 삶이란 바로 지금 여기의 삶이라는 것을 종교개혁은 보여준 것이다. 이는 곧 종교개혁이 주인-기표로서의 하나님 상징을 버리고 일상의 모든 행위 속에서 하나님을 찾았다는 것을 의미한다. 즉 종교개혁은 상징계적 질서의 힘인 하나님을 위반하고, 일상의 삶 자체 속에서 성스러움을 찾았다. 이것이 바로 종교개혁이 상징계적 질서로부터 실재계의 힘으로 전환한 효과이다. 루터의 종교개혁은 이 효과를 극적으로 보여준다. 사실 면죄부 비판은 루터가 처음은 아니었다. 이미 1452년경 어거스틴회의 고트샬크 홀렌(Gottschalk Hollen)은 "참회가 면죄부보다 낫다"고 천명한 바 있다(오버만 1995, 117). 하지만 루터의 면죄부 비판이 중세 말의 면죄부 비판과 달랐던 한 가지 요점은 바로 "선행이 면죄부보다 낫다"는 주장이다(오버만 1995, 120). 루터가 중세적 기독교 신앙과 결별하는 지점이다. 즉 중세적 구원관에서 선행은 구원의 은총으로 나아가기 위한 "필수적" 과정이었다면, 루터에게 선행은 그가 이미 구원의 예정을 받은 자로서 세상을 섬기는 방식이었다(오버만 1995, 120). 그것은 바로 구원의 은총은 인간이 받을 만한 자격이 있어서가 아니라 오직 하나님의 은혜로 거저 받았으므로 이제 세상의 (개혁이 아니라) "개선"을 위해서 우리도 "거저 나누"어야 한다는 것이다(오버만 1995, 122). 이는 루터의 종교개혁이 결코 심리적인 이신칭의의 사건에 머무는 것이 아니라, 우리 인간이 살아가는 삶의 구체적인 일상을 지향하고 있다는 것을 알려준다. 물론 이것은 결코 루터 자신의 개인적인 창조적 발상에서 비롯된 것만은 아니다. 이미 마이스터 엑카르트와 같은 중세 신비주의자들은 "인간을 위해서 그리고 인간을 통해서 당시에 통용되던 내세 중심주의를 파기하려고 시도"했는데(블로흐 2009, 125), 인간 주체가 신적 존재를 통합된 자신의 자아 속에서 찾는다는 것은 곧 그 "신적 존재가 반드시 저세상 혹은 높은 곳에 거주하지는 않"는다는 확신을 주기 때문이다(블로흐 2009, 126). 신비주의자들은 이런 식으로 "신앙적 초월의 방향을 〈지금〉 그리고 〈이곳〉이라는 인간 삶의 공간으로 이전"시켰다(블로흐 2009, 126). 하지만 '종교개혁'이 구체적인 일상으로 복귀한다는 것은 곧 기독교적 신앙의 핵심을 무신론으로 바라볼 수 있는 가능성을 열어준다는 점에서 새로운 함의를 갖는다. 이는 믿음의 부재를 가리키는 것이 아니다. 초기에 기독교인이라 불리며 네로의 궁궐에서 처형된 첫 번째 사람들은 그 어떠한 형태의 "신권주의"에도 반대하는 사람들로 "무신론자들"(Atheoi)이라 불렸음을 기억하자(블로흐 2009, 23). 즉 그들은 황제를 신으로 숭배하는 것을 거절하는 무신론자들이었다. 이는 그들이 당대의 권력 질서에 저항하는 사람들이었다는 것을 의미한다. 즉 그들은 신의 죽음을 선포하는 사람들이었던 것이다. 이런 의미에서 현세의 삶을 구원을 위한 매개적 상징으로 간주하는 중세적 질서를 위반하여 일상의 삶 자체를 구원으로 삼은 종교개혁의 몸짓은 저항의 몸짓으로서, 기존 상징계적 질서의 토대와 힘인 신의 죽음을 선포하는 몸짓이었다.

이 상징계로부터 실재계로의 전이 속에서 기억해야 할 것은 실재(the Real)란 "불확정적/명명 불가한/달성 불가능"한 것이라는 점이다(Zupančič 2003, 39). 이 실재는 우리의 중단 없는 다가감을 통해 도래하지만, 결코 도달하지 않는다. 그렇게 실재에로 무한히 다가가는 과정을 통해 우리는 주체로서 "열정을 통해 그리고 열정을 가지고" 참여한다(Zupančič 2003, 40). 하지만 그 열정은 초월적인 근원으로부터 유래하는 것이 아니다. 오히려 하나님은 "우리의 열정을 먹고 산다"(Zupančič 2003, 40). 즉 우리의 삶의 과정을 통해 하나님의 실재는 무한히 스스로를 분화시키며 다양한 기호작용을 가능케 한다. 따라서 주인-기표로서 하나님은 종말을 고했지만, 의미화의 연쇄구조 자체는 이제 주인-기표 없이 스스로 끝없는 (데리다의 말처럼) '차연'(diffé-rance)의 과정이 된다. 주지하다시피 차연은 기의(the signified)를 더 이상 필요로 하지 않는다. 단지 기표들의 무한한 연쇄와 분화만이 있을 뿐이다. 우리 삶의 무한히 다양한 기표 활동들 자체가 기의가 되는 것이다. 이는 성속의 이원론적 위계질서를 부여하고, 그 성과 속 사이에서 매개적 특권을 부여받던 교회의 상징질서를 전면적으로 파기한 것이다. 이는 곧 종교개혁의 시점에서 기존질서에 대한 전면적인 저항과 탈주였다.

종교개혁의 이 저항과 탈주 속에서 우리는 '정의' 혹은 '하나님의 공의'가 어떻게 사유되는지를 간접적으로 보게 된다. 철학자 지젝(Slavoj Žižek)은 전통적으로 기독교적 사유가 악의 문제를 다루어가는 태도를 일별한다. 첫 번째 태도는 하나님의 전능성에 근거하여 악의 현실을 우리의 죄에 대한 처벌로 간주하거나 혹은 우리를 보다 도덕적으로 훈육하기 위한 과정으로 보는 것이다. 두 번째 태도는 악의 현실을 하나님의 한계 즉 인간을 위해 하나님 스스로 자신을 제한한 자유로운 활동으로 간주하는 태도이다(Žižek & Gunjević 2012, 155-156). 그런데 이 두 태도 이외에 우리의 현실의 악에 더 적절한 제삼의 태도가 있다고 지젝은 주장한다: "오직 고통당하시는 하나님만이 우리를 구하실 수 있다"(Žižek & Gunjević 2012, 157). "오직 고통당하시는 하나님만이 지금 우리를 도우실 수 있다"는 독일신학자 본회퍼(Dietrich Bonhoeffer)의 말과 "오직 하나님만이 우리를 구하실 수 있다"는 철학자 하이데거(Martin Heidegger)의 말을 조합한 지젝의 이 말은 "6백만 명의 말할 수 없는 고난은 또한 하나님의 고난의 음성이다"를 의미한다(Žižek & Gunjević 2012, 157). 고난과 고통을 구원을 위한 준비과정이나 이후에 주어질 영광을 위한 훈련 혹은 우리의 죄에 대한 하나님의 처벌로 간주하는 것이 아니라, 바로 지금 여기에 벌어지는 악의 현실로 인한 고난은 바로 하나님의 고난 그 자체라는 것이다. 그렇다면 바로 여기서 우리는 '정의'(justice)에 대한 구체적인 정의(definition)를 얻게 된다. 그것은 바로 지금 여기의 고난이다. 바로 지금 여기의 고난이 진리이고 실재이며, 그 실재는 정의의 환상을 요청한다. 지젝의 말로 표현하자면, "하나님의 대실패는 여전히 하나님의 대실패다"(Žižek & Gunjević 2012, 158). 중세적 상징질서는 이 현실의 고난을 구원을 위한 어떤 것, 즉 구원의 기표로 간주하기 위해 '법적 죄-처벌 이론'이나 '도덕적 성품 훈련 이론'을 도입했다. 하지만 지젝은 그러한 해석은 결국 종교적 도착을 심리적으로 가중할 뿐이라고 여겼다. 진정한 해석은 바로 실패를 실패로 보는 것이다. 즉 니체의 말처럼, '하나님은 죽었다.' 루터 신학의 진정한 핵심이 이것이다. 즉 루터는 인간을 '하나님의 똥'으로 간주했다. 하지만 이것은 인간을 똥으로 비하하는 말이 아니다. 하나님이 바로 그 똥 같은 인간이 되셨다는 것, 바로 그것이 루터가 말하려는 핵심이다. 루터가 인간을 비하한 것이 아니라, 기독교적 정의의 진정한 핵심, 사랑을 정확히 표현한 것이다. 그 똥 같은 인간으로 하나님이 내려오셔서 (그의 예외적이고 초월적인 능력으로) 사람들을 구원해서 저 하늘의 나라로 올라가신 것이 아니라, 그 똥 같은 인간들 사이에 (신적인 예외적인 존재로서가 아니라) 똑같은 똥 같은 존재로 예외 없이 살아가셨다. 따라서 개신교 신학은 전능자 하나님 신학에 하나님의 죽음을 선포한다. 정의는 바로 이 불능한 체제에 '주인-기표'의 죽음을 선포하는 반역인 것이다.

3.1. 자본주의와 개신교, 그 담합

오늘날 기독교는 지구촌 자본주의 사회 속에서 실패했다. 바로 그 실패 속에 오늘날 필요한 정의의 개념이 담겨 있다. 현실의 고난은 신학에게 중대한 도전이지만, 지젝의 말처럼, 오직 신학만이 이를 풀어나갈 적합한 틀 구조(frame)를 제시할 수 있다. 즉 오늘날 기독교의 실패는 신학의 위기이고 도전이지만, 결국 그 문제를 풀어나갈 적합한 틀은 신학으로부터 올 수밖에 없다는 것이다. 이는 오직 신학만이 유일하게 정당한 학문이라는 지적 배타주의를 주장하려는 것이 전혀 아니다. 오히려 우리는 이 자본주의 세계 속에서 왜 좌파 사상과 철학의 비판이 호소력을 잃고 붕괴해갔는지를 물어야 한다. 왜? 자본주의와 신자유주의에 대항할 지적 자원들을 담지하고 있는 분야는 결국 "신학"(theology)이다(Milbank, Žižek & Davis 2010, 1). 결국 이 자본주의 시대의 고난과 실패를 통해 우리는 이 포악한 시대를 극복할 단초를 개신교 신학에서 들여다보아야 한다는 것이다. 자본주의와 개신교 관계를 논할 때 가장 유명한 인물은 사회학자 막스 베버(M. Weber)이지만, 그것을 가장 통찰력 있게 비판한 사람은 바로 니체이다. 상징계적 질서의 하나님의 죽음을 선포하고 이제 실재계의 힘으로 하나님을 재작동시킨 종교개혁은 자유주의적(liberal) 가치들을 창출해주었지만, 이는 진정한 의미에서의 자유가 아니었다. 오히려 종교개혁 이후의 개신교적 기표들은 중세기의 죄와 벌의 상징적 교환 질서를 파기하면서 양심의 윤리라는 새로운 기제를 "발명"했는데(Zupančič 2003, 40), 이 윤리의 발명을 통해 인간은 하나님 앞에서 양심에 대한 직접적인 책임감을 짊어지게 되었다. 그런데 개인의 내적 자유를 가져다주어야 할 양심의 윤리는 오히려 "궁극적인 감옥"을 세워, "가장 교묘하고 가장 기만적인 형태의 노예제"를 창출하고 말았다는 것이 니체의 비판이다(Zupančič 2003, 40).

베버에 따르면 개신교 윤리의 핵심은 "세속적 직업의 소명(Beruf)에 응해 근면 성실한 노력을 경주하는 것"이다(김영민 2012, 127). 말하자면, "'방탕'했던 가톨릭과 대조적으로 개신교의 정신은 금욕과 소박에 터했고, 안정적인 직업의 금욕적 중요성은 근대의 전문직 노동에 윤리적 정당화를 제공했다"(김영민 2012, 127). 칼빈은 경제활동을 통해 이익을 추구하는 행위를 구원을 간접적으로 확증하는 방법이라고 이중예정설을 통해 설명한다. 그는 오히려 "무차별적인 자선이나 구제를 격렬히 비난"하면서 사람들이 "나태"에 빠지지 않도록 혹은 술 취하지 않도록 "규칙적으로 심방"할 것을 권면했다(위형윤 1995, 267). 동시에 그는 노동을 "아주 선하고 신성한 것"으로 보았다(위형윤 1995, 268). 따라서 종교개혁 이후 근대 시대에 가장 경멸받은 것이 바로 '게으름'이다. 한때 귀족의 특권이었던 "게으름"(idleness)이 이제는 "사회적 품격이 아니라 오히려 가장 가난한 자의 특권" 혹은 가장 가난한 자의 특징이 되고 말았다(Zupančič 2003, 43).

그런데 이 개신교 윤리를 뒤집어 표현하자면 "신을 위해 근실하고 합리적으로, 심지어 강박적으로 돈을 벌"도록 만든 것이 개신교 윤리였던 셈이다(김영민 2012, 127). 이것은 역설이다. 왜냐하면 종교개혁

(the Reformation)은 "부유"해진 교회권력에 대한 저항의 흐름 속에서 태동되었기 때문이다(오버만 1995, 83-99). 루터가 '개혁'을 생각하게 된 동기는 교회가 "세상과 강화조약을 맺고 안락하게 정주했으며 돈벌이에 혈안이 되어 있었"기 때문이다(오버만 1995, 111). 그런데 어떻게 교회의 "부유함"을 가혹히 비판했던 루터의 후예인 개신교회들은 도리어 근면하고 성실하며 "부유한" 기독교인의 삶의 방식을 권면하게 되었는가? 이것은 역설 아닌가? 루터의 종교개혁 자체가 문제였을까?

루터는 그 어떤 형태의 유토피아에도 반대하는 사람이었다. 하지만 유토피아에 대한 반대가 그에게는 저항 정신의 약화를 의미했던 것은 결코 아니었다. 오히려 그는 유토피아가 종교를 민중의 아편으로 만들 수 있다고 여겼다. 루터의 개혁적 도덕관은 사실 "금욕적이거나 비세속적이지 않았다. 그것은 세상을 지향하고 있으되 그것을 수도원으로 변화시키려 하지 않고 세상을 세상으로 남아 있게 하면서 옛 모습 그대로 하나님의 선한 창조물이 되게 하는 것"이었다(오버만 1995, 121). 중세의 성/속 이원론이 교회가 부와 권력을 독점하고 남용하게 된 주요 원인이라고 여겼기 때문에 루터는 성/속을 엄격히 나누기보다는 성/속의 마음의 내적 태도 즉 믿음의 문제로 보았다. 즉 루터는 기독교 윤리를 "수평화"했는데, 윤리의 목적을 "천국에서 지상으로 끌어내렸"고, "선행은 구원을 위해 요구되는 것이 아니라 위협받는 세계에서 생존하기 위해 요구"되는 것으로 만들었다(오버만 1995, 125). 이것이 루터가 승계하고 있는 저항의 전통이다. 예를 들어 중세 말 교회의 부유함에 대한 비판은 교회 내적으로 탁발수도회 운동 등을 통해 전개되어갔는데, 그 과정에서 시토 수도회 원장이었던 피오르의 요아킴(Joachim of Fiore)은 경세론적 삼위일체론을 통해 천년왕국과 성령의 시대를 강조한다. 요아킴 그리스도 탄생 이전인 구약 시대는 성부의 시대, 그리스도 탄생부터 당시까지 즉 13세기까지는 성자의 시대, 그리고 지금부터는 성령과 교회의 시대인데, 이 세 번째 시대는 "천 년간 지속될 것이며, 평신도와 사제의 종규, 가식적인 독신생활, 성직 계급제도와 교황의 통치를 끝장 낼 것"을 예기하였다(오버만 1995, 94). 그런 뒤에 교회를 진실로 신실하고 경건한 사람들, 즉 "탁발수도사"(friar)들이 다스리는 시대가 될 것으로 여겼다. 11세기 이래로 전개되는 수도원 운동이 내걸은 세 가지 서약, 즉 "복종, 청빈, 순결"은 역설적으로 당시 로마 교황을 중심으로 하는 제도권 교회의 사제들이 얼마나 부와 권력에 집착하고 있었는지 간접적으로 보여주는 징표가 된다(오버만 1995, 85). 탁발수도회 정신을 승계했던 프란치스코회 성서학자 프랑스인 페트루스 요한네서 올리비(Petrus Johannes Olivi)는 요아킴의 삼위일체론적 상상력에 "저항"의 상상력을 더한다. 즉 그에 따르면 이제로부터 도래하는 성령의 천년 왕국은 "성자의 나라로부터 유기적으로 발전하지 않고 강력한 저항에 대항하여 발전한다"(오버만 1995, 96). 바로 이 '저항' 정신의 배아 속에서 우리는 종교개혁의 뿌리를 보게 된다. 아니 어쩌면 기독교의 진정한 뿌리는 바로 "사회의 진보로 새로운 시대를 선도할 수 있다는 소망"이다(오버만 1995, 101).

그러한 저항과 개혁의 흐름 속에서 루터는 사실 사회개혁을 꿈꾸는 개혁가가 전혀 아니었다. 오히려 루터는 인간의 힘으로 개혁하고 진보하는 사회의 이상을 철저히 거절하고, 오직 "하나님 자신이 시온에 건설되는 그의 나라, 새 예루살렘의 중심이 되실 것"을 믿었다(오버만 1995, 101). 이런 맥락에서 루터는 독일 민족의 해방을 꿈꾸며 새 시대를 건설하기를 주창한 모든 혁명의 노력들에 반대했다. 그러한 노력들은 하나님이 이루실 것을 인간의 더러운 손으로 인위적으로 수행하려 하기 때문이다. 이런 점에서 루터는 근대로 유럽 문명이 진입하는 데 걸림돌이 되기도 했다. 하지만 바로 이 루터의 반개혁적인 태도 속에 종교개혁 즉 개신교의 핵심이 놓여 있다. 즉 만일 인위적 혁명이나 폭력이 "하나님의 방법이었다면, 구원의 역사는 보다 간단하고 피비린내가 났을 것이다"(오버만 1995, 106). 하지만 예수 그리스도는 십자가에서 그저 죽고 말았다. 왜? 그 예수는 인간적인 인위의 혁명을 거절하고, 그 무기력하고 처절한 절망을 자신의 죽음으로 떠안았다. 실로 루터는 자신이 전하는 복음이 "그 대적자를 격퇴할 것이라고 결코 기대하지 않았고 오히려 하나님의 신실한 백성들에 대한 훨씬 맹렬한 공격을 자극할 것"으로 예상하였다(오버만 1995, 114). 말하자면 그는 개혁이 일구어낼 것들에 대한 희망 때문에 개혁을 추구한 것이 아니었던 것이다. 그의 개혁을 통한 희망은 오히려 종말을 예감하는 희망, 즉 '희망 아닌 희망'에 가까웠다. 그 희망 아닌 희망을 품고 살아갈 개혁의 사람들은 "오직 엄격한 평화주의(pacifism)—인내, 참음, 기다림, 공공연한 복음의 선포, 공개적인 하나님의 개입의 간구— 만"을 기대할 수 있을 뿐이다(오버만 1995, 114). 이러한 루터의 희망 아닌 희망을 다른 말로 표현하면 "모든 역사상의 유토피아들에 대한 … 거부"(오버만 1995, 116)[17]이다. 바로 여기에 루터의 급진성이 놓여 있다. 그리고 이것은 초대교회 신앙공동체의 모습에 더 가깝다. 초대교회 교인들은 하나님 나라가 도래할 확신 때문에 십자가의 죽음

---

17) 물론 루터가 세상의 개혁을 전면적으로 거절한 것은 결코 아니다. 그에게도 세상의 해방과 개혁은 중요하고 가능한 것이지만, 루터는 그러한 일을 "개혁"으로 간주하지 않고 "개선"(betterment)으로 간주하였다. 즉 "개혁은 하나님의 사역이며, 개선은 아담과 하와의 과업"이라는 것이다(오버만 1995, 117).

이후 신앙을 지켰던 것이 아니었다. 그들은 어떠한 유토피아적인 기대도 오히려 버려야 했다. 그리고 함께 모여 살면서 성령을 체험했다. 그들의 기대와 소망은 붕괴되고 무너졌지만, 그 처참한 절망의 복판에서 특이하게도 (바로 여기에 기독교 신앙의 고유성이 있다) 마치 자신들의 소망이 이루어진 듯이 살았다. 그들의 '마치 이루어진 듯이' 살아가는 주체적 삶 가운데 성령의 힘이 체험되었다. 그래서 성령은 유토피아적인 기대를 통해 도래한 것이 아니라, 살아가기 위해 선한 삶을 사는 가운데 도래한다. 그렇다면 성령은 "가상적 존재"(virtual entity), 즉 믿는 자의 "주체적 전제"인 것이다(Žižek & Gunjević 2012, 171). 그들이 믿는 희망과 정의는 바로 그들의 "주체적 (믿음의) 전제" 속에서 환상의 구조로 전개된 것이다.

그런데 루터의 이 저항적인 윤리관이 이후의 개신교 운동을 통해 특별히 칼뱅주의를 거치며 "금욕주의적 이상"으로 발전해가면서, 개신교 윤리는 도착의 윤리로 변질되어간다(Zupančič 2003, 35). 현세에서의 부지런함과 근면과 성실은 곧 '구원'이라는 최고의 쾌락을 위한 인내의 노력이다. 따라서 금욕주의적 이상은 현세적 삶에 대한 부정이 아니라 오히려 그 삶을 "책무"로 변혁한다(Zupančič 2003, 43). 이 것이 금욕주의적인 이유는 바로 최고의 쾌락인 구원을 위해 현세에서의 노고를 마다하지 않기 때문이다. 이 금욕주의적 이상의 작동 속에서 니체가 선포하는 하나님의 죽음이 이해되어야 한다. 이 선포는 '주인 도덕'(master morality)과 '노예 도덕'(slave morality) 간의 구별과 관련되어 있다. 이를 라캉의 구별로 표현해보자면, "주인 담론"(the discourse of the master)과 "대학 담론"(the discourse of the university)이라 할 수 있는데, 잊지 말아야 할 것은 이 두 형태의 담론이 지배를 극복하는 것이 아니라, 오히려 "두 개의 다른 형태의 지배"라는 것이다. 그리고 니체가 주인 도덕과 노예 도덕의 구별을 통해서 말하고자 하는 바가 바로 이것이다. 핵심은 주인과 노예 간의 차이나 구별이 아니다. 진짜 핵심은 니체가 말하는 '노예'는 "억압받는 자"나 "종속된 자"를 가리키는 것이 아니라 "또 다른 형태의 주인"을 가리킨다는 것이다(Zupančič 2003, 44). 그가 '노예'라 불리는 이유는 그의 신분이 노예라는 것이 아니라 그는 언제나 자신의 지배를 "어떤 긍정적인 내용으로 … 합법화하고, '합리화'하고, 정당화"하려 하기 때문에 언제나 그 합법성을 다른 어떤 것에 근거한다는 점에서 "노예적"이라는 것이다(Zupančič 2003, 44). 따라서 주인과 노예의 차이는 주인은 "이름들을 부여"하고, 노예는 "이 이름들의 해석을 위해 분투를 벌인다"는 것이다(Zupančič 2003, 44). 하지만 이때의 해석은 이름을 부여하는 행위만큼이나 "폭군적"(tyrannical)이라는 점에서 해석은 그 자체로 "지배의 형태"이다(Zupančič 2003, 44). 특정의 해석을 강요하는 것만큼 폭력적인 것도 없다.

그렇다면 이 노예적 해석과 하나님의 죽음은 어떻게 연관되는가? 개신교 윤리는 자신의 삶의 정당성을 절대적으로 '하나님'에게 두었다는 점에서 절대적으로 노예적이다. 하지만 이 노예 윤리는 신의 죽음을 요구한다. 왜냐하면 신은 구원의 정당성을 제공해주는 것이 맞지만, 그 신은 우리에게 세속적 삶 속에서 간접적으로 구원의 징표를 확증할 만큼 부와 성공을 제공해줄 수 있어야 하기 때문이다. 이는 역으로 우리가 하나님이 제공하는 구원의 정당성을 바라는 것이 아니라, 세속적 삶의 성공을 통해 그 하나님의 구원의 음성을 확인하기 때문이다. 따라서 칼뱅주의는 상징적 교환의 영역을 도덕적 이데올로기로부터 독립시키면서, "지배자 없는 지배"(mastery without the Master)를 경제적 교환의 영역에 확보하기 위해 하나님의 정당성을 요구하는

(그래서 역설적으로 하나님의 죽음이 요청되는) 노예 도덕을 통해, 분리된 두 영역을 통합하였다. 그래서 역설적으로 노예 도덕 속에서 인간은 한 하나님 혹은 주인을 원하지만, 그 주인은 합법적인 정당성을 부여할 능력이 있는 신이어야 한다. 이런 맥락에서 노예 도덕은 우리를 신의 정당성에 의존하게 만드는 것이 아니라, 우리가 신의 정당성을 자격심사하는 시스템 즉 '지배자 없는 지배'의 시스템으로서 '하나님 없는 기독교'를 영속화시켰다(Zupančič 2003, 45). 말하자면 개신교는 한편으로 중세기적 상징의 교환질서를 폐지하고 하나님을 일상으로 복귀시키면서, 다른 한편으로 이 세속적 삶을 하나님 안에서의 삶 바로 그 자체로 등가시키고, 그러면서 교환의 영역을 신앙과 도덕의 영역에서 배제하였다. 그리고 이것은 자본주의 경제가 신 없이 지배할 수 있는 시스템을 구축하는 데 결정적인 신학적 공헌이었다. 결국 개신교의 윤리적 작동기제로서 '금욕적 이상'은 한편으로 중세적 노예 도덕을 넘어서면서 '지배자 없는' 시스템을 만들어냈지만, 그럼에도 여전히 자신의 정당성을 '하나님'에게 두었다는 점에서 또 다른 노예 구조를 창출해내었다. 하지만 하나의 노예적 상징 구조에서 또 다른 노예적 상징 구조로의 전환이 종교개혁적 전이의 핵심이 아니라는 점을 기억하자. 하나님을 실재계의 힘으로 재가동시킨다는 종교개혁적 프로젝트는 아편 같은 힘을 가지고 세속적 삶을 금욕주의적으로 처방하기보다는 오히려 우리의 삶에로의 의지와 열정을 더욱 자극하여 '쾌'를 보다 더 강하게 자극함으로써 이 세상에서의 고통과 고난 속에서 "기독교인이 주체로 살아나도록 하는" 효과도 갖고 있다 (Zupančič 2003, 49). 이는 칼 마르크스의 종교 비판 즉 '종교는 인민의 아편'이라고 본 관점을 뒤집는다. 바로 이 점에서 종교개혁적 실재계 신앙은 문제의 원인이면서 동시에 출구의 시작이기도 하다.

3.2. 정의의 자리, 부정의의 현장: 주체의 출현

정의 개념은 결국 우리 시대의 문제가 무엇인지에 따라 결정된다. 정의가 환상이라면, 그리고 그 환상이 우리 시대의 부정의를 통해 꾸어지는 환상이라면, 결국 정의는 우리의 실상을 뒤집어서 비추어주는 거울이기 때문이다. 우리 시대는 여전히 종교개혁의 금욕주의적 이상의 구조 속에서 작동한다. 금욕주의적 이상의 상징 구조 속에서 우리는 '쾌'를 억제하기보다는 오히려 끝없는 '쾌'의 자극을 통해 살아간다. 우리 시대 자본주의와 종교개혁 이후 개신교의 금욕주의적 이상이 절묘하게 어우러지는 이유이다. 금욕주의적 이상은 '불쾌'와 그의 원인을 치유하기보다는 오히려 훨씬 더 강한 자극을 통해 불쾌의 감각을 누그러뜨린다. 즉 쾌감을 얻지 못하는 데 따른 우울증을 진정제나 마취제로 처방하지 않고 오히려 흥분제나 자극제로 처방한다. 그것을 위한 방식은 바로 법을 통해 쾌의 실재를 "향유" 속에 정초하는 것이다. 여기서 법은 우리의 쾌감을 억제하거나 금지해서 위반을 자극하는 방식이 아니라 오히려 무제한적 열정의 발산을 통해 쾌를 얻을 수 있는 구조 혹은 기제의 구축이다. 우리의 소비자본주의적 구조는 정확히 이것을 반영하고 있다.

소비사회는 소비로부터 얻어지는 '쾌'를 금지하거나 억압하지 않고 오히려 부추김으로써 쾌를 열정적으로 추구할 구조 기제를 만들어주고 있고, 이 소비사회의 구조를 구축해주는 것이 '법의 기능'이다. 여기서 개신교적 구조는 상징계의 질서가 아니라 실재계라는 점을 기억하자. 그리고 이 실재계에서 법의 기능은 금지나 억제가 아니라 자극을 활성화하는 것임도 기억하자. 예를 들어 소비자본주의 사회는 금욕주의적 이상의 작동을 통해 관능(sensuality)을 억제하거나 금지하는 것이 아니라 오히려 법이 관능을 형성한다. 즉 관능은 법의 타자가 아니라 법이 관능이 되는 것이다. 말을 바꾸어보자. 소비자본주의 사회 속에서 '음란'은 법의 타자가 아니라 오히려 법 자체가 음란이된다. 음란을 자유로이 무제한 즐길 수 있는 구조와 공간의 창출을 법이 구현하고 있다는 점에서 그렇다. 예를 들어 자본주의 사회의 구조 속에서 성매매와 포르노가 이를 강력히 예증한다. 자본주의 사회는 성매매와 포르노를 원천적으로 봉쇄하는 것이 아니라, 그것이 합법의 테두리 안에서 불법적으로 유통될 수 있는 구조를 유지함으로써, 법의 필요성을 역설하며 법의 권력을 강화한다. 이런 점에서 음란은 "법의 진정한 실재(the Real)"가 된다(Zupančič 2003, 52). 바로 여기에 소비자본주의 사회의 역설이 놓여 있다.

그럼에도 불구하고 소비자본주의 체제의 쾌락주의는 "향유의 명령"이 아니라 "금욕적 이상"으로 구성된다(Zupančič 2003, 68). 쾌락의 자극 속에서 금욕적 이상이 작동하는 방식은 니체가 구별한 두 종류의 허무주의를 통해 가동된다. 니체는 적극적 허무주의와 소극적 허무주의를 구별하는데, 적극적 허무주의가 "유사를 향한 투쟁, 즉 실재라는 이름 속에 담긴 '환상들,' '거짓말들,' 그리고 상상적 편성들을 폭로하고 드러내려는 태도"라면, 소극적 허무주의는 그러한 투쟁의 의지 자체를 갖지 않는 태도를 가리킨다. 적극적 허무주의가 거짓된 실재를 향해 투쟁하려는 열정을 담지하고 있다면, 소극적 허무주의는 그 어떠한 열정이나 의지를 담지하지 않는다. 어차피 현실은 바뀌지 않는다고 믿기 때문이다. 이런 점에서 소극적 허무주의는 "현실성의 독재 윤리"이다(Zupančič 2003, 65). 그런데 니체의 진정한 통찰력은 이 두 형태의 허무주의를 구별했다는 것에 있는 것이 아니라, 이두 형태의 허무주의가 오히려 짝을 이룬다고 보았다는 점이다. 예를 들어 이 두 형태의 허무주의가 소비자본주의 시대에 짝(couple)을 이루고 있는 모습을 우리는 "카페인 없는 커피, 설탕 성분을 뺀 사탕, 니코틴이 제거된 담배"를 통해 보게 된다(Zupančič 2003, 68). 카페인 없는 커피는 커피를 마신다는 심리적 효과를 통해 커피를 마시는 효과를 일으키지만, 그러나 카페인이 담겨 있지 않기 때문에 그 효과를 부작용의 염려 없이 무한 소비할 수 있는 자유를 제공한다. 따라서 '카페인 없는'(decaffeinated)이란 말은 무제한으로 커피의 쾌감을 즐길 수 있도록 하는 '자극제' 혹은 '흥분제' 역할을 한다. 반면 '커피'라는 것은 우리의 건강을 위해 많은 섭취를 삼가야 할 '억제제' 역할을 하는 것이다. 즉 '카페인 없는 커피'는 소비자본주의 시대의 문화 속에서 흥분제와 억제제가 동시에 주입되는 기능을 보여준다.

음란이 법의 진정한 실재가 될 수 있는 구조는 바로 개신교주의가 중세의 죄와 처벌의 상징적 교환 구조를 거절하고 실재계의 작동기제로 전환한 데서 비롯된다. 개신교적 실재계의 작동기제는 죄와 처벌의 이원적 구조가 아니라 죄책을 통해 작동한다. 처벌과 죄책은 전혀 다른 기원을 갖고 있는데, 처벌은 그의 수행을 통해 죄를 덜어주고 사면해줌으로써 죄로부터의 해방을 가능케 해준다면, 죄책은 자신의 행위를 통해서 자신이 진 빚이 청산되지 않는다. 자신이 저지른 죄는 그 어떤 것을 통해서도 보상될 수 있는 성질의 것이 아니기 때문이다. 바로 이 죄책으로의 전환은 기독교의 본래적 독창성의 복구였다. 즉 하나님의 죽음은 인간이 자신의 행위로 도저히 갚을 수 없는 (영원한) 빚을 안겨주었다. 그런데 이 하나님의 대속 행위가 인간을 영원한 채무에 얽어매는 "도착적 효과"를 유발하기 때문에 니체는 이를 "가장 끔찍한 질병"이라고 표현하기도 했다(Zupančič 2003, 55). 이 도착 효과는 기독교가 강조하는 용서의 교리를 통해 강화된다. 즉 우리를 위해 스스로를 희생한 그 하나님이 우리를 용서하면 할수록, 우리는 그 용서에 대한 빚도 더 없게 되기 때문이다. 그래서 기독교는 한편으로는 용서를, 다른 한편으로는 십자가를 휘두르면서 우리의 죄를 위해 자신을 희생하고 그 죄를 용서하신 분이 누구인지를 끊임없이 주지시킨다. 이는 우리로 하여금 그 사건을 잊어먹지 않도록 하면서, 우리를 과거의 사건에 매어두려고 한다.

그렇다면 개신교의 금욕적 이상과 자본주의가 창출한 이중적 허무주의의 구조로부터 나갈 출구는 없는가? 달리 말해서 우리는 개신교적 금욕주의적 이상을 넘어, 지구촌 소비자본주의 사회를 극복해갈 수 있을까? 니체가 허무주의에서 보는 위기는 "가치들의 위기"인데, 이는 가치의 부재를 가리키는 것이 아니라 "가치들을 창조하는 힘 혹은 그러한 기제의 부재"를 가리킨다(Zupančič 2003, 73). 이는 허무주의가 적극적으로만 추구되거나 혹은 소극적으로만 추구될 때 일어난다. 가치란 대상과 실재(the Real) 간의 연관성을 염두에 두고 창출되는데, 적극적 허무주의와 소극적 허무주의는 실재란 존재하지 않고, 모든 것은 결국 상대적인 가치관의 차이로 환원하여 "현실성 원리"(the reality principle)에 굴복하도록 만든다(Zupančič 2003, 80).[18] 현실성 원리에 굴복하게 되는 근원적 원인은 사실 실재(the Real)가 "현실성의 진리를 구성하는 일종의 진정한 초월(authentic Beyond)"이 아니라 그 "현실성 자신의 맹점 혹은 역기능"으로, 말하자면 현실성이 온전히 기술할 수 없는 "장애물"(stumbling block)로 작동하기 때문이다(Zupančič 2003, 80). 소비자본주의의 출구 없는 구조를 탈출하기

---

18) "현실성 원리"(the reality principle)는 "실재"(the Real)라는 용어와 아주 가깝다. 그런데 번역 과정에서 이 의미상의 근접성을 제대로 살리기는 어려웠다. 이 글에서 '현실성 원리'는 '실재'와 어원적으로 매우 가깝다는 점을 유념하고 읽어주기를 바란다.

위해 니체를 인용하는 이유는 바로 니체가 이 실재와 현실성 원리의 관계 속에서 자본주의의 현실성 구조를 탈주할 단초를 제공하기 때문이다.

니체는 현실성 원리의 힘을 "실재를 향한 열정"으로 이해하였고 (Zupančič 2003, 82), 그럼으로써 현실성 원리를 넘어간다. 실재와 현실성 원리 간의 이중성은, 라캉의 용어를 빌려 표현하자면, '오브제 아'(objet petit a)의 환상적 출현과 '불가능한 실재'로서 물 자체 간의 간극을 구성하는 이중성을 구축하는 것이 아니라, (현실성 원리를 실재를 향한 열정으로 이해함으로써) '오브제 아'가 재현 불가능한 물(物) 즉 공(the Void)의 가면임을 인정하는 이중성임을 인식하기 때문이다(Zupančič 2003, 83). 즉 실재와 그 재현 대상 간의 이중성을 구성하는 것이 아니라, 우리의 언어 "실재"(the Real)란 실재와 그 실재의 현실성 원리의 산물인 '오브제 아'들이 일치하지 않는다는 것을 알려주는 이름 즉 "둘은 일치하지 않는다는 사실"을 알려주는 이름임을 인식하면서, 실재를 "간격"(the interval) 혹은 "현실성의 방해물"로 인식하고, 그럼으로써 그 실재를 '오브제 아'들과 "둘들"(the Twos)로 변환하는 것이다. 니체의 공헌은 바로 이 "둘"을 인식한 데 있다.

필자는 이 둘의 인식을 우리의 정의 이해의 근거로 삼고자 한다. 즉 정의는 환상이다. 이는 역설적으로 정의는 환상의 방해물임을 의미한다. 정의가 환상을 방해할 때, 한편으로 우리는 우리의 '대상-원인'인 '오브제 아'가 실재와 일치하지 않는다는 것을 느끼게 된다. 하지만 다른 한편으로 우리는 결코 실재 즉 물 자체(das Ding)에 이를 수 없다. 그래서 우리는 늘 진리와 허위의 "중간에"(in the middle) 있다(Zupančič 2003, 100). 이를 다른 말로 바꾸어 표현하자면, "희망이 있는 곳에 종교가 존재"(블로흐 2009, 22)하지만 종교가 그 "희망"인 것은 아니다. 그럼에도 우리는 종교 없이 희망을 품지 못한다. 정의가 확고한 어떤 것으로 규정될 수 없듯, 진정한 종교도 그 어떤 무엇으로 확고하게 규정되지 못한 채, 우리의 희망의 환상 속에 난입하여, 그 꿈이 잘못된 꿈이라고 외친다.

이 "둘"의 사유 속에서 우리가 인식하게 되는 것은 바로 "무"라고 주판치치는 말한다. 실재도 '오브제 아'도 결국 그 무의 기표들인 것이다. 그리고 주판치치는 이 무를 진리의 지형 속에 기입하는 것이 "기독교의 근본적 몸짓들 중 하나"였다고 한다(Zupančič 2003, 126). 무를 진리의 지형 속에 기입하게 되면, 진리와 거짓의 분열은 의지의 문제가 된다. 의지의 두 양상 중 어떤 것이 참이고 거짓인지를 가르는 문제 말이다. 답은 "그 어떤 것도 참이 아닌 반면(nothing[ness] is true, …), 어떤 것은 … 언제나 거짓되고 기만적이고 허위적이다"(Zupančič 2003, 126). 어떤 것도 참이 아니라는 것은 곧 그 아무것도 아닌 '무'(nothing[ness])가 참이라는 말이며, 이는 곧 진리를 향한 욕망이나 의지는 곧 "무를 향한 욕망 혹은 무에 대한 의지"가 된다(Zupančič 2003, 126). 기독교는 이 "무"의 자리에 하나님을 놓았다. 즉 "모든 의지 혹은 욕망의 내적 조건으로서 이 무의 이름이 기독교에서는 하나님이다"(Zupančič 2003, 126). 하나님은 "어떤 것에 대한 열정적인 집착을 가능케 하는 세상으로부터 '끊김'(unplugged)," 즉 "철저한 부정성"이다(Zupančič 2003, 126). 우리가 사랑과 열정과 예술 속에서 추구하는 것, 즉 우리가 세상의 삶을 통해 추구하는 것은 이 부정성 즉 하나님이라는 것이다. 기독교의 문제는, 니체의 관점에서, 이 무를 "환원 불가능한 것"으로 가정한 데 있는 것이 아니라, 오히려 진리와 실재를 오직 이 무에다만 정초시켰다는 데 있다(Zupančič 2003, 127). 그럼으로써 '무를 원하는 것'과 '어떤 것을 원하는 것'을 그 근원적 둘의 이중성으로 파악하지 못하고, 각각 독립적이고 분리된 측면들로 만들었고, 그렇기에 기독교는 허무주의로 나아가게 되었다. 그 결과 '무를 원하는 의지'는 무언가 구체적이고 분명한 것을 추구하고 욕망하는 삶의 세계 속에서 가능하지 않은 것이 되어버렸다. 이러한 분리는 "욕망 자체를 지탱하는" 간격 혹은 사이를 붕괴시키기 때문이다(Zupančič 2003, 127). 금욕주의적 이상은 이 분리를 통해 금욕주의의 목적 즉 만족을 가시적이고 부분적인 만족들을 넘어서 추구하도록 부추겼다. 이 세상의 일시적인 만족을 넘어서는 진정한 만족 그러한 것은 이 세상에 없다(nothing). 따라서 이상은 언제나 그 '무'(nothingness)를 욕망한다. 그 무는 '가장 진정한 만족'을 가리키며, 기독교에서는 그것이 '하나님'이었다. 문제는 이런 구도 속에서 욕망 자체가 "붕괴"한다는 것이다(Zupančič 2003, 129). 왜냐하면 그것은 결국 끊임없이 "그 무를 생산하는 기계"가 되어버리기 때문이다(Zupančič 2003, 129).

니체가 했던 기독교 비판의 핵심은 "실재는 상상계와 상징계로부터 차별화함으로써 도달되거나 획득될 수 없다"는 것이다(Zupančič 2003, 130). 그렇다면 무를 욕망하면서 허무주의의 나락으로 떨어지지 않는 방법은? 니체는 "둘의 명확한 표현으로서 대타자"를 탐색하면서 그러한 대안을 모색하였다(Zupančič 2003, 130). 즉 대타자는 '일자'(the One)가 아니라 처음부터 그리고 애초부터 "둘"이었다는 것이다. 이 둘의 인식은 결국 종교개혁의 본래 정신, 상징계적 교환질서를 넘어서서 실재계의 힘으로 하나님을 재작동시키는 구상 속에서 태동된 인식인 것이다. 즉 우리가 정의라고 인식하는 환상 안에 품어지지 않은 것이, 그 환상 밖으로부터 난입해 들어오며, 그것은 진정한 정의가 아님을 외친다. 정의와 부정의, 이 쌍(couple)은 정의의 환상의 구조를 구성하면서, 환상을 실재의 효과로 만든다. 예를 들어 신에 대한 갈망 혹은 신에 대한 사유는 기존 제도와 기득권의 억압적 편집으로 은폐될 수 없는 "참다운 정신"을 일깨우면서, 아직은 도래하지 않은 신적 유토피아를 상기시키며 미래를 현재로 진입시키는데, 이 미래적 지평으로부터 기존의 개념과 설명 체계 속에 담긴 신과는 "다른 의미를 지닌 신적 존재가 태동해" 나온다(블로흐 2009, 150). 이런 맥락에서 블로흐는 마르크스의 구절들을 모방하여 "신은 현실에서 아직 이루어지지 않은 인간의 근본적 존재가 의인화되고 대상화된 이상으로 출현"한 것으로서, 신은 "인간 영혼이 유토피아적으로 꿈꾸는 엔텔레케이아나 다름이 없다"고 말한다(블로흐 2009, 152). 이는 '신은 허구'라는 유의 일차원적 신앙 비판을 시도하는 것이 아니다. 도리어 성서는 제도와 기득권을 지닌 이들에 의해 편집되는 역사를 겪었음에도 불구하고, 그 안에는 "이단의 시각" 즉 "억압과 폭정에 대항하는 인민들의 첨예한 (혹은 은밀한) 열망"이 담겨 있고, 이는 그들이 꿈꾸는 참 하나님의 이미지일 것이다(블로흐 2009, 153). 따라서 이렇게 의인화되고 대상화된 신의 모습 속에서 우리가 읽어야 할 것은 "억압당한 채 조심스럽게 이어"져온 "저항의 음성," 즉 "가난한 자들의 불평과 분노"이다(블로흐 2009, 160). 그리고 신은 곧 이 가난한 자들이 염원하는 정의의 환상인 것이다. 그것은 그들을 병들게 하는 환상이 아니라, 그들이 현실 속에서 삶을 살아나갈 힘을 제공하는 환상이다.

4. 정의의 환상, 환상의 정의,
그 불가능성의 사유로서 정의

성령은 초대교회 교인들에게 "주체적 전제"로 출현하는 "가상적 존재"였다(Žižek & Gunjević 2012, 171). 하나님의 죽음 이후에도 하나님이 여전히 우리와 함께 하신다는 것을 확신케 하는 주체적 전제가 바로 성령의 존재라는 것이다. 정의가 무엇인지에 대하여 할 수 있는 가장 보편적인 정의가 있다면 그것은 바로 '함께-함'이다. 역사의 처절한 절망의 굴레에 떨어진 사람들에게 '하나님이 함께 하신다'는 것보다 더 삶의 힘을 제공하는 것은 없다. 그래서 정의란 '함께-함'이다. 그리고 이 함께-함에 기독교적 사랑의 의미가 있다. 이미 앞에서 언급한바, 신약성서에 '사랑이 무엇인가'에 대한 정의는 등장하지 않는다. 하지만 사랑이 무엇인지를 설명하는 가장 근접한 정의가 바로 '긍휼'이다. 이를 영어로 번역할 땐 compassion이라 한다. 라틴어에서 유래한 이 단어는 com(together 혹은 with) + passion(suffering)으로 구성되어 '고통을 함께 나눈다'는 뜻을 지닌다. 사랑이란 그 고통의 자리에 함께 하는 것이다. 고통의 자리에 함께 한다는 것은 성공에 대한 기대나 보상에 대한 기대 때문에 함께 하는 것이 아니다. 그 고통받는 영혼에게 하나님이 함께 하실 것이라는 주관적 전제를 가지고, 그 일그러진 얼굴에 사랑의 미소로 다가가는 것이다. '정의'란 결국 이 주체의 힘이다. 주체의 환상 혹은 주체의 살아가는 "전제"(presupposition)인 것이다.

오늘의 척박한 현실을 살아가는 우리에게 필요한 것은 '환상'이다. 말하자면 지금과는 다른 세상을 꿈꿀 수 있는 힘 말이다. 그 꿈, 그 환상이 있기에 우리는 다른 세상을 만들자고 외치며 참여를 독려한다. 바로 여기에 환상의 힘, 환상의 실재성이 있다. 하지만 우리가 '환상'과 '꿈'을 구별하듯이, 우리는 실체적인 것이 아니면 아무것도 아니라는 자본주의적 현실성 인식을 공유하고 있다. 그래서 우리는 '꿈'을 환상이라고 말하며, 아무것도 아닌 것으로 치부한다. 유물론적 이념을 갖고 있었던 좌파가 자본주의를 이겨내지 못한 까닭이다. 블로흐가 "사회의 갱신은 사회가 아무리 암울하다 할지라도 현재를 다가오는 '개혁'(reformatio)을 가리키는 산고로 참아낼 수 있는 이상에 의해 지지되지 못할 때, 이러한 진보에 대한 믿음은 공허하고 유물론적인 껍데기가 되거나 인간성을 전혀 존중하지 않는 독재(dictatorship)가 된다"고 말할 때 언급하는 '이상'(ideal)은 환상의 구조를 동반한다(오버만 1995, 100). 그리고 이 환상의 구조를 가능케 해주는 것은 종교이다. 오늘의 자본주의적 구조 속에서 우리가 출구를 찾지 못하는 것은 바로 '환상의 힘'을 상실했기 때문이다.

비실체적인 환상은 사실 실현되지 않는다. 그리고 바로 이 실현될 -수-없음에 환상의 본질적인 힘이 있다. 환상이 실현되었을 때, 사람들은 더 이상 꿈을 꾸지 않는다. 환상은 환상일 때, 그의 실재적인 힘과 영향력을 발휘한다. 따라서 하나님의 나라는 도착하지 않는다. 그것은 언제나 '도래하는 중'이다. 바로 그 도래함(coming)의 구조가 환상의 힘이다. 이는 곧 "예수를 만난 게 위험한 '사건'(eventment)이 되고, 자기 십자가를 지는 생활양식의 실천 속에서 그 사건의 검질긴 접속을 '좁은 문 속의 희망'으로 구체화하려는" 지속적인 삶의 길을 의미한다(김영민 2012, 107-108). 어설픈 희망이나 기대 혹은 보상 심리로서가 아니라, 모든 절망 속에서 다시 꿈을 꿀 수 있게 만드는 힘, 바로 그것이 정의의 환상이다. '꿈'이 아니라 '환상'이라는 단어를 고집하는 이유는 우리가 '꿈'이라는 단어를 실현 가능한 어떤 것에 대한 꿈으로 사용하는 일상 언어의 용법 때문이다. 정의의 환상이 실현되지 않는 것이라면 결국 아무것도 아닌 게 아닌가? 맞다. 철학자 김영민의 말을 빌리자면, 결국 그 아무것도 아닌 게 종교가 품은 정의의 환상의 실재의 힘이다. 결국,

"종교는 스스로 빈 것으로 남아, 늘 종교가 아닌 것으로 도우는 데 그 의미와 가치가 있는 것이다. 종교가 생활을 규제해왔던 현실을 뒤집어, 어떤 현실과 어떤 희망이 종교를 완성시키는 식으로—그러니까 종교가 생활을 도와, 바로 그 생활이 다시 종교를 완성시키는 방식으로—재배치되어야 한다. 마치 못난 인간들이 못난 신(神)을 제꼴처럼 품은 채로 역시 못난 생활과 못난 욕망 속에 살아가고 있는 것처럼, 거꾸로 좋은 사람들의 좋은 생활과 좋은 희망은 종교를 완성하고, 그 속의 신을 아름답게 재현해낼 수 있을 것이기 때문이다"(김영민 2012, 133).

우리의 좌파는 왜 자본주의에 대한 비판적 힘을 상실해버렸는가? '환상'과 같은 종교를 경멸했기 때문이다. 그리고 그렇게 경멸할 수밖에 없었던 이유는 그들이 꿈꾸던 공산국가가 정확히 환상이었기 때문이다. 그것이 환상이라는 것을 은폐하기 위해 그들은 물질만이 현실이라는 유물론을 설파하였다. 그 유물론 자체가 환상이라는 것을 미처 의식하지 못한 채로. 자신의 논리에 갇혀, 자기 스스로를 성찰할 수 없게 된 것이다. 교회가 교회의 이야기만을 진리로 설파할 때 종교가 담지한 환상의 힘을 상실했듯, 공산적 유토피아만이 유일한 희망이라는 환상을 실체적으로 구현하려고 했을 때 그들은 환상의 힘을 상실해버렸다. 아무것도 아닌 것으로 남아 자기가 아닌 것처럼 돕는 일은 결국 인간 삶의 본질 안에는 아무것도 없다는 것을 인식하는 일이다. 박재순은 "'자유, 평등, 사랑'에 대한 프랑스 혁명의 꿈은 왜 이루어지지 않는가?"라고 묻고, 우리의 자본주의적 욕망이 "사람과 사람 사이, 집단과 집단 사이, 사람과 자연 사이"를 꽉 막고 있기 때문이라고 답한다(박재순 1999, 46; 47). '사이,' 우리 동아시아에서는 시간과 공간도 '사이'의 관계로 인식한다. 그래서 시간과 공간을 한글로 풀어 이해하자면, 철학자 이기상이 이야기하듯, "때-사이"와 "빔-사이"가 된다(이기상 2010, 32). 때-사이에는 아무것도 없다. 그 아무것도 아님 의 역할을 우리는 자본주의적 성취론과 성공신화 속에서 망각하고 있 는 것이다. 이러한 실패는 개신교도 예외가 아니다. 교회는 적어도 한 때 "그곳은 잠시나마 가난이라는 현실을 잊고 남의 땅에서 벌어진 만 화경적인 고사(古事)에 취하는 환상의 자리였다"(김영민 2012, 95). 하 지만 우리 시대 현실은 "'신 앞의 평등'을 말하는 보편적 종교인 기독 교의 이데올로기조차 신분과 계급에 의해 굴절"되었다(김영민 2012, 97). 그래서 김영민은 가혹하게 비판한다:

> 이미 우리 시대의 교회는 사회적 강자와 부자들을 대체하거나 각성
> 시키는 어떤 (초대교회들과 같이) '절실한 약자들로 구성된 희망의
> 공동체'가 아니다. 그것은 자신의 사적 욕망을 '소망'이라고 부르며,
> 자본제적 세속의 성취와 권리, 그 지위와 신분을 언죽번죽 종교신학
> 적으로 합리화하고, 교회마저 점유하고 영토화한 세속적 특권들의
> 심리적 봉토(俸土)로 전락한 곳, 필시 다시 찾아올 예수를 가장 격렬
> 하게 배척할 곳이다(김영민 2012, 99).

우리가 부를 정의는 바로 이 부정의한 세상의 현실과 교회의 현실 안에서 그 부정의한 구조와 체제 너머를 꿈꾸는 환상의 음성이다. 종 교개혁 500주년이 되는 2017년에 우리 교회의 현실이 이렇게 평가받 는 것에 대해서 참담하다. 하지만 이런 비판이 곧 우리에게 실재 즉 진리를 가져다준다는 점에서 절망적인 것만은 아니다. 우리 교회의 진실을 마주하지 못한 채, 실현되지 못한 이상의 현실을 마치 우리 교

회 안에 실현된 것처럼 말하는 환상은 도피적 환상이다. 이는 현실을 하나님의 나라로 변혁해 나가는 데 전혀 기여하지 못할 뿐만 아니라, 도리어 방해한다. 오늘날 우리에게 필요한 환상은 우리 교회와 신학의 현실 상황이 담지한 절망적 진리를 인식하고, 이를 통해 '똥 같은' 인간의 자리로 내려온 하나님의 성육신이라는 기표가 진정으로 가리키는 것을 성찰하며 나아가는 것이다. 물론 우리의 노력은 영원한 하나님의 나라에 이르지 못할 것이다. 우리는 끊임없이 실패할 것이고, 좌절할 것이다. 그러나 그것이 우리가 도달할 수 있는 최선이고, 신학적 실용주의 혹은 실용주의적 신학이다. 하나님 나라는 하나님에 의해 도래하는 것이다. 그리고 우리가 진정으로 하나님 나라에 들어가는 것은 우리의 능력이나 노력과는 상관없는 전혀 다른 방식으로 우리에게 '선물'처럼 주어질 것이다. 선물은 받아보기 전까지 무엇인지 알 수 없다. 오직 그분만이 아실 뿐.

III

지구화 시대의 대안 주체:
지구촌 시대의 유령으로서 주체

지구촌 소비/금융 자본주의 세계 속에서 주체로 선다는 것, 그것은 곧 자본주의적 실재 말하자면 네트워크 자본주의의 실재를 직시하고, 그 억압의 실재에 맞서 주체로 선다는 것을 의미한다. 하지만 우리의 '주체' 개념은 근대적 인간 이해에 정초하고 있다. 즉 근대의 개인 (individual)로서 인간 개념에 정초되어 있다는 말이다. 개체로서 인간은 이 네트워크로 연결된 소비/금융 자본주의의 현실에서 진정한 주체가 될 수 없다. 자아 인식의 단위로 기능은 하겠지만, 불행하게도 시대를 변혁할, 이 시대를 하나님 나라로 인도할 힘과 동력을 갖고 있지 못하다는 말이다. 따라서 우리 시대 진정한 변혁의 주체로 선다는 것은 곧 근대적 주체와는 다른 의미의 주체로 선다는 것을 의미한다. 그래서 대안 주체(the alternative subject)란 개념은, 지구화 시대의 '주체' 개념은 이전 개념에 대한 '대안'(alternative)이어야 한다는 것을 의미한다. '주체'란 개념은 우리가 많이 사용하는 단어이면서, 바로 그렇기 때문에 '자아'(the self) 혹은 '정체성'(identity)이란 단어와 연관하여 가장 많이 오/남용이 일어나는 단어이기도 하다. 여기서 '대안 주체'란 정확이 어떤 주체 개념에 대한 대안을 의미하는 것인가를 정확히 규명해야 할 필요가 있다. 그리고 왜 우리는 그 개념에 대한 대안을 요구하는가를 해명해야 한다. 그런 다음에야 우리는 '대안적' 주체 이론들을 살펴볼 수 있을 것이다. 필자는 여기서 제시하고자 하는 주체 개념이 정확히 '근대적 주체 이해에 대한 대안 개념'임을 분명히 밝힌다.

근대적 주체 개념은 사실 단일한 개념이 아니다. 여기서 근대적 주체 개념을 말할 때, 우선적으로 데카르트의 주체(the Cartesian subject) 개념, 즉 '사유하는 주체'(cogito)와 그 개념에 연관된 '단순정위'(simple location) 문제를 통해 주체의 문제를 살펴보자. 또한 근대적 주체 개념의 또 다른 부류로서 '혁명적 주체'(revolutionary subject)가 있다. 혁명 주체 개념이 담지한 근대적 유산과 그 문제를 주목해보자. 이상의 근대적 주체 개념에 대한 물음들을 전제로, 우리는 그 근대적 주체 개념들을 넘어서는 새로운 개념의 대안 주체 이론을 시도할 것이다.

필자가 이 책에서 주장하는 주체는 지구촌 소비자본주의 시대의 유령이다. 살아 있으나 살아 있음으로 간주되지 않고, 마치 비존재인 듯이 다루어지는 존재들을 우리의 담론 구조 속으로 매개하는 주체 말이다. '유령'이라는 부정적 표현을 사용하는 이유는 유령은 능동적 존재가 아니라, 수동적 존재 즉 자신의 한(恨)에 사로잡혀 과거를 살아가는 현재의 정신을 의미하기 때문이다. 그들은 현재를 살아가지만, 그들의 현실은 과거 자신의 한스런 시간에 매여 있다. 그런 존재가 대안적 주체라고 말하는 것은 역설이다. 하지만 그 유령적 존재들은 우리의 문제를 정확히 드러내주는 주체적 존재들이다. 대답이나 해답보다 문제가 더 중요하다고 철학자 들뢰즈는 말한다. 왜냐하면 우리가 어떤 물음을 던지느냐에 따라 해답이 결정되기 때문이다. 따라서 유령적 존재로서 대안 주체를 말하는 것은 해답이 아니라 물음을 실재계가 난입하는 사건으로 간주한다는 것을 의미한다.

1. 사유하는 주체: 저항하는 주체

사유하는 주체 개념의 토대를 마련한 이는 근대 철학의 아버지 데카르트였다. 그는 사유와 연장을 분리하여, 정신과 물질을 분리하면서, 근대 과학이 자연을 정신이 없는 물질로 보도록 그래서 자연을 개발하는 데 전혀 윤리적이거나 도덕적인 고려가 필요 없다는 정당성을 제공해주었다. 다른 한편으로 그는 인간 고유의 본래성이 어디에 있는지를 성찰한 철학자였고 그래서 그는 인간의 사유하는 정신에서 인간의 주체성을 찾았다.

이렇게 인간의 사유하는 주체성에게 큰 의미를 부여한 것은 그의 사유가 태동하는 시기가 중세의 유산을 극복하는 시기였고 그 과정에서 전통과 맞물린 권위주의의 극복이 문제시되던 시기였기 때문이다. 따라서 인간의 본질을 한 개인의 고유성을 드러내는 영역에서 찾으려는 생각이 팽배해 있던 시기였다. 데카르트의 사유하는 주체는 바로 이 시대적 정서에 부응하면서, 이후 전개되는 근대의 사상적 토대를 제공하였다. 사제의 권위가 아니라 개인의 양심에 구원의 책임을 두는 개신교의 등장도 이러한 사조 변화에 함께 공조하고 있었다.

데카르트의 사유하는 주체가 담지한 특징은 낙관주의적 합리주의이다. 그는 세계를 "합리적이고 파악 가능"(rational and comprehensible)하다고 여겼다(Lafluer 1960, ix). 따라서 합리적인 세계를 파악할 수 있는 인간의 이성적 능력에 대한 확신이 충만하던 시대였고, 그 이성적 능력에 기반하여 세계가 진보하며, 곧 "유토피아"에 이를 수 있다고 여겼다. 즉 세상의 완성이 이제 시야에 들어왔다는 확신이 충만하던 시대였다. 이러한 합리적 낙관주의 혹은 낙관주의적 합리성은 데카르트가 이룩한 과학적 진보를 통해서 더욱 사실적 기반을 갖게 되는데, 그는 해석 기하학 분야에서 기하학과 대수의 방식들을 결합하여 근대 수학의 발전에 기여하기도 하였다.

그러나 데카르트의 사유하는 주체가 끼친 영향력은 낙관적 합리주의보다는 오히려 그것이 함축하는 '정신과 물질의 이원론'이다. 이 이원론은 정신과 물질처럼 서로 전혀 공통점이 없는 두 실체가 함께 연합하여 어떻게 유기체를 구성하는지에 대한 물음을 낳았는데, 당대의 물음의 요점은 정신이 어떻게 물질에 영향을 미칠 수 있는가의 문제였다. 당대의 대답은 관념론이었고, 이것이 칼 마르크스의 이데올로기적 유물론으로까지 발전해나갔다. 마르크스의 유물론은 물적 토대에 기반을 둔 유토피아의 실현 가능성에 기반한 유물론이라는 점에서 순수하게 물적인 인과의 원인으로만 세계를 보지 않았다. 근원적으로는 혁명을 통한 유토피아의 실현이라는 정신적 이상이 그의 유물론을 이끌어가는 추동력이라고 보는 것이 더 타당할 것이다. 현재 진화심리학이나 인지과학 분야는 몸이 정신을 창출해낼 가능성들을 보여주고 있는데, 데카르트의 이원론은 정신과 물질을 전혀 이질적인 실체들로 규정하고, 그 둘의 상호작용을 전적으로 하나님에게 두었다는 점에서 근대적인 해법이었다. 데카르트의 이원론은 이후 사상가들에게 과학적 유물론 혹은 정치적 유물론이 발전하는 계기가 되었고, 철학적으로는 관념론(idealism)이 발전하는 계기가 되었다는 점에서 근대 사상의 근원이 된다.

데카르트의 이원론은 인식론적으로 또한 "상응 이론"(correspondence theory)을 수립했는데, 정신과 물질은 서로 이질적이라서 상호작용할 수 없다면, 우리의 인식은 물리 실재의 세계와 다르지 않은 즉 상응하는 복사본인 '관념'을 매개로 이루어질 수밖에 없을 것이다. 따라서 정신의 내적 관념은 외부 세계를 그대로 반영하며, 외적 실재에 "상응"(correspond)한다는 생각을 낳았다. 이러한 작용을 설명하려면 정신적 주체와 대상적 객체 사이의 관계가 이원론적으로 설정되는데, 이때 정신은 수동적으로 외적 실재를 반영하기만 할 뿐 객관적 대상을 인식하는 데 주도적으로 개입하지 않는다. 정신과 물질은 서로 본래적으로 이질적이기 때문이다. 주체는 우리에게 주어진 외부 실재에 대한 인식을 의식적인 회의 혹은 방법론적 회의를 통해 존재의 토대를 확보해나갈 뿐이다. 이러한 이원론적 이해는 주체를 의식(consciousness)에 기반한 어떤 것으로 설정하였고, 따라서 주체는 의식 주체로 환원되어 이해되고 말았다.

의식을 통해 설정되는 주체는 수동적인 물질 자연을 탐구하면서 주도적인 힘을 발휘하는 주체가 되는데, 이는 곧 인간 의식과 동물적 감정 간의 관계에서 인간 중심적인 해석을 정초하게 된다. 이 의식 중심의 주체는 인간에게 담겨진 감정과 몸을 하위의 것으로 설정하고 그 위에 군림하면서 자신의 의식적 사유를 계몽하는 주체로 발전해나간다. 바로 이 계몽하는 주체가 근대 제국주의 시대에 미개한 아프리카와 아시아의 민족들을 문화적으로 깨우쳐준다는 명분의 근거가 되었다. 이러한 이원론적 사유 구조는 근대 과학의 출현에 결정적인 존재론적 명분을 제시하기도 하는데, 이제 의식 주체를 통한 계몽을 위

해 미개한 자연을 도구적으로 탐구해 들어갈 확실한 근거를 확보하게
된 것이다. 따라서 근대 과학기술 문명으로 인해 야기되는 생태학적
위기의 시대에 데카르트의 이원론은 자연 착취와 인간 중심주의의 토
대를 놓았다는 점에서 근대적 위기의 원흉으로 지목되기도 한다.

사실 이상의 설명은 새로운 해석도 아니다. 이미 데카르트의 이원
론에 기반한 회의하는 주체가 담지한 폭력성에 대한 고발은 넘쳐난
다. 그러한 비판의 반복은 이 책의 관심사가 아니다. 오히려 이 책에
서 필자는 데카르트의 주체가 사유하는 주체라는 사실을 바라보며 그
주체가 탄생하게 된 시대적 배경을 주목하고, 그의 주체 이해가 담지
한 시대적 저항성을 고려해보고자 한다. 데카르트가 물려받은 시대
는 '주체'가 존재하지 않던 구조의 시대였다. 중세기 존재의 질서 속에
서 사람들은 주체로 존재하는 것이 아니라 공동체 구성원으로서 존재
하였고, 그 공동체적 질서 속에서 자신의 존재의 자리와 역할을 부여
받고 있었다. 그러한 존재의 질서 속에서 주체의 출현이란 육의 사람
을 초월하는 영의 사람으로서 주체의 출현이었다. 즉 신적인 주체의
도래를 통해서 중세적 자아의 관성적 구조를 넘어가는 방식으로 주체
의 출현을 말할 수는 있었지만 주체 자체가 철학적으로 그리고 신학
적으로 문제가 되지 않던 시대였기 때문에 주체의 문제란 거의 제기
되지 않았다고 해도 과언이 아니다. 그들이 관심하던 주제는 오히려
내가 어디에 귀속된 존재인가의 문제 즉 정체성의 문제였다.

데카르트의 생각하는 주체 즉 *cogito*는 바로 이 중세적 존재의 질
서 담론 속에 하나의 이질적인 것을 도입했다. 그것이 바로 회의하고
의심하는 주체였다. 하나님을 향한 신실한 믿음의 시대를 넘어 이제
이성의 회의와 성찰이 중심이 되는 시대를 선포한 것이다. 그 주체는
자아를 둘러싼 사회적·역사적·정치적·공동체적 구조 전체를 '의심

하는'(doubting) 주체였다. 비록 근대 시기로 넘어서면서 사유하는 주체는 근대 유산 계층 교양인들의 교육받은 주체로 의미의 중점이 이동하게 되지만, 적어도 데카르트의 주체가 발생하는 역사적 시점에서 사유하는 주체는 제국주의적 주체가 아니라 오히려 저항하는 주체였다. 모든 것을 철저히 회의하는 방식을 통해서 데카르트는 이제 인간 정신이 중세적 전통과 권위의 질서로부터 물려받은 모든 것을 근원적으로 다시 한번 재고할 도구를 제공한 셈이다. 바로 이 점에서 데카르트의 주체는 시대적으로 저항적 정신을 담지하고 있다. 이 저항적 주체의 출현은, 비록 데카르트의 철학이 이후 제국주의가 성장하는 과정에서 인종차별과 성차별 등의 왜곡을 정당화시켜주는 제국의 논리로 남용되었음을 유념하더라도, 우리 시대 주체 담론을 형성하는 데 중요한 출발점을 제공한다. 즉 데카르트의 저항적 정신이 주체 탄생의 자리였다는 것이다.

2. 주체의 구조, 결여의 구조: 혁명적 주체의 문제

근대적 주체는 단지 데카르트의 의식 주체만 있는 것은 아니다. 근대라는 시기는 근대식 자본주의 경제가 성장하는 시기였고, 이로 인한 계급의 발생이 이루어진 시기이기도 했다. 계층 간 불균형이야 고래로부터 인간 문명 속에 담지되어 있던 문화적 현상이지만, 근대에 들어서면서 이 불균형을 이루는 구조가 근본적으로 다른 구조를 갖게 된 것은 바로 개인의 능력을 중심으로 계층이 형성되기 시작했다는 점이다. 이전의 계층적 차이는 주로 유전적인 구조 즉 신분제의 유전에 의해 정착된 경우이다. 즉 부모가 귀족이면 물려받을 것이 많았고,

부모가 하층민이라면 물려받을 것이 없는 그러한 구조였다. 하지만 근대에 들어서면서 종교개혁 이래로 중세적 정치질서의 근간인 신분제가 서서히 막을 내리면서 '개인의 시대'가 도래하고 있었다. 물론 개인의 시대가 도래했다고 해서 모든 것이 개인의 노력과 능력에 따라 보상되는 체제가 공고히 구축된 것은 아니었다. 그러한 근대적 이상을 가장 철저히 실현한 것은 바로 요즘의 지구촌 자본주의하에서라고 말할 수 있을 것이다. 하지만 적어도 담론의 구조는 고정된 질서로부터 개인의 노력과 능력이라는 구조로 이동하고 있었다. 그런데 바로 이러한 구조의 이행 가운데 틈새가 발생했다. 그것은 개인의 능력을 가치 있게 여기지만, 사회의 모든 결정은 여전히 물려받은 권력과 부를 통해서 이루어지고 있었다. 그러면서 근대적 이상에 대한 열망을 온전히 실현하고자 하는 욕구가 지식인들을 중심으로 담론화되어가게 되었고, 제국주의의 등장으로 물적 토대를 얻은 자본주의적 체제는 그러한 열망이 왜 실현되어야 하는지를 피부로 느낄 수 있도록 해주었다. 바로 근대의 혁명 주체가 탄생하는 시점이다.

역사적으로 말해서 근대의 혁명적 주체는 실패했다. 실패한 원인은 바로 혁명의 주체가 꿈꾸는 유토피아(utopia)에 있다. 이상들(ideals)과 유토피아가 어떻게 폭력적으로 변질해갈 수 있는지를 밝혀준 작업들은 데리다에 의해 선행된 바 있다(Derrida 1982, 123). 근대적 혁명의 주체 속에 담겨진 제국주의적 근성은 결국 근대 인문주의(huma-nism)를 구축 가능하게 만들었던 시조들인 헤겔과 훗설, 하이데거의 작업 속에서 적나라하게 밝혀지고 있다. 즉 유럽적 개인만을 온전한 인간으로 규정하고 그 굴레 안에서 '우리'라는 정체성을 공유할 수 있는 인종과 민족만을 인간으로 규정하면서, 인문주의의 주체는 제국주의적 주체로 변질되어갔다. 그들의 글들 속에는 이제 중세 기독교

신학에서 왜곡된 인간상을 넘어서서 완전한 인간으로 나아가야 한다는 종말론적 도식이 공유되어 있다. 이때 완성될 인간 즉 온전한 인간은 유럽인 이외의 사람들을 포함하지 않는다는 점에서 데리다는 이러한 근대적 인간 중심주의가 바로 근대 제국주의에 담지된 근원적 폭력성이라고 고발하며, 이를 해체할 것을 주장한다. 근대에 형성된 혁명의 주체는 언제나 이 종말론적 도식을 공유한다는 점에서 그 어떤 혁명 주체 이론도 데리다의 비판의 칼날을 피해가지는 못한다. 결국 그것은 그 시대의 한계였다.

하지만 이 시점에서 근대 인민 혁명의 주체가 제국주의적 주체의 모습을 갖추어간 것보다, 그러한 혁명의 주체가 어떠한 시대적 환경을 배경으로 태동되었는가를 살펴보는 것이 중요하다. 왜냐하면 그것이 바로 주체의 성격 혹은 주체에 대한 정의의 문제를 보다 본래적으로 조망할 수 있도록 해주기 때문이다. 우리는 근대 시기 제국주의적 확장으로 인한 경제적 번영을 토대로 유물론적 사유가 자리 잡았음을 기억한다. 그런데 아주 특이한 것은 혁명의 주체가 꿈꾸는 새로운 세상 혹은 정의와 인권의 이상은 '유물론'(materialism)이 구성하고자 하는 것이 아니라, 오히려 그 반대의 것 즉 정신적인 것 혹은 영적인 것이라는 사실이다. 왜 이런 기묘한 역설이 생기게 된 것일까? 데카르트의 이원론적 사유를 물려받아 정신과 물질을 철저히 분할하면서, 이제 영적이거나 심적인 것을 과학적 탐구의 영역으로부터 그리고 경제적 이익 추구의 영역으로부터 배제하고, 정치는 추상적인 것보다는 현실적인 것을 다루어야 한다는 생각이 싹터가던 시기에 왜 근대적 주체는 그러한 물적 구조를 넘어서는 혁명적 주체를 유발하게 되었는가. 유물론적 사유 속에서 혁명의 이상과 유토피아는 일종의 유령이다. 생생하게 경험되고 욕망되지만, 그 이상은 현실이 아니다.

즉 물적인 것이 아닌 것이다. 물질(matter)이 세계를 구성하는 기본 인자라고 본다면, 이러한 정신적 이상은 일종의 과잉된 것(excess)이다. 이 혁명의 주체가 꿈꾸는 또 다른 세상은 결국 욕망의 구조와 연동한다. 우리는 이미 소유한 것을 욕망하지 않는다. 무언가를 욕망한다는 것은 그것이 결여(lack)되어 있다는 것이다. 이 혁명의 주체 안에 담지된 결여 구조는 우리 시대 자본주의적 질서 속에서 소비하는 주체가 담지하는 결여 구조의 원형인 셈이다.

사실 우리에게도 여전히 이 혁명적 주체의 폭력성이 극복되지 못한 채 남아 있는 경우들이 많다. 내가 도모하는 혁명의 미래를 유일한 미래이자 진리로 확신할 때, 그리고 그것을 쟁취하기 위한 절차나 방법보다는 목적이 우선시될 때, 이 근대 제국주의와 함께 융기하는 혁명 주체의 미숙한 폭력성은 언제나 고개를 다시 들고 우리를 사로잡기 위해 기개를 켠다. 하지만 결여의 주체 구조는 우리에게 주체 담론에 있어서 매우 시사적인 요점을 일깨워준다. 그것은 주체는 "결여의 구조"라는 것이다. 즉 현 체제 안에 기존하는 것이 아니라, 기존 체제 바깥에 존재하는 것이라는 말이다. 데카르트의 사유하는 주체가 담지한 저항성과 혁명의 주체가 전시하는 결여의 구조는 우리의 주체 담론에서 기존 체제에 저항하고 탈주하는 주체의 출현을 암시한다.

3. 유령적 주체의 출현

우리가 살아가는 시대는 근대 이후 시대이다. 하지만 근대적 구조를 벗어났거나 극복한 시대라기보다는 오히려 근대적 착취와 억압의 구조가 전 지구적 구조로 재편된 시대이다. 이런 면에서 '탈근대'(post-modern) 담론은 이미 변화한 시대를 가리키는 용어가 아니라, 근대를 극복하고 싶었던 지식인들의 욕망의 구조를 반영하는 용어에 더 가깝다. 우리는 오히려 '후기 근대'(late modern) 시대를 살아가는 듯하다. 근대적 지배 구조가 진화한 시대 말이다. 이러한 시대적 전이를 잘 분석한 것이 바로 네그리의 제국 담론이다. 네그리와 하트는 민족국가에 기반하여 성장한 근대 제국주의의 시대와 달리 우리 시대의 지배 구조는 민족과 영토에 기반하지 않고, 네트워크적 구조를 통해 '무장소성'을 구현한 제국이라고 말한다. 지역적 기반을 넘어선 무장소성이 바로 근대 혁명의 이상인 유토피아 즉 u-topia의 어원적 의미라는 사실은 현재의 제국이 근대 제국주의의 지배 구조와 분리된 구조가 아님을 암시한다. 이러한 지배 시스템의 변화에 발맞추어 무장소의 제국을 살아가는 주체들도 이제 지역적 기반을 상실하고 이주하는 시대가 된다. 일자리를 찾아 지구적으로 이동하는 이주민 노동자의 시대가 된 것이다. 이 지구적 이동의 시대에 근대 노동계급은 다양한 노동계층으로 분화하게 된다. 이러한 변화의 이면에는 다양한 노동의 형식들의 출현이 있었다. 그러면서 네그리는 인민의 시대가 아니라 이제 다중의 시대가 되었다고 선언한다. 부르주아지와 프롤레타리아로 나누던 이분법적 계급이해는 근대 초기의 자본가와 생산노동자라는 단순한 생산 자본과 노동의 구조를 배경으로 형성된 구조이다. 하지만 노동의 형식들이 다양화 · 다변화되면서 이분법적 계급 구조는 우리 시대의 노동하는 주체들을 기술하는 범주로서 적실성을 상실하고 말았다. 편의점에서의 시간제 아르바이트, 할인매장 카운터에서 일하는 이중노동자, 국경을 넘어 일자리를 찾아 이동하면서 불법적 신분으로 아무런 보장도 받지 못한 채 닥치는 대로 노동하는 이주민 노동자, 자신의 지식을 기반으로 노동하는 프리랜서 등. 이 다양한 주체 형식들의 출현은 이제 다중의 시대 속에서 주체를 어느 하나의 범주로 기술할 수 없는 언표 불가능한 유령적 주체로 만들었다.

제국과 다중의 시대에 드러나는 두드러진 특성은 그 지배 시스템과 다중이 공유하는 지구적 네트워크이다. 근대 민족과 인종에 기반한 제국주의의 시대를 넘어서서, 어떤 국지적 장소성과 인종 혹은 민족을 초월하는 다국적 생산양식을 토대로 하는 지구촌 자본주의의 출현은 이제 지구촌의 모든 사람이 네트워크를 통해 그의 존재 양식을 노출하도록 만들었다. 혹은 네트워크라는 기반이 제국의 출현을 촉매했다고 볼 수도 있을 것이다. 이 제국의 체제하에서 노동은 무수히 다양화되었고, 우리는 이제 생산노동자라는 이름으로 착취 계급을 한정지을 수 없는 시대 속에 살고 있다. 우리 주변만 둘러봐도 공장노동자나 육체노동을 하는 근로자가 아님에도 저임금과 보장 없는 노동을 강요받는 이들이 늘어가고 있다.

여기서 지구촌화(globalization)의 효과는 바로 "바깥을 갖고 있지 않는 세계"을 창출한 것이라고 네그리와 하트는 주장한다(Negri and Hardt 2009, vii). 오직 하나뿐인 세계, 그래서 바깥을 꿈꿀 수도 없는 세계를 구축했다는 것은 하나의 체제 시스템으로 통일을 이루었다는 말이다. 역설적으로 그 하나로 통합된 세계 속에서 우리가 가진 모든 것은 사유화(privatization)의 대상으로 간주된다. 하나로 통합된 세계 속에서 모든 것이 공유되는 유토피아가 건설되는 것이 아니라, 지배 권력이 지역적 근거를 초월하여 무장소의 제국이 되면서, 우리 문명의 모든 물적·지적 토대는 각 개인들이 사유화할 수 있는 것으로 환원되어버린 것이다. 따라서 하나로 통일된 세계 속에서 상품은 무한히 다양해진다. 즉 통일성과 다양성이 역설적으로 공존하는 '외부 없는 세계'로서 제국이 구축된 것이다. 단지 물적인 대상들이나 상품들

뿐만 아니라, 우리가 생각하고 꿈꾸는 모든 것들조차 이제 상품성으로 평가받는다. 남의 생각을 잘못 사용하면, 개인 혹은 소유권자의 재산권을 침해한 것으로 처벌을 받는다. 이 소유할 수 있는 능력의 부여를 통해 이제 세계는 개인(individual)의 세계가 되었지만, 그 개인이 존재의 근본 단위로 상정되는 지구촌 자본주의 사회 속에서 각 개인들은 소유권 이외의 것으로는 존재를 보장받지 못한다.

이 지구화와 사유화 시스템의 결합은 이제 우리의 낡은 사회 변혁 담론들 즉 자본주의와 사회주의 모두를 넘어가고 있다. 하지만 이 체제는 더 이상 어느 특정한 독재자나 제왕, 민족이나 국가에 의해 주도되지 않는다. 그래서 이 체제는 '주체'를 갖고 있지 않는 듯이 보인다. 지배의 주체가 규정되지 않는다는 말이다. 이 체제하에서 모두가 억압의 주체이고 모두가 억압의 피해자가 된다. 다국적 금융기업자본만 빼고 말이다. 즉 자본만이 권력 주체가 된다. 제국의 생산양식이 다국적화됨으로써 제국의 존재방식도 다국적화되었고, 따라서 그의 억압과 착취의 기제는 초국화되었다. 그래서 재독 철학자 한병철은 근대의 구조를 "면역학적 시대"라고 규정하면서(한병철 2012, 12), 우리 시대를 "피로 사회"라고 정의한다. 근대 면역 사회 구조 속에서는 나와 우리를 규정하는 정체성의 경계가 타자를 정의한다. 그래서 그러한 사회 구조 속에서 발생하는 문제는 이질적인 타자의 도래를 어떻게 방역할 것인가가 주된 관심사였다. 그리고 이것이 바로 제국주의 시대의 특징이었다. 우리를 동일성과 정체성의 경계 안에 가두어두자면 우리 너머를 규정해야 하는데, 그 우리 너머를 향한 불안과 적대의식이 있어야 그 경계 내부의 우리는 단결한다. 그래서 정권은 언제나 우리 너머를 적으로 규정한다. 그리고 그 (우리로부터 규정된) 적의 존재로 인해 정권은 내적 안정성을 도모한다. 이것이 바로 제국주의들이 성장해나간 체제 유지의 논리였다. 하지만 피로 사회 속에서 이제 지배 권력의 주체는 사라져버렸다. 그 누구도 감시와 처벌과 훈육으로 우리를 지배하고 억압하지 않는다. 피로 사회 속에서 우리는 불가능은 없다는 긍정의 정신을 요구받는다. 그야말로 개인의 시대가 도래한 것이다. 하지만 이 개인의 사회 속에서 각자는 자신의 노동이 일구어내는 성과를 통해 무한경쟁의 압박을 살아내야 한다. 그것은 곧 소비할 수 있는 능력을 확보하기 위함이다. 이 경쟁체제로의 편입은 강제된 것이 아니라 자발적인 것이었다. 그렇기에 더욱더 우리는 지배의 주체를 찾지 못한다. 지배 권력은 그야말로 모든 땅을 초월한 '끔찍한 유령'(the Horrible Ghost)으로 우리 삶의 모든 도처에 생생히 살아 있다. 이 끔찍한 유령의 지배하에서 착취는 이제 자기-착취적(self-exploiting)이 되었고, 자신의 삶의 안정성을 확보하기 위해 남보다 나은 성과를 일구어내려고 우리는 더욱더 경쟁에 심취한다. 만인이 만인을 두고 경쟁하면서, 만인이 만인을 서로 억압하고 착취하는 세계가 도래하기 시작한 것이다.

지배 권력이 장소성을 초월한 유령적 권력으로 모습을 변이할 때, 우리의 관심은 근대로부터 유래하는 결핍의 구조를 체화한 저항적 주체는 도대체 어디에 정초되어 있는가이다. 그 저항하는 주체 또한 지배 권력처럼 유령이 되고 말았다. 무수히 다양해진 노동 현장 속에서 이제는 '노동'(labour)을 어떻게 규정해야 하는지조차 희미해졌다. 다중을 하나의 주체로 엮어낼 수 있는 물적 공통성이 상실된 것이다. 이제 지배 권력과 주체는 동일하게 무장소성을 구현해주는 네트워크와 유령적 정체성을 공유하게 된 것이다. 미셀 푸코가 일갈했던 '권력은 도처에 있다'는 말처럼, 이제 권력은 도처에서 무수한 가난을 다양한 형태로 야기한다. 단순히 공장 근로자들만이 착취당하는 시대가 아니라 오히려 소비 능력을 상실한 무수한 개체들이 출현하면서, 지배 경제체제에 저항하기 위한 중요한 구심점이었던 노동조합이 다중의 시대에 대변할 주체들이 사라지거나 다양한 소수집단으로 분할된 것이다.

3.1. '힐링'(치유)과 위로의 시대에 망각된 정의의 물음
― 구조적 문제를 개인 문제로 치환하는 체제의 기술에 대한 비판

에세이 작가 레베카 코스타(Rebecca Costa)는 지속적으로 되풀이되는 문명 붕괴의 패턴 뒤에는 "더디게 진행되는 인간 진화와 빠르게 진행되는 사회 발전 사이의 균등치 못한 변화 속도" 간의 격차가 있으며(코스타 2011, 35), 이 격차를 극복할 방법을 찾아내지 못하게 될 때 진보는 답보 상태에 빠지게 된다고 보았다. 그녀는 그런 답보 상태에서 사람들이 당면한 복잡한 문제의 해결을 지금 세대에서 다음 세대로 미루게 되고, 그것이 문명 몰락의 시초가 된다고 말한다. 당면한 문제의 해결책이 더 이상 사고할 수 없을 만큼 복잡해질 때 인간의 인식은 한계점에 도달하고,[19] 해결하지 못한 문제는 다음 세대로 이전된다. 그러면서 합리적 사유와 지식을 통한 해법보다는 오래된 믿음에 의지하여 문제를 해결하기를 선호하게 되고, 문명은 낭떠러지 끝으로 밀려 떨어지고 만다는 것이다.

문명이 문제를 당면해서 정체되는 이유는 몇 세대 동안 이어지던

---

[19] 코스타에 따르면 우리에게 인식의 한계점이 발생하는 일은 문명사적으로 드문 일이 아닌데, 이것이 일어나는 근본적인 원인은 인간 두뇌의 능력 한계 때문이다. 즉 "인간 두뇌가 새로운 능력을 발달시키는 속도는 인간이 변화를 야기하고 정보를 생산하는 속도에 비해 수백만 년이나 느"리기 때문이다(코스타 2011, 36).

문제의 복잡성과 중층성을 꿰뚫어보지 못하기 때문이다. 당 세대가 갖고 있는 자원과 지식과 기술을 동원하여 해법을 찾지 못할 때, 근본 원인을 찾아 영구적인 해결책을 모색하기보다는 당장의 몇 가지 성가신 증상만을 개선하는 선에서 사태를 마무리하려 하기 마련이다. 그래서 현 세대의 문제는 고스란히 다음 세대로 전가된다. 기후변화, 테러리즘, 정부의 부채, 자본주의의 문제, 국민연금 문제, 의료보험 문제 등 거의 모든 문제에서 현재의 정치 시스템은 근본적인 치유와 해법을 제시할 수 없는 무능력한 관료주의로 전락하고 있다.

문명이 정체할 때 두드러지는 현상은 바로 "믿음이 지식과 사실을 대신하는 현상"이다(코스타 2011, 40). 다음 세대로 해결이 이전된 문제들은 사라지는 것이 아니다. 그 문제들은 다른 문제들과 연결되어 더욱더 골치 아프고 심각한 문제로 등장할 뿐만 아니라, 우리의 모든 활동을 저지하는 역류로 나타난다. 이렇게 더 이상 문제의 원인을 찾을 수도 해결할 수도 없을 만큼 복잡해졌을 때, 우리는 생각하고 분석하는 대신 오래된 믿음의 방법에 의지하여 근거 없는 미신을 해결책으로 '믿기' 시작한다. 무려 3천 년 동안 마야 문명권의 강수량은 줄어들고 있었지만, 마야인들은 일시적인 증상 완화에만 몰두하다 급기야 인신공양과 같은 비합리적인 방법에 매달렸다. 그것이 마야 문명을 몰락으로 이끌었다.

> 캘리포니아의 물 부족 문제든, 전 지구적 기후변화든, 세계적 금융위기든, 조직폭력이든, 해묵은 종교전쟁이든 우리가 취하는 조치는 오로지 단기증상을 완화시키는 데 국한된다. 문제가 한 세대에서 다음 세대로 전가되면서 규모와 어려움이 점점 커지면, 그 문제들 중 하나가 비극적 결말을 초래할 수도 있다는 것을 우려하는 게 당연하다.

그런데도 몇몇 이유로 인해 우리는 마치 이들 문제가 점점 악화되기는커녕 저절로 고쳐지기라도 할 것처럼 계속 미적거리기만 한다(코스타 2011, 50).

현재 문명의 문제는 기술의 문제가 아닌지도 모른다. 오히려 "태도"의 문제이다(코스타 2011, 91). 새롭게 직면한 문제의 해결책이 모색되지 않을 때 우리는 우리 삶의 뿌리에 협착하여 있는 지배적 사고방식—코스타는 이를 "슈퍼밈"(supermeme)[20]이라 부른다—에 의존하여 난국을 지나가려 한다. 이러한 태도가 불러온 문제가 (문제의) 복잡성을 증가시켜 '인식 한계점'에 도달하면 '슈퍼밈'을 낳고, 이 슈퍼밈이 문화와 생물 종의 '단일성'을 낳고, 그리고 이 단일성이 멸종을 초래하는 악순환에 빠뜨린다는 것이다. 이러한 악순환을 끊어내려면, 코스타에 따르면, 슈퍼밈이 무엇인지를 정확히 "간파"하는 것, 즉 그것을 "알아차리"는 것이 필요하다(코스타 2011, 114). 그것의 본질이 무엇인지를 알게 될 때 우리는 더 이상 그 슈퍼밈에게 휘둘리지 않는다. 또한 슈퍼밈을 극복하는 두 번째 방식은 바로 "급격한 패러다임의 변화를 이루는 것"이다(코스타 2011, 115). 하지만 이러한 패러다임 변화는 근본 처방을 요구하는 것이어서, 우리가 익숙해 있는 기존 방식과 태도의 전면적인 수정 내지는 폐기를 요구한다. 패러다임 변환이 쉽게 이루어지지 않는 이유가 이것이다.

이상의 슈퍼밈들 중 가장 근원적인 슈퍼밈은 바로 '자유로운 선택권을 지닌 개인'으로서의 인간상이다. 인간의 마음은 애매하고 불확

---

20) 슈퍼밈이란 "사회에 확고하게 뿌리를 내리고 널리 만연하여 다른 모든 믿음과 행동에 영향을 미치거나 억압을 가하는 모든 종류의 믿음, 생각, 행동을 가리킨다"(코스타 2011, 97).

실한 정보를 극단적으로 과장해서 해석하려는 진화적인 성향을 갖고 있다(티한 2011, 104-106). 그런데 부정적인 신호에 민감하도록 된 인간 마음의 생래적 구조는 단지 심리적 부정성의 효과를 높여주는 데 그치지 않는다. 오히려, 훨씬 심각하게도, 부정적 신호에 대한 민감성에 의거한 결정이 자신의 자유로운 선택의 결과라는 환상을 만들어낸다. 하지만 불확실한 정보를 부정적으로 민감하게 증폭시켜 받아들일 경우 내려지는 선택은 결코 자유로운 결정이 아니다. 그러한 결정은 부정적 신호가 야기하는 불안과 두려움에 기반하여 내려지는 결정일 뿐이다.

사실 우리 문명을 위기로 몰아가는 거대한 문제들이 연출하는 복잡성은 '두려움'의 반응을 촉발한다. 이러한 거대한 복잡한 문제에 직면하게 될 때 우리의 마음은 유전적으로 복잡함을 단순함으로 환원하여, 우리가 대처해온 익숙한 방식대로 풀어나가려는 자연스런 성향을 갖고 있다. 새롭게 대두된 복잡한 문제가 두렵게 느껴지면 단순화가 이루어지고, 복잡함이 초래하는 변화에 대한 거부감이 일어난다. 일상적인 수준에서의 예상과 실제로 벌어진 일 사이에 불일치가 일어나면 뇌의 "안와전두피질"은 그 오류를 보고하는데, 이 안와전두피질은 두려움 반응을 일으키는 편도체와 직접적으로 연결되어 있다(코스타 2011, 140). 여기서 네거티브 캠페인이 효과적으로 작동하는 이유를 알 수 있다. 기후변화 문제나 금융시장자본주의 문제 등과 같은 복잡하고 거대한 문제들에 대한 대안을 제시하는 것도 무척 어려운 일이지만, 또한 제시된 이론들을 비교 검토하고 이해하는 것도 어려운 경우가 대부분이다. 왜냐하면 대안은 기존의 체제를 구성하는 틀을 벗어나서 제시되어야 하기에 생각의 구조를 바꿀 것을 요구하기 때문이다. 반면 이러한 대안이나 정책 등에 대한 반대는 우리의 익숙한 사유 습관에 근거하여 왜 그것이 잘못되었는지를 명쾌하게 지적할 수 있기 때문에 우리의 뇌는 건전한 정책적 대안보다 오히려 부정적인 선전이나 과장된 선동에 휘둘리기 쉬울 수밖에 없다. 결국 이런 네거티브 캠페인 전쟁의 와중에서 우리는 자유로운 선택을 하는 것이 아니라, 선택할 수밖에 없는 선택을 강요받는다. 그리고 대안은 없다.

변화에 대한 불안과 네거티브 캠페인이 주도하는 책임 추궁론이 서로 상승작용을 일으키면서, 우리 자유주의 시장경제 문화 속에서 양산되는 보다 근본적이고 심각한 문제는 바로 시스템의 문제를 개인의 책임에서 원인을 찾으려는 태도이다. 우리 시대의 사유 패러다임의 기본 단위는 '개체 인간'이기 때문이다. 하지만 우리가 목도하는 문제들은 대부분 우리 사회 문화를 운영하는 시스템상의 문제들이다. 예를 들어 기후변화는 어느 한 개인이 책임져서 해결될 문제가 아니다. 지구촌 경제구조 시스템상의 거대한 문제이다. "신용카드 빚, 마약 중독, 지구 온난화, 범죄, 비만, 불행한 결혼, 세계적인 경기 침체" 등의 문제들은 결코 개인적 책임의 문제가 아니다(코스타 2011, 160). 예를 들어 지구 온난화 문제 해결을 위한 개인적인 책임을 다하려는 노력들의 일환으로 우리는 재활용 운동을 지구촌 곳곳에서 하고 있다. 그런데 미국 "환경보호국에 따르면, 미국 전역에서 배출되는 쓰레기 중 생활폐기물이 차지하는 비율은 3퍼센트도 안 된다고 한다"(코스타 2011, 162). 3%의 자원을 잘 재활용하는 것이 지구 온난화 문제 해결에 도움이 안 되는 것은 결코 아니겠지만, 우리 각 개인이 방만하게 에너지를 쓰고 있어서 지구가 온난화되었다고 말하는 것은 다른 경우이다. 즉 지구 온난화는 개인의 책임 문제가 아니라 시스템 자체의 변혁 문제였던 것이다. 우리 사회는 문제의 해결을 개인의 책임 문제로 전가하는 수많은 프로그램들을 운영하고 있다. 예를 들어 비만과 에

너지 소비가 그것들이다. TV에서 방영되는 많은 토크쇼 프로그램들은 우리 사회의 감동을 전하면서, 한 개인이 열악한 조건들을 딛고 어떻게 희망의 씨앗들을 움틔우게 되었는지를 전한다. 수많은 역경에도 불구하고 꿈을 좇는 자는 반드시 희망의 삶을 이룬다는 것이다. 그런데 그런 프로그램들은 그 수많은 역경을 만들어내고 있는 시스템의 문제들은 전혀 고려하지 않는다. 그러한 문제들을 끼워넣는 것 자체가 문제를 너무 복잡하게 만들기 때문이다. 비만은 개인이 음식물 섭취를 책임 있게 하지 않는데서 오는 게으름의 소산이라지만, 인간은 유전적으로 열량이 높은 음식에 끌려, 가급적 많이 먹고 쉴 만큼 쉬도록 프로그램화되어 있다(코스타 2011, 169). 그리고 우리의 경제구조는 열량이 높고 풍성한 음식을 충분한 정도 이상으로 제공하고 있다. 그리고 그 고칼로리 음식들이 소비되어야 경제가 돌아가도록 구성되어 있다. 시스템적 문제를 해결하지 않고 모든 문제를 개인이 책임적으로 해결할 수 있을까?

개인에게 책임을 물리면서도, 문제에 대한 해결은커녕 악화되기 일쑤이기 때문에 우리는 또 다른 원인 제공자를 찾아 수많은 통계치 정보들 가운데 우연한 상관관계들을 뽑아 (문제를 일으킨) 원인관계로 둔갑시킨다(코스타 2011, 194). 그렇게 우연한 상관관계가 필연적 인과관계로 둔갑하여 근원적 원인으로 낙점될 수 있는 것은 곧 우리 사고가 '전문가 위주의 방식'으로 집단화되어 있기 때문이다. 우리의 교육 역시 '전문가'를 길러내는 교육과정 위주로 되어 있다. 특별히 고등교육 과정은 '전공' 학습 위주로 편성되기 마련이어서, 오늘날 우리 시대가 야기하는 많은 복합적인 문제들에 대한 종합적인 안목을 길러낼 여지가 전혀 없다. 너무 많은 분야들이 전문화되어 있지만 각 전문 분야들 간의 소통이 이루어지거나 다양한 분야들을 폭넓게 이해할 수 있는 교육이 이루어지고 있지 않다. 그렇기에 문제가 생기면 언제나 자기 집단이 해왔던 익숙한 방식대로 일을 처리하려 하는 성향이 강하다. 자신들만의 익숙한 방식이 아니라면, 저항하고 반대하는 사태가 벌어진다.

3.2. 자기계발이라는 아편

개인에게 책임을 돌리는 소비자본주의 시스템은 직접적으로 정보 왜곡을 시도하거나 직접 민중을 억압하는 유치한 착취 전략이 아니라, 이제 다중들 스스로 이 시스템에 매이도록 하는 세련된 전략을 구사한다. 그중 하나가 바로 '자기계발'과 '위로와 힐링 프로그램'이다. 자기계발 열풍은 "거대한 사기극"이다. 왜냐하면 "국가와 학교와 기업이 담당해야 할 몫을 개인에게 떠넘김으로써(민영화, 사교육, 비정규직 등), 사회 발전의 동력을 확보"하는 시스템의 전략이기 때문이다(이원석 2013, 5-6). 불안하고 위험한 사회를 살아가는 세대 앞에 '자기계발서'는 "사회의 유리벽을 뚫고 올라갈 동기부여를 제공하는 각성제일 뿐 아니라, 유리벽에 부딪힐 때 느낄 현실적 통증을 마비시켜 주는 진통제이기도 하다"(이원석 2013, 12). 자기계발의 논리가 불온해지는 것은 바로 우리 시대에 적용되면서부터이다. 즉 사회나 정부가 갖추어주어야 할 사회안전망이 제 기능과 책임을 다하지 못하고 있기 때문에 사람들은 불안해하고, 그 와중에 "당연히 국가가 져야 할 몫을 개인에게 전가하고 있다"는 것이다(이원석 2013, 14).

최근 자기계발서들이 공통적으로 갖고 있는 특징은 "바깥의 사회 구조를 배제하고, 순수하게 자기 자신을 주목하도록" 하는 것과 그것을 "긍정에 대한 강박과 힐링에 대한 집착"으로 풀어낸다는 것이다(이원석 2013, 21; 23). 이러한 공통적 특징은 신자유주의가 요구하는 자유주의 경제 패러다임과 맞물려, "사회로부터 돌봄을 받지 않은 자유"를 대신 선전해주고 있다(이원석 2013, 24). 신자유주의 경제학은, 거칠고 간략하게 말하자면, 시장에 대한 국가의 개입을 최소화하고, "재산권을 중심으로 개인의 자유를 확장하고," 자원의 배분을 시장원리에 맡김으로써 "결과적으로 모든 것이 상품화되고, 모든 영역이 시장화"되도록 하는 것을 요점으로 한다(이원석 2013, 118). 자기계발이란 바로 이 신자유주의 시대에 적응하려는 정신 자세인데, 말하자면 신자유주의 정신에 충실하여 "자신의 모든 것을 상품화하는 것," 그래서 "스스로를 시장에 인적 자원으로 진열하고 판매"하는 것을 독려한다(이원석 2013, 120).

사회를 주도하는 담론은 특정의 "주체화" 효과를 유발하는데, 이는 자기계발 담론에도 적용된다(이원석 2013, 71). 자기계발의 패러다임이 사회를 주도할 때, 우리는 자기계발 담론이 담지하고 있는 주체의 형상을 주입받는다. 이 점에서 자기계발 담론은 이데올로기적 기능을 분명히 갖는다. 즉 자기계발은 독자가 "목표와 자기를 동일시"할 것을 요구하는데, 이때 "목표의 성공이 곧 자기"가 되며, 이러한 동일시는 "사회의 현실에서 눈을 돌려 개인의 이상(욕망)에 착념"케 한다(이원석 2013, 71). 이 과정에서 소위 '자기'는 성공을 위해 설득당하게 되는데, "구조에서 개인으로 초점을 돌리게 만들고, 개인에게 무한책임을 지"우는 데 자기 '스스로' 동의하게 된다(이원석 2013, 71). 이것이 바로 "자기 세뇌"인 셈으로 그 핵심에는 "개인의 능력에 대한 무한한 긍정"이 놓여 있다(이원석 2013, 72).

이 자기계발의 소비문화로 인해, 체제는 다중으로 하여금 체제의 구조가 아니라 '개인의 노력과 의지'에 집중하도록 하는 세련된 억압의 시스템을 가동할 수 있게 된다. 물론 특정한 시기의 사회에서 살아가는 개인에게 닥친 문제는, 그것이 사회구조적인 차원에서의 문제이든 혹은 개인적인 차원에서 일어나는 문제이든 간에, 일단 개인이 해결하려고 노력해야 하는 것은 맞다. 무엇보다도 개인의 생존이 우선이기 때문이다. 하지만 한 개인이 아니라 다수의 개인들이 지속적으로 반복된 문제에 노출되어 동일한 문제로 고통을 겪게 된다면, 이에 대한 사회적 차원의 해결책이나 대안이 제시되어야 한다. 하지만 우리 시대 자기계발의 담론은 그러한 차원의 노력 즉 사회구조에 대한 개선이나 변혁 등의 과제를 전혀 돌아보지 않는다. 이는 곧 사회적 동물로서 사회 내에 공동체적 구조를 이루며 살아가는 인간 삶의 공동체적 차원을 전혀 고려하지 않는 것이다. 자기계발 담론을 따라서 자기만의 삶을 영위해 나가는 데 성공하더라도 혹은 오히려 성공할 경우, 문제는 더욱 심각해진다. 우리는 자수성가한 사람들이 타인의 고통에 의외로 둔감하다는 이야기를 듣곤 한다. 그 힘들고 어려운 역경을 이겨내고 스스로 성공한 사람들은 자신처럼 다른 사람들도 열심히 죽을 만큼 힘을 다해서 노력하면 길이 있다고 믿기 때문이다. 그것이 그들의 삶의 경험이 자신들에게 들려주는 삶의 이야기이다. 사회의 경제가 성장 과정에 있을 때 그런 노력들은 보상받을 가능성이 높다. 하지만 우리 시대의 문제는 더 이상 세계 경제나 국가 경제가 지속적인 성장 상황에 놓여 있지 않다는 것이다. 성장의 시대가 지나가고 장기적인 불황의 늪에 빠지는 징조를 보일 때, 대학을 졸업하고 취업률이 절반도 안 되는 상황이 지속적으로 유지될 때, 자신만의 노력으로는 시대의 문제에 대한 대안을 창출할 수 없다.

아편은 중독성 약물로 취급되기도 하지만 본래 진통제로 사용되었다. 그렇다 아편은 진통제다. 진통제란 고통을 느끼지 않도록 해주는 것이다. 그것은 고통을 야기한 증상을 치유하는 약물 종류가 아니다. 그저 신경계통을 화학적으로 처리하여 두뇌가 고통을 느끼지 않도록 해주는 기능을 갖고 있을 뿐이다. 그래서 큰 고통을 동반하는 수술이나 처치를 해야 할 경우, 진통제나 마취제는 긴요하다. 기억해야 할 것은 진통제는 치료제가 아니라는 것이다. 그렇다. 자기-계발이라는 시대의 담론은 진통제이지 결코 치료제가 아니다. 따라서 우리가 겪는 고통을 완화하거나 느끼지 못하도록 하기 위해서 자기를 계발해야 한다는 담론을 사용할 수는 있으나, 자기계발 담론을 우리 시대의 대안으로 삼는 것은 증상을 치료하지 않은 채 진통제만 계속 복용하고 있는 것과 같은 꼴이다. 이 경우, 진통제는 그 사람을 치료로 이끄는 것이 아니라 증상의 악화에 기여한다.

4. 시스템에 저항하는 투사적 주체: 투사적 학인(militant savant)

지구촌 소비자본주의 체제하에서 이제 유령이 되어버린 지배 권력을 특징하는 것은 불가능하다. 오히려 다양한 억압과 착취의 구조가 있지만, 그 권력을 행사하는 권력 주체는 불투명한 시대가 되었다. 바로 여기가 진보 담론이 이정표를 상실하게 된 지점이다. 여기서 이제 주체가 아니라 '하위 주체'(the subaltern)를 통하여 지배 구조를 명확히 하려는(articulate) 시도들이 출현하게 된다. 왜냐하면 서구 철학의 주체 담론은 근대의 주권 주체(sovereign subject)를 비판하고 넘어서는 과정에서도 여전히 서구적 주체만을 보편화하여 유통시키고 있기 때문이다(Spivak 1988, 66). 스피박은 이 하위 주체들이 스스로를 대변할 출구를 갖고 있지 못함을 지적하면서, 그들의 함성을 듣기 위해서는 우리가 갖고 있는 기존의 담론 구조를 넘어서야 한다고 주장한다. 자신을 표현할 수단과 통로를 갖고 있지 못한 그래서 주체가 될 수 없는 주체들, 그들의 함성을 우리는 어떻게 포착할 수 있을 것인가? 필자는 스피박의 이 문제의식에는 전적으로 공감하지만, 그것을 해결하는 방식에는 그녀의 생각과 달리한다. 즉 이 글에서 필자는 우리가 주목해야 할 것은 스스로를 표현할 수 없는 하위 주체들의 다양한 형식들이 아니라, 오히려 '구조'(structure) 자체임을 주장한다. 즉 주체의 발생을 유발하는 구조 말이다. 주체는 언제나 이 구조의 문제와 맞물려 있다. 이것이 본장 서두에 지루하게 데카르트나 유물론적 혁명의 주체를 언급한 까닭이다. 주체의 저항적 성격과 결여의 구조란 바로 이 '구조'와 맞물려 있다. 이런 점에서 바디우(Alain Badiou)의 주체 이론은 참고할 만하다.

바디우는 주체란 언제나 체제 바깥에서 유래한다는 것을 분명히 한다. 즉 주체란 언제나 기존 체제를 이탈하는(deviating) 주체라는 것이다. 그는 그의 첫 번째 주저 *The Theory of the Subject*에서 주체 탄생의 신화를 원자론에서 찾는다. 고대 원자론의 관점에서 세상은 진공과 원자들로만 존재하는데, 원자들은 그 진공의 세계 속에서 수직 낙하운동을 하고 있다. 그런데 수직으로 낙하하던 원자들 중에서 한 원자가 수직이 아니라 사선으로 낙하를 시작하면서 체제의 궤도를 이탈했고, 그 이탈한 원자 때문에 이제 원자들은 다른 원자들과 부딪히고 충돌하면서 물질들을 형성하기 시작한다. 이 이탈하는 원자를 "클리나멘"(clinamen)이라 한다(Badiou 2009, 58). 바디우는 주체란 바로 이 클리나멘이라고 본다. 즉 주체는 기존 체제의 굴레를 이탈하는 것을 가리킨다.

체제의 관점으로 보자면, 주체는 '이탈하는 것'이라기보다는 시스템의 운영 구조에 구멍을 낸다. 즉 체제가 내적으로 안고 있는 모순이나 결함을 드러내고 노출하면서, 체제를 내적으로 붕괴시키는 불온한 요인인 것이다. 따라서 체제는 주체의 발생을 억압하거나 미연에 방지해야 한다. 그것이 바로 구조의 힘[21]이다. 하지만 주체란 그 구조의 견고한 힘에 균열을 야기하는 힘이다. 여기서 우리는 주체(the subject) 개념과 자아(the self) 개념을 세별할 필요가 있다. 통상 우리가 인지하고 있는 주체 개념이란 나 자신을 나 되게 하는 것 즉 ip-seity 혹은 selfhood 개념이다. 그래서 주체를 정체성(identity) 개념과 맞물린 것으로 생각한다. 하지만 바디우의 관점을 적용하자면 주체란 '나를 나 되게 하는 정체성'의 관점에서 조망될 성질의 것이 아니라, 오히려 그 반대의 것 즉 그 정체성의 경계를 분쇄하고 침노해 들어오는 것을 의미한다. 하지만 주체와 체제는 대립적인 관계를 형성하지는 않는다. 오히려 주체와 체제는 뫼비우스의 띠처럼 연결되어 있다. 즉 특정의 역사 시점에서 주체는 체제의 구멍 즉 결함을 지적하고 일어나지만, 그 주체의 함성이 체제에 반영되고 개선이 이루어지게 되면 혹은 혁명으로 시스템 자체가 바뀌게 되면, 주체는 사라진다. 이후 문제는 이전의 문제와는 다른 성격으로 출현할 것이고, 그때는 다른 성격의 주체가 일어나 문제를 제기해야 할 것이다. 이는 시스템 혹은 체제 개념에 대해서도 다소 기존과 다른 사유를 전개해야 함을 의미한다. 왜냐하면 기존의 주체 이론에서 체제란 주체가 맞서 극복해야 할 어떤 것으로서만 상정되기 때문이다. 반복하자면, 시스템과 주

---

21) 바디우의 용어로는 상황의 상태(the state of the situation)이 될 것이다. 하지만 본문의 가독성을 위해 이하에서는 구조나 체제라는 말로 풀어서 기술한다.

체란 뫼비우스의 띠처럼 이중적으로 연관된 개념이다. 주체는 기존 시스템에 구멍을 내면서 시스템을 붕괴시키고 침노해 들어오는 체제 바깥의 어떤 것이지만, 이렇게 경계가 무너진 시스템은 다시 새로운 경계를 구축하면서 주체를 품는다. 그래서 이제 주체는 시스템에 통합되고 사라진다. 이는 지젝의 용어처럼 주체란 "사라지는 매개자"(a vanishing mediator)이다(Žižek 1993, 33). 바디우의 맥락에서 이 시스템은 지식 시스템 즉 백과사전적 시스템이다. 따라서 시스템과 주체는 철저하게 이분법적으로 구별되어 대적하는 관계를 맺는 것이 아니라, 서로가 서로를 필요로 하지만 결코 하나로 동일시될 수 없는 관계를 맺는다.

주체는 시스템에 구멍을 내는 힘이라는 점에서 언제나 투사적(militant)이다. 이 주체는 기존의 담론 구조를 대적하거나 반대하는 요인으로 작용하지 않는다. 오히려 주체는 이 기존 지식 시스템 안에서 언표될 수 없는 것을 언어적으로 포착하기 때문에 도리어 기존 시스템과 마찰을 일으킨다. 바디우에 따르면 진리란 언표 불가능하다. 진리의 언표 불가능성은 사실 칸트 이래 철학의 전제이다. 칸트는 인간의 인식이 물 자체(Ding an sich)에 이를 수 없다고 했다. 우리의 인식 기제는 시간을 포함한 4차원 외부 세계를 3차원으로 환원하여 인식한다. 즉 외부 세계를 3차원으로 환원하여 재구성하는 것이다. 즉 3차원 공간의 세계가 2차원 세계로 환원되어 인식되는데, 이를 우리는 영화관에서 확인할 수 있다. 극장 스크린에 펼쳐지는 영상은 우리가 3차원적으로 인식하지만 엄연히 2차원 평면에서 이루어지는 사건들이다. 그런데 우리는 그 영상을 보면서 2차원이라는 인상을 받지 않는다. 왜냐하면 우리의 세계 인식 자체가 그렇게 공간을 2차원 평면으로 환원해서 인지하기 때문이다. 현대 물리학의 초끈 이론에 의하면,

우리가 살아가는 세계는 11차원이라고 한다. 하지만 인지 불가능하다. 우리의 감각기관들은 3차원 공간과 비가역적인 1차원의 시간 속에서 이루어지는 사건들만을 인식하도록 만들어졌다. 따라서 그 차원들을 넘어선 차원들을 인식하지 못한다. 그렇다면 우리는 초끈 이론이 말하는 실재를 결코 경험하거나 인식할 수 없다. 즉 물 자체에 접근할 수가 없는 것이다. 우리가 '물' 혹은 사물들에 접근하는 것은 우리의 인식 범주 혹은 우리의 생물학적 몸이 갖고 있는 감각기관들의 한계 내에서 포착할 수 있는 범위에 한정된다. 인식이나 인지가 될 수 없으니 당연히 실재 자체는 언표 불가능하다.

바로 이런 맥락에서 주체의 융기는 중요하다. 우리의 인식과 표상은 언제나 온전한 전체를 그대로 반영할 수 없기 때문에 언제나 구멍혹은 결함을 갖는다. 따라서 언표 불가능한 진리를 전하기 위해서 주체는 기존 담론의 질서에 순응할 수가 없는 것이다. 하지만 진리가 절대적으로 언표 불가능하다면, '진리'를 표현하는 행위 자체가 무의미할 것이다. 그래서 진리를 공정하는 절차들(procedures)이 있다. 수학, 시, 정치, 사랑이다. 유의할 것은 이 네 진리 공정들이 기존 제도로서의 절차들을 가리키는 것이 전혀 아니라, 사건으로서의 진리 공정들을 가리킨다는 점이다. 진리란 기존의 언표된 질서들 즉 제도권의 질서 담론 안에 포함되는 것이 아니기 때문에 기존 시스템으로는 언표 불가능하다. 만일 우리가 진리를 만난다면, 그것은 바로 사건(the event)을 통해서이다. 하지만 이 사건은 발생한 후, 모든 존재가 귀속된 시간의 비가역적 질서 때문에, 사라진다. 진리 공정들은 사건 후 언표 불가능한 질서를 언어적으로 재구성하는 과정 즉 언어적 공정들의 절차들이다. 진리는 이 공정들을 통해 우리의 질서들 속에 사건 후의 사건으로 도래한다. 철학은 이 진리 공정들이 생산해내는 다양한 진리들을 집어내는 역할을 감당한다. 그 진리가 기존의 지식 시스템으로부터 정초될 수밖에 없기 때문에 철학자는 진리를 위한 투사(a militant)가 될 수밖에 없다. 그는 기존 지식 체제에 반하여 즉 기존 시스템에 구멍을 내면서 진리를 자신의 주체 구조를 통해 언표하기 때문이다.

그렇다면 바디우에게 진리란 무엇일까? 사건을 통해 도래하는 진리, 그래서 사건 후 기억을 통해서 기존 백과사전에 편입되는 진리란 무엇을 가리킬까? 우선적으로 진리는 언표 불가능(unspeakable)하다. 이는 진리가 언제나 기존의 담론 질서 바깥에 존재하는 것을 의미한다. 언어적 질서 바깥에 존재하는 것은 그 무엇이든지 간에 존재하는 것으로 간주되지 않는다. 그래서 진리는 (체제의 관점으로 보자면) 공백으로부터 출현한다. 또한 진리는 결정될 수 없는 것(unde-cidable)이다. 다시 말하자면 기존 담론의 질서로부터 진리는 규명되지 않는다. 그의 정체가 규정되거나 결정되는 성질의 것이 아니라는 말이다. 이러한 진리를 집어내야 하는 철학자는 그래서 "학인"(學人 savant)이어야 한다(Badiou 2007, 406). 그것은 기존의 담론 구조를 기계적으로 반복하고 제도적으로 권력화하는 제도권 지식인을 의미하지 않는다. 오히려 진리를 추구하는 학인이란 기존의 담론 질서 속에 정초될 수 없는 그래서 비존재로 간주되는 존재들의 진리를 끊임없이 언어로 즉 기존 질서 내로 도입함으로써 기존 구조를 붕괴시키는 투사적 학인(a militant savant)이다.

투사적 학인이 도입하는 진리는 그래서 언제나 저항적이면서 언제나 결여의 구조를 갖추고 있을 수밖에 없다. 기존의 담론 구조 안에 정초될 수 없지만, 그러나 진리 사건을 통한 만남은 이 진리를 기존 담론의 구조와 질서 속에 끼어 맞출 수 없도록 주체를 추동한다. 주체란 이 진리를 사건을 통해 만난 행위자를 가리킨다. 그래서 진리의 주체는 기존 담론에 저항할 수밖에 없다. 그러한 저항은 기존의 것을 파괴하는 부정적 의미의 저항만을 의미하는 것이 아니라, 클리나멘의 이탈처럼 만물을 낳는 혹은 만물을 새롭게 창조하는 창조적 저항이 된다. 하지만 이 진리란 언제나 기존 질서 속에 결여된 것을 가리키기 때문에 진리의 주체는 언제나 결여의 구조를 갖는다. 결여의 구조란 주체의 연산방식이다. 즉 주체는 이미 그가 담지하고 있는 것을 되풀이하지 않는다. 그는 언제나 사건의 주체이기 때문이다.

그렇다면 다시 한번 물어보자. 사건을 통해 주체에게 도래하는 진리란 무엇인가? 이 진리는 결국 기존의 사회구조와 질서 속에서 비존재로 간주되는 것(*ta me onta*, 고전 1:27)을 의미한다. 기존 질서 속에서 있는 것으로 간주되는 것이 아니라, 없는 것으로 간주되는 것 말이다. 그래서 진리란 정체성의 구조를 넘어서 있다. 스피박은 사실 주체를 기존 담론 질서로부터 출현하는 어떤 것으로 보았다. 그렇기 때문에 주체로 언표 불가능한 주체 너머의 주체로서 '하위 주체'(the subaltern)을 주장한 것이다. 하지만 바디우의 맥락에서 주체란 존재하는 어떤 것이 아니다. 주체는 사건을 통해 도래하는 진리를 기존 담론의 백과사전적 질서 속에 도입하고 사라지는 '매개자'에 불과할 따름이다. 따라서 그의 존재는 간헐적이다. 그래서 주체는 자아 혹은 정체성의 경계 안에 존재하지 않는다. 도리어 주체는 기존 자아의 정체성 구조와 그 바깥에 존재하는 진리 사이를 언제나 일회적으로 매개하는 작인에 불과하다. 그렇기에 주체는 유령이다. 좀더 정확히 표현하자면, 유령적 존재이다. 그것은 사람처럼 존재하는 것이 아니다. 그것은 자아 존재들의 세계에서 그저 잠시간 깜박거리는 경고등과 같다. 기존 체제의 벽이 붕괴되었다는 경고등 말이다. 그래서 주체가 출현하면 기존 질서는 동요한다. 그렇기 때문에 기존 질서는 주체의 출현을 진압해야 할 어떤 것으로 간주한다. 그것은 기존 질서의 관점에서 불법(illegal)이기 때문이다.

이런 맥락에서 보자면 바디우의 주체 담론은 스피박의 하위 주체 담론과 약간은 다른 구조를 갖는다. 그것은 스피박의 하위 주체 담론이 여전히 지배와 피지배의 관점에서 기존의 억압받는 민중의 주체들을 통해서조차 언표될 수 없는 더 하위의 주체들을 가리킨다면, 바디우에게 '하위'란 없다. 주체 자체가 존재론적으로 공백(the void)이기 때문이다. 주체의 구조 자체가 '공백'이기 때문에 공백으로서의 진리를 매개할 수 있는 것이다. 여기서 공백이란 '무'(emptiness)를 가리키지 않는다. 그것은 기존 담론 질서로부터 '있는 것'으로 간주되지 못한다는 것을 의미할 따름이다. 따라서 바디우의 주체는 지배와 피지배의 이원론적 구별을 넘어서, 그 이원론적 구별이 가리키지 못하는 '비존재들의 함성'을 가리킬 수 있다. 바로 이 점에서 바디우의 주체 이론의 공헌이 있다.

한병철의『피로 사회』가 증언하듯, 우리 사회에서 이제 독재적으로 지배 권력을 남용하여 우리를 착취하는 작인은 존재하지 않는다. 오히려 모든 것이 모든 사람에게 가능해진 긍정의 시대 구조 속에서 우리를 끊임없이 착취하는 것은 우리 자신이 우리의 존재감을 확보하기 위해 매달리는 성과 때문이다. 억압의 주체 없이 무한경쟁에 내몰려 자신을 끊임없이 소진시켜야 하는 존재들, 그들은 스피박의 하위 주체로 포착되지 않는 비존재들이다.

5. 주체의 다수성과 다중위치성(multiplicity and multi-locatedness): 비존재들의 대변인으로서 주체

근대로부터 비롯된 자본주의적 구조는 초기 민족주의에 기반하여 제국주의적 확장을 도모하면서 성장하였다. 하지만 이제 지구적으로 그 영토가 확장되면서 자본주의는 근대의 민족주의의 굴레를 넘어서서, 지구촌 자본주의 체제 즉 영토나 민족에 제약받지 않는 그래서 초국적인 체제를 확고히 하고 있다. 자본주의가 근대 제국주의적 구조를 넘어서서 이제 21세기 지구촌의 '제국'적 구조를 갖추고 있다는 것은 이미 네그리의 분석을 통해 주지한 바 있다.

근대 제국주의로부터 지구촌 제국으로의 이동 과정에서 우리의 주체 개념 구조에 야기되는 변화는 근대가 면역의 사유 구조 즉 안과 밖을 구별하면서 자기와 타자를 분별하는 사유 구조 속에서 정체성을 구축해나가던 시대였다면, 이제 지구촌 제국의 구조 속에서 자기와 타자 사이의 구별은 크게 문제가 되지 않는다는 것이다. 아니 모든 이가 다 타자, 무차별한 타자가 되었을 따름이다. 제국이라는 물적 구조 안에서 이제 '나'에게 불가능한 것은 없는 시대가 도래하였다. 이 긍정의 시대에 우리는 자기-성취를 위해 열심히 노력하며 살아간다. 그 누구도 나에게 규율과 규칙을 부여하지 않는다. 내 자신이 나의 성취를 위해 규칙을 자율적으로 부여하며 살아간다. 그 속에서 나는 어떤 제약도 받지 않지만, 역설적으로 나는 내 자신의 존재감을 가져다줄 성과(물)를 창출해내기 위해 끝없이 내 자신을 소진하고 고갈시키고 있다. 이 피로 사회 속에서 여전히 극복되지 않은 근대적 유산은 바로 '단순정위'(simple location)의 개념적 신화이다. 즉 무언가 내가 소유하고 성취할 수 있는 것이 바로 저기(right there) 있다는 존재론적 허구 말이다. 내 앞의 대상은 바로 저기 바깥에 존재한다는 개념, 상식적으로 전혀 문제가 될 것 같지 않지만 사실은 이런 단순정위의 신화가 당연시되면서 우리의 마음속으로 진입한 대상은 하나의 유령처럼 취급되었다. 부차적이거나 보조적인 영상으로 말이다. 그러나 우리의 대화는 많은 경우 외부의 대상과 직접적으로 이루어지지 않는다. 라캉의 유명한 말 '성 관계는 없다'는 말이 이 경우를 표현한다. 대상의 몸짓과 말은 내 안에 인식된 대상과 상호작용하며, 오히려 내 욕망이 개입하여 만들어낸 대상의 심상이 나와 대화하는 경우가 더 많다. 우리의 두뇌는 사실 세계를 직접 접촉하지 못한다. 뇌 자체는 감각을 갖고 있지 않기 때문이다. 그래서 두뇌는 '몸'이라는 매체를 인터페이스로 사용하여 외부 세계와 대상을 접한다. 그러니 우리의 인식은 언제나 '실재를 결여'한다. 만일 주체가 욕망하는 것이 그의 결여의 구조에서 비롯되고 있다면, 내가 소유하고자 하는 그것은 존재와 비존재 사이에 다중적으로 정초되어 있다. 사실 이는 욕망의 대상에게만 적용되는 존재의 비밀이 아니다. 우리는 모두에게 퍼져 있는(permeated) 존재들이다. 나의 존재는 바로 지금 여기라는 특정 시공간의 한 점에 존재하는 것이 아니라, 그것을 넘어서 누군가의 기억 속에 누군가의 담론 속에 누군가의 생각 속에 (화이트헤드의 표현을 따라, "객체적 불멸"의 양식으로) 기존하고 있으며, 내가 수행하는 모든 행위는 나를 둘러싼 주변의 모든 인과의 연쇄에 영향을 미치고 미칠 것이고 이미 미치고 있다.

만일 존재를 이런 다중적이고 삼투적인 방식으로 이해한다면, 그 무언가를 소유한다는 것은 불가능하다. 그 무언가의 지적 소유권도 불가능하다. 왜냐하면 내가 소유하고 있다고 믿는 그것은 바로 지금 여기 내 앞에만 존재하는 것이 아니라, 다른 누군가의 존재 속에도 현존하고 있지만, 나는 그것을 소유할 권리를 한정하기 위하여 그것의 다른 존재 양식 모두를 마치(as if) 없는 것처럼 간주하고 있다는 것을 의미한다. 내가 하는 모든 일은 내 자신 홀로 수행하면서 이루어지는 일이 아니다. 필자가 쓰고 있는 이 글은 필자 혼자만의 지적인 성찰과 노력으로 수행된 것이 아니라, 필자가 이 글을 만들어낼 수 있도록 배려하는 아내와 자식들의 활동이 없었다면 불가능한 일이다. 그렇다면 이 글은 적어도 내 가족이라는 한정된 시공간 속에서 배태된 공동의 작품인 것이다. 하지만 그 어떤 공간도 배타적으로 고립되고 폐쇄되어 있는 공간은 존재하지 않는다. 모든 시공간은 나름대로 배타적이면서 나름대로 개방적이다. 화이트헤드는 이를 현실적 계기(actual occasion)의 사건들의 사회적 넥서스로 기술한 바 있다. 여기서 유의할 것은 이 다중적이고 삼투적인 존재 양식을 단순히 서구의 원자론적인 개체 이해에 대별하여 동양의 관계론적 양식으로 아전인수격으로 해석하면 안 된다는 것이다. 단순정위에 대한 비판을 통해서 화이트헤드가 제시하는 존재는 다수(the multiple)이기 때문이다. 즉 나는 이미 그리고 항상 다수이다.

화이트헤드에게 현실적 존재들(actual entities)은 언제나 주체(the subject)이면서 초월체(the superject)이다. 이 주체의 이중성 즉 자신의 독자적인 존재 형식을 확보하게 되면, 주체는 이제 다른 현실적 존재들을 위한 자료(data)의 일부가 된다. 화이트헤드는 이것을 객체적 불멸이라 불렀다. 이는 언제나 '나'로부터 '타자의 시선'으로 넘어가는 존재의 관점 이동을 의미하는 것이 아니다. 주체는 이미 시초부터 자신 이전의 존재들로부터 인과율적으로 물려받은 자료와 자신 너머로부터 유래하는 '시초적 목적'(the initial aim)이 사건적으로 만나면서 유래한다. 즉 주체는 언제나 기존하는 것에 기존하지 않는 어떤 것이

사건적으로 만나 중첩되면서 유래하는 것이다. 그러나 자신의 사건
계기를 완수하고 나면, 주체는 자신으로 머무는 것이 아니라 다른 현
실적 존재들을 향한 자료로 넘어간다. 이 계기를 화이트헤드는 초월
체(the superject)라고 불렀다. 따라서 주체는 다수적으로 유래하고,
모든 각 주체의 관점에서 자신이 생각하는 자신과는 다른 초월체의
모습으로 불멸한다. 이런 점에서 주체는 '사라지는 매개자'라는 지젝
의 표현은 상당히 마음에 와 닿는다.

　본장의 제목으로 돌아가자. 주체는 유령이다. 물론 이러한 주장은
시대적 배경을 갖고 있다. 더 이상 귀신이나 유령 같은 것보다는 '돈'
이나 '권력'을 실재하는 것으로 가정하는 시대를 배경으로 말이다. 이
때 돈이나 권력은 어느 특정의 존재 시공간을 점유하지 않는다. 돈이
가치가 있다는 것은 우리 문명의 이야기 즉 스토리텔링에 근거한다.
돈 그 자체는 아무런 가치를 담고 있지 않다. 그 화폐나 지폐에 담긴
가치는 우리 사회가 그렇게 합의했다는 전설 같은 이야기에 근거하지
만, 사실 그런 합의 같은 것은 애초부터 없었다. 바로 이것을 이야기
의 힘이라고 유발 하라리(Yuval Noah Harari)는 말한다. 애초에 이야
기적 허구의 존재라는 말이다. 그럼에도 불구하고 우리는 '돈'을 매개
로 우리의 모든 경제활동을 근거하고 있다. 돈은 도처에 있다. 그 돈
을 특정의 세력들이 독점하거나 조작하려 하지만, 많은 경우 그들의
작전은 언제나 결함을 내포한다. 자신들의 제도와 권력하에서 만들
어진 존재이지만, '돈'이라는 다수적이고 삼투적인 존재는 그들의 손
아귀를 이미 벗어나 탈주로를 개척하고 있는 중이다. 오히려 그 돈이
만들어내는 지구적 구조가 돈을 만들어낸 인간 유기체들을 자신의 구
조 안에 포섭하고, 전용(appropriate)하고 있다. 그러한 유령의 권력
하에서 우리는 내가 소유할 수 있는 '돈'이라는 유령을 창조하고, 그

유령을 통해 내 자신의 존재성을 확보하고자 한다는 사실 속에 우리 존재 즉 내 존재의 유령성이 현시된다.

주체란 개념 아닌 개념인지도 모른다. 그래서 유령이다. 주체는 기존 언어의 질서 속에 말끔하게 정돈되어 규명될 수 없는 어떤 것을 우리의 언어 질서로 편입하기 위해 우리가 구성한 '나룻배'다. 우리의 언어가 '존재'라는 실재 위에 부여되면, 거기에는 언제나 주체와 객체의 구별이 부여되면서 나와 타자의 구별이 생겨난다. 브뤼노 라투르 (Bruno Latour)는 근대의 자연과 문화의 이분법으로 규명되지 않는 혼종적 존재들의 출현을 증언하면서, 이 초인적(transhuman) 사회의 혼종적 존재들—실험실에서 온갖 조작과 실험으로 고통당하는 존재들, 새로운 의학적 성과를 만들어내기 위해 생물실험실에서 만들어지는 새로운 존재들, 유기적 존재들과 신체적으로 결합하여 그들의 육체의 연장성(extension)을 실현하는 인공적 보조장치 존재들 등이 있지만 그중 가장 우리에게 도드라지는 혼종적 존재들은 바로 복제인간과 이종간 이식을 위해 인간 유전자가 이식되어 복제될 복제돼지들일 것이다—을 '비존재'(*ta me onta*)로부터 존재로 불러줄, 그들의 함성을 기존 담론의 구조로 매개해줄 "대변인"(spokesperson)으로서 인간 주체를 새롭게 구성하지고 제안한다(Latour 2004, 64). 여기서 라투르가 과학철학 분야에서 전개하고 있는 담론들을 상술할 필요는 없을 것 같다. 하지만 그가 제안하고 있는 '대변인'으로서 인간 주체 개념은 유령적 주체가 다중(the multitude)의 시대에 감당할 역할을 예시해준다고 여겨진다.

우리는 대의민주주의라는 허위의 체제 아래서 민주사회의 혜택을 누리며 산다고 믿는다. 하지만 우리의 생각과 뜻이 정치에 직접 반영되는 적은 없다. 만일 나의 생각과 이익이 반영된다면, 그것을 반영하는 정치인의 이익이 나와 겹쳐질 경우이다. 그런 우연적인 경우를 제외한다면 우리의 뜻은 정치에 반영되지 않는다. 그저 정치 시스템하에서 조작될 뿐이다. '그들'의 이익을 반영하기 위해서 말이다. 정치인들은 우리의 뜻을 반영하지 않는다. 여당이든 야당이든 언제나 그들은 국민의 뜻을 따라 결정했다고 말한다. 하지만 국민의 한 사람인 나는 그런 결정에 동의한 적도, 그런 결정에 어떻게 생각하느냐고 질문을 받은 적도 없다. 즉 민주주의는 일종의 허위의 기제인 셈이다. 이시스템이 민주주의라는 허구의 이야기 위에 우리의 정치와 사회는 근거하고 있는 것이다. 우리의 대의가 반영되는 때는 오직 선거철뿐이다. 이 마저도 선거를 위해 생산된 조작된 뉴스들의 홍수로 인해 누구를 선택해야 할지 공정하게 판단할 기회를 갖지 못한다. 또는 부정선거를 방지한다는 미명으로 이루어진 여러 제약들로 인해, 출마한 후보가 도대체 어떤 사람인지 어떤 정책을 지지하는지 혹은 그의 성향이 어떤지조차 모른 채, 그의 소속 당만 확인하고 투표해야 하는 묻지마식 투표를 강요당한다. 역사상 가장 민주적인 시대에 우리는 역설적으로 국민의 뜻이 완전히 외면받는 시대를 살아가고 있다.

이처럼 허구적인 정치 제도 속에서 오늘날 진정으로 필요한 것은, 스피박의 질문, '하위 주체들이 말할 수 있는가'에 대한 답을 구하는 일이다. 민주주의하에서 답은 결정되어 있는지도 모른다. 정작 핵심적인 문제는 '어떻게'(how)이다. 오늘날 우리가 대안 주체를 생각하는 이유가 거기 있다. 이 소비자본주의 시스템 속에서 우리는 주체로 서지 못한다. 모든 것이 나를 주체적으로 표현하는 기제라고 하지만 돈과 인맥, 집안 배경과 학력을 갖추지 못한 나를 정치적으로 대변해 줄 사람은 없다. 우리 시대 억압당하는 존재들은 비단 인간 존재들에 국한되지 않는다. 이미 자연세계가 인간의 착취로 억압당하고 있다는 생태 담론의 고발이 있었고, 우리의 식량이 되기 위해 착취당하는 가축들이 있다. 현재 전 세계에 살고 있는 야생 거대동물류를 생물량(biomass)으로 환산했을 때 약 1억 톤 정도가 된다. 전 세계 살고 있는 인간을 생물량으로 환산하면 약 3억 톤쯤 된다. 전 세계 살고 있는 길들여지는 동물류를 생물량으로 환산하면 7억 톤 정도 된다고 한다(Harari 2015, 72). 조류독감이나 구제역 같은 동물성 질병들이 발생하면, 매번 수백만의 가축들이 산채로 매장되거나 학살당하는 일이 반복되고 있다. 그러한 존재들의 목소리는 전혀 정치적으로 반영되지 않는다. 오직 인간의 안전을 위해서만 고려될 뿐이다. 이런 현실에서 라투르의 '대변인' 개념은 적실성을 갖는다. 오늘 우리 시대의 주체는 바로 그런 주체가 되어야 할 것이다.

주체는 본래 '나'의 융기를 가리키는 말이었다. 그 어떤 것에도 속하지 않고 오로지 나의 고유한 본질에 속하는 것 혹은 부분. 그 주체는 어떤 그 누구도 대변해주지 못하는 나를 위한 대변인이다. 하지만 우리 시대에는 그런 자기-대변이 불가능한 존재들로 넘쳐난다. 정치적으로 소수자인 사람들은 공적 정치의 영역에서 자신들의 목소리가 대변되는 데 엄청난 한계를 갖는다. 성적 소수자의 경우처럼 사회 다수가 반대와 경멸과 혐오의 정서를 갖고 있을 경우, 이는 더 심각해진다. 이런 맥락에서 대변인으로서 주체의 자리를 조망하는 라투르의 개념은 의미가 있다. 지구촌 소비자본주의로 인해 도래한 피로 사회 속에서 이제 비존재의 자리로 밀려난 존재들을 끊임없이 우리의 성찰 영역으로 데려와서 그들을 대변하는 존재, 바로 거기에 주체의 자리가 있다. 그것은 곧 기존 담론에 저항하는 의식의 자리이면서, 기존 담론이 결여하고 있는 것을 보완하며 동시에 우리가 결여하고 있는 정의(justice)를 욕망하게 하는 결여의 구조가 형성되는 자리이다. 또한 어느 시공간에 박제되어 실체화되지 않고, 언제나 자신의 역할을 감당하고 사라지는 유령적 존재의 자리이기도 하다. 그 언표될 수 없는 존재를 언어로 소환하여 대변하는 주체는 신과 더불어 동료-창조자(co-creator)이면서 아울러 살아 있지만 죽은 것으로 간주되어 비존재로 취급받는 존재들의 아픔에 공감하는 "동료-고난자"(fellow-sufferer)이기도 하다(Whitehead 1978, 351).

하나님은 언제나 고통당하는 자와 함께 하신다. 하나님은 그 고통을 미래의 축복을 위한 도구로만 사용하시지는 않는다. 돌아오지 못한 우리의 아들딸들을 잃은 아픔이 어찌 먼 미래를 위한 혹은 미래의 축복이 되기 위한 시험이나 연단이란 말인가? 2014년 세월호 침몰은 그런 신학적 답변이 오히려 희생자의 가족들에게 폭력이 된다는 것을 말하고 있다. 정작 희생자의 유족들에게 전혀 대답이 아니라 폭력적인 문제가 되는 신학적 대답은 대답이 아닌 것이다. 그들을 대변하는 존재, 그것은 우리의 몸짓이 그들을 문자적으로 대신할 수 있다는 말이 아니다. 우리의 대변은 그들의 아픔 그 자체를 대신하지 못한다. 그저 그 아픔에 연대하고 공감할 뿐이다. 그리고 그러한 공감을 통해 우리가 할 수 있는 최선의 대변을 할 뿐이다. 그들의 아픔을 온전히 대변하지 못하는 우리의 한계를 절감하며, 우리가 그들을 대변하는 방식을 끊임없이 수정하면서 말이다.

IV

유령적 주체의 형상들

한국적 상황에서 주체란 누구인가? 이전 세대에 '시대의 주체'란 줄곧 '민중'이나 '민족'이었다. 그러한 주체 이해에는 주체와 자아 간의 명확한 구분이 전제되어 있지 못했고, 주체란 자아의 좀더 능동적이고 적극적이고 참여적인 측면으로 이해되는 편이었다. 하지만 우리 시대에는 전대의 느슨한 주체 이해가 훨씬 엄밀하고 치밀하게 구성되어야 할 필요성을 제기한다. 고래로 "우리"라는 말의 경계와 정의를 구성하던 상황적 인자들이 급변했기 때문이다. 가장 근원적인 변화는 바로 '민족 개념'의 변화이다. '단일 민족'의 신화가 갖는 허구적 성격뿐만이 아니라, 그 단일 민족의 신화가 담지한 폭력성의 문제가 대두되고 있기 때문이다. 하나의 민족(nation)이 순혈로 구성될 수 없다는 것은 생물학적 상식이지만, 일제 강점기를 거치고 한국 전쟁을 거치면서 공감된 국민의 감성은 '민족적 통일성'의 이상을 단일 민족의 신화로 스스로 포장하며, 자랑스러운 한국인과 자랑스러운 한국의 브랜드를 찾고 만들어내기 위해 거국적인 협조를 아끼지 않아왔다. 이러한 민족 신화의 가장 큰 수혜자는 아이러니하게도 현대와 삼성 같은 국내 태생의 다국적 기업이 아닐까 싶다. 대한민국이 21세기 지구촌 자본주의 질서의 중심부로 편입되어 지구촌 경제 구조의 상층부로 진입을 도모하면서, 우리 사회경제의 구조는 이민자들을 받아들이기 시작했고 이제 이주민 노동자 100만의 시대를 맞이하고 있다. 그 과정에서 불거지는 불법체류자의 문제는 이제 비단 미국과 같은 서구 사회에서만 벌어지는 일이 아니라, 바로 우리 한반도에서 엄연히 일어나고 있는 사건이 되었다. (거의 의미상 논리가 맞지 않는 명칭이지만) '외국인 며느리들'이 우리 농촌을 지키는 거룩한 대모가 되어가고 있는 요즘, 우리의 민족 개념은 이제 이러한 추이 변화를 반영하여 변화해야 할 시점에 이르고 있다. 예수는 "누가 네 형제냐?" 하고 물었다지만, 이제 우리는 "누가 우리 민족이냐?"를 진지하게 물어야 할 시점에 이르렀다.

앞선 세대에 '민족'은 '가난한 자'로 주체적으로(subjectively) 규정되었고, 그 가난한 자의 주체성은 '민중'으로 명명되었다. 왜냐하면 민중은 체제 질서 안에 포함되지 못하고, 체제 바깥으로부터 체제 내로 도발하는 주체이기 때문이다.[22] 즉 기존 체제가 '우리'의 경계 안에 포함하지 않는 자들이 역설적으로 '우리의 주체'이기 때문이다. 토착화 신학과 민중 신학은 서로 노선이 달랐고 추구하는 바가 달랐지만,

---

22) 바디우(A. Badiou)는 그래서 공백의 주체를 말한다. 왜냐하면 상황의 기존 체제가 '비존재'로 규정하는 그래서 공백으로 간주되는 주체이기 때문이다. 바디우는 이 공백의 주체가 진리의 주체라고 주장한다. 왜냐하면 진리도 상황의 체제로부터 '공백'(the void)으로 간주되기 때문이다. 주체는 이 공백으로서의 진리와 만남 사건을 통해 기존 체제와 상황에서 '선포'한다(참조: 박일준 2009, 21-29).

적어도 한 가지만큼은 공유했다고 여겨진다. 그것은 곧 '상황이 주체다'라는 사실이다. 역사의 주체를 "민중"으로 보았던 민중 신학과 문화와 복음의 주체를 '민족'으로 보았던 토착화 신학은 그 주체 개념에서 '상황,' 즉 민중이 처한 상황성 그리고 민족이 처한 상황성이 바로 주체를 낳는 모태가 된다는 점에서만큼은 일치하였다. 상황은 늘 변하며, 그 변화하는 상황은 기존 상황에 이전 상황에는 존재하지 않았던 새로운 상황적 요인들을 도입한다. 기존 체제는 '나' 혹은 '우리'의 정체성의 경계를 권력적으로 공모하여 구축하지만, 그렇게 구축된 체제는 늘 변화하는 상황적 요인들에 의해 불안정하게 되고, 그 불안정을 야기하는 새로운 요인들을 체제 내로 흡수하여 기존 권력 체제의 안정성을 추구한다. 그러한 체제의 특성상 체제는 언제나 체제의 경계를 위반해오는 새로운 요인들과 그리고 체제에 위협적인 내재적인 요인들, 즉 기존 체제로부터 어떤 지위나 정체성을 부여받지 못하고 추방된 요인들과 자신의 경계를 협상(negotiation)해나가면서 체제의 안정을 도모한다. 상황성(contextuality)이란 그렇게 기존의 지식 체계로 규정되지 않는 것들의 도래를 의미한다.

민중 신학의 '민중'은 기존 자본주의 질서하에서 체제 내로 규정되지 않았던 백성들을 역사의 주체로 삼으려는 의미 있는 신학적 시도였다. 토착화 신학의 민족은 근대로부터 물려 내려온 서구 제국주의 체제로부터 강제로 소환되어 퇴거 명령을 받던 자생 문화(native culture)를 문화의 주체로 삼으려던 시도였다. 두 시도에서 의미 있게 되돌아보아야 할 것은 민중 신학의 '민중'이나 토착화 신학의 '민족'이나 모두 당대의 기존 담론으로 규정되거나 정의될 수 없는 어떤 것을 가리킨다는 것이다. 규정될 수 없었고 정의될 수 없었지만 그럼에도 생생하게 살아 활동하던 이름할 수 없는 것을 우리 시대, 범지구적 자본주의 제국 시대의 상황에서 명명한다면 그것은 "가난한 자"이다(네그리 & 하트 2001, 216).

성서의 예수는 "가난한 자는 복이 있다"고 선포한다. 하나님 나라가 저희들 것이기 때문이라고. 여기서 '가난'의 논리는 매우 모순적이다. 왜냐하면 이 땅을 살아가는 대다수에게 가난이란 회피해야 할 혹은 극복해야 할 그 무엇이지 결코 추구하거나 희구해야 할 그 어떤 것이 전혀 아니기 때문이다. 그 가난한 자들에게 하나님 나라가 주어진다는 선포는 이 세상을 등지고 저세상만을 바라보며 살아가라는 현실도피적 뉘앙스를 풍기기도 한다. 여기서 '가난'이 무엇인지를 가르쳐주는 가난의 해석학이 요구된다. 하지만 역설적으로 가난의 해석학은 그 '가난'이 전혀 해석될 수 없는 것임을 알려주는 지표가 된다. 해석은 의미의 다양하고 풍성한 지평을 열어주기 때문에, 가난이 함의할 수 있는 좀더 넓은 의미 지평을 가져다줄 뿐, 특정의 구체적인 그 무엇이 '가난'인지 아닌지를 판별해주지는 않는다. 여기서 21세기 지구촌 자본주의 제국의 시대를 살아가는 '가난한 자'에 대한 이해는 곤궁에 처한다. 즉 '가난'을 말해야 하는데, 역설적으로 '가난'은 우리의 언어로 말끔하게 정의되지 않는다—*aporia*. 결국 이 시대 가난한 자들은 누구인가? 아니 이 시대 가난한 자들은 어떻게 존재하는가? 그들이 그들의 존재를 드러내는 자리는 어디인가? 가난은 구조의 문제인가 아니면 개인의 문제인가? 이 시대 신학은 가난한 자를 이야기해야만 하는가? 등의 물음들은 '가난'에 대한 기초적인 정의가 이루어진 다음 대답될 수 있는 성질의 질문들인데, 우리는 처음부터 '가난'을 정의하기 어려운 난국과 더불어 시작한다.

그럼에도, 가난이란 우선 '없음,' 가난한 자는 '없는 자'(one who is not)라고 말할 수 있을 것이다. 여기서 '없는 자'란 곧 '있는 자'와의 대조와 대비를 통해 그 의미를 획득한다. 이때 있는 자/없는 자의 구분은 제법 절묘하다. 있는 자(one who is)란 존재하는 자를 말하며, 존재란 그가 (갖고 있는 것이) 있음을 가리킨다. 역으로 없는 자(one who is not)란 곧 존재하지 않는 자임을 가리킨다. 따라서 가난한 자란 곧 존재하지 않는 자를 말한다. 좀더 구체적으로 말하자면, 생생하게 삶으로 존재하지만 그의 삶과 존재는 철저하게 '비존재'(non-being)로 간주되며, 그의 존재를 외면당하는 자를 지칭한다. 없는 자란 사람들이 갈망하고 간구하는 것을 소유하지 못한 자를 가리키는 상대적인 용어이지만, 이 상대적 결핍이 그 사람의 존재를 근원적으로 정의하는 절묘함이 바로 이 '없는 자로서 가난한 자'의 정의에 담겨 있다. 그 상대적 결핍이 바로 그를 전혀 존재하지 않는 자로 간주되도록 만들기 때문이다.

살아 존재하여도 자신의 존재감을 전혀 인정받지 못하는 귀신같은 존재—그렇다. 가난한 자들은 21세기 지구촌 자본주의 체제하에서 이 상황의 체제가 몰아내고 싶어 하는 어떤 것으로서 귀신같은 존재이다. 바로 여기서 이 시대의 지배 체제와 연관하여 '가난한 자의 두 번째 정의가 형성된다. 상황의 지식은 바로 이 귀신을 '비존재' 혹은 '무지의 산물'로 만들어 내몰면서 자신의 권력을 획득해왔다. 지금 현재 우리의 모든 지식 체계(경제학, 사회학, 생물학, 물리학, 신학 등)는 모두 이 '귀신같은 존재,' 즉 '살아 있으나 살아 있는 존재로 다루어서는 안 되는 이 비/존재'를 '무존재'로 괄호 치고 은폐하고, 각 분야가 다룰 수 있는 범위 안에서 미래에 대한 예측이나 전망을 구실로 실재와 세계를 규정하면서, 왜 이 학문 분야들이 이 시대에 필요한 분야인지를 보여준다. 그리고 그를 통해 연구기금과 장학금을 모금하여 건물을 짓고 시설을 확충하면서, 시대에 군림한다.[23]

따라서 없는 자로서 가난한 자의 정의는 이 시대 지배 체제 외부로 추방된 존재이다. 그것은 곧 자본주의 체제에 편입되어 일원이 되지 못하고, 풍성한 자본을 추구하는 사회의 그늘로 내몰려 머리 둘 곳 없이 매일매일 안식처를 찾아 떠돌아야 하는 노숙자의 삶으로 표상되는 그것이다.

1. 가난, 품을 수도 안을 수도 없는
그 애매모호함과 이중성

사실 우리에게는 가난을 담론화하는 것 자체가 그리 유쾌한 일이 아니다. 그 누구도 가난하게 살아가고 싶지는 않기 때문이다. 사실 가난을 수긍하고 받아들이며 낭만적으로 수용하는 이들은 가난을 배겨내 본 경험이 없을 가능성이 높다.[24] 가난은 낭만이 아니다. 하루의

---

23) '현장과 소통하는 신학'이란 허울로 양적 성장의 비결을 포장하는 포장술로 전락한 신학이 여전히 지식의 권력 기제와 어떻게 결탁하고 있는지를 살펴보기란 그리 어렵지 않다. 각 신학대학과 대학원에서 이루어지는 강의 제목들만 보아도, 그리고 교단 필수 과목으로 지정된 과목들과 그 과목들의 교재들만 살펴보아도 알 수 있다. 현장의 목소리를 반영한다는 미명하에 '양적 부흥에 도움이 안 되는 과목들과 전공들'을 폐지하고, 부흥과 성장에 도움이 되는 과목들과 전공들만 교단 필수 과목이나 진급 시험의 과목과 교재로 채택하면서, 도리어 세상과의 소통에는 귀와 눈과 마음을 닫아버린 지금 현재의 신학 교육—주체는 그러한 체제에 길들여지지 않는다. 왜냐하면 진리와의 만남 사건을 통해 형성되기 때문이다. 따라서 진리는 체제 내로부터 일어나거나 발생하지 않는다.

24) 신학자 차정식의 말을 빌리자면, "또 한 가지. 진짜로 가난한 자는, 자신의 궁색한 현실에 대한 자의식 탓이겠지만, 가난에 대해 공개적으로 요란하게 떠벌리지 않는 법이다. 대개 가난에 대해 연설하기 좋아하는 자들은 지극한 가난을 한 번도 살아보지 않은 경우가 많다. 가난에 찌든 사람의 절박한 당면 과제가 그 현실로부터 벗어나는 것이라면 그 목표를 위해서라도 자신의 가난에 대해 왈가왈부하며 의미를 부여하고자 하는

때꺼리를 걱정하며, 한 사람으로서 그리고 그 한 사람에게 주어진 사회적 역할을 감당치 못하며 살아갈 때 겪게 되는 좌절과 박탈은 단순히 정신적이거나 심리적인 현상이 아니라, 너무나 살아 있는 삶의 현실이고 구체적인 생명 그 자체이다—좌절된 삶과 생명. 구체적인 현실의 삶이 좌절되면서, 그 사람의 마음은 뒤틀리고 왜곡된다. 마음의 왜곡과 뒤틀림을 통해 가난이 부여하는 좌절된 삶이 초래되는 것이 아니라는 말이다. 적어도 가난의 문제에서만큼은 이 순서는 절대 역전되지 않는다. 따라서 가난이 극복되지 않은 상황에서 '가난한 삶' 혹은 '가난한 마음으로 살아가는 삶'의 낭만적 표상은 우리 눈앞 현실에서 생생하게 펼쳐지는 가난의 현실을 은폐하고, 가난을 아직 실현되지 않은 영적인 가상 실재로 만들어 우리의 주의를 현실로부터 이상으로 돌리도록 만든다. 가난에 대한 비하적 외면이 이루어지는 것이다. 그런데 우리가 종교의 지혜를 들여다보면, 영적인 진리는 언제나 '가난' 혹은 가난한 자와 밀접한 관계를 맺고 있는 묘한 상황을 접하게 된다. 현실을 살아가는 범인들에게 가장 기피해야 할 상태인 가난이 영적인 진리를 추구하는 구도자에겐 가장 지켜야 할 이상적인 상태로 변신하는 것이다. 이때 접하게 되는 내면의 감정이 품을 수도 외면할 수도 없는 애매함이다.

그 애매함은 가난의 이중성으로부터 발생한다. 우선 가난은 존재론적 상태이다. 그것은 가상의 혹은 정신적인 상태에 불과한 것이 아

모든 시도는 현명하지 못한 짓이다. 아니, 차후 가난에 대한 온갖 그럴듯한 형이상학적 의미의 부여를 위해서라도 현재의 생존을 위협하는 가난의 극한점은 벗어나는 게 상책이다"(차정식 2000, 186). 가난을 신학적 주제로 삼는 이들이 가장 주의해야 할 것은 바로 가난을 낭만화하는 것이다. 가난은 전혀 낭만적이지 않으며, 오히려 비참한 현실이다.

니라는 말이다. 그것은 비존재의 상황이다. "없는 자"―우리는 가난한 자를 그렇게 부른다. "없는"(not to be) 존재. 기존 체제의 존재론적 구조에서 '비-존재'(non-being)로 규정되는 자, 아니 어떤 특정의 존재로 규정되지 않았기에 '규정하는 체제' 내에서 존재하지 않는 것으로 분류되는 자가 곧 가난한 자이다.[25] 그 가난한 자는 우리 체제가 규정하지 못하는 것, 즉 체제의 무능을 고발하며, 체제를 허물고 비집고 들어오는 주체이다. 하지만 기존 체제는 이 가난한 자의 주체가 침입해 들어오는 것을 쉽사리 허용하지 않는다. 왜냐하면 그것은 곧 기존 자아 체제의 '구멍' 혹은 결함을 가리키기 때문이다. 가난은 바로 체제와 이중 구속(double bind)의 관계를 통해 형성되는 상황이다. 체제는 가난한 자의 존재를 외면하고 비존재로 간주하지만, 역설적으로 존재의 체제는 바로 이 비존재의 존재를 통해 자신의 '존재'를 획득한다. 가난한 자의 삶을 극복되어야 할 것으로 표상하면서, 기존 체제는 권력을 획득하고 힘을 발휘한다. 하지만 역설적으로 체제는 바로 그 가난한 자의 가난한 조건들을 착취함으로써만 체제를 유지할 수 있다. 그래서 가난의 구체적 현실은 은폐되고, 가난은 화면상으로만 존재한다. 체제가 그 가난을 어떻게 극복해왔는지를 보여주면서 말이다. 그래서 가난한 자는 풍요와 소비의 자본주의 체제 안에서 모습을 드러내서는 안 되는 '금기'(taboo)의 존재가 된다. 그리고 그 금기의 존재는 영적인 해석을 통하여 숭배된다. 영적 가난과 자발적 가난의 형식으로 말이다. 우리가 가난을 바라보는 체제의 상황이다.

우리가 가난의 현실을 비하적으로 외면하는 현실을 구체적으로 들

---

25) 카푸토(J. D. Caputo)는 그래서 가난한 자를 고전 1장 27절의 '없는 자'(*ta me onta*)로 해석한다. 그 본문 속에서 하나님은 있는 자를 폐하시고, 없는 자를 "있게" 만드시는 분으로 해석되고 있다(카푸토 2006, 46-47).

여다보자. 세계 인구 60억 중 10억 명은 하루 1달러 미만의 수입으로 살아야 하는 절대 빈곤의 상황이고, 기아로 죽은 인구의 숫자가 매년 800만이며, 1억 400만의 아동이 학교에 다니지 못하고 있고, 임신과 출산 과정을 거치면서 매년 50만 명 이상의 여성과 300만의 아동이 사망하고 있다. 아시아 지역 인구의 60%는 하루 2달러 미만으로 삶을 연명한다. 2005년 한국 빈곤사회연대 정책위원회의 자료는 정부 보건복지부의 통계자료를 소개하고 있는데, 이에 따르면 최저생계비 이하 소득의 절대빈곤층과 최저생계비의 120% 미만의 소득을 올리는 차상위 계층이 716만 명이라 한다. 이는 전체 인구의 15%이며, 전체 인구 4,905만 명 규모에서 7명 중 1명이 빈곤층에 귀속되는 수치이다. 여기에 비정규직 노동자의 숫자(남자 402만 명, 여자 439만 명)와 이주민 노동자들의 숫자를 합산한다면, 21세기 한국 사회의 빈곤 계층은 30%를 웃돈다. 우리는 이 30%에 귀속되기를 온몸으로 거부하며 살아가는 세대이다. 왜냐하면 그들의 삶은 우리가 추구해야 할 삶이 아니기 때문이다.

가난에 대한 우리의 이러한 통념적인 구분과 이해에도 불구하고, 가난은 사실 정의하기가 매우 애매모호한 개념이다. 가난이란 무엇인가? 우리말에서 가난은 어원적으로 간난(艱難)으로부터 유래하는데 힘들고 고생스럽다는 뜻이다. 이것이 가난 즉 '집안의 어려운 일'(家難)과 음가가 동일하여 어울리게 되면서 집안이 어렵고 구차하다는 뜻으로 통하게 되었다. 하지만 우리 사회가 지구촌 자본주의 체계로 편입되면서, 가난은 자연스레 무언가 필요한 물질적 혹은 재화적 결핍 상태를 가리키게 되었다. 근대 이래로 일상적인 의미에서 가난은 크게 '물질적 가난'과 '정신적 가난'으로 분류되기도 하는데, 물질적 가난은 물질과 재화의 결핍 혹은 빈곤한 상태를 가리키지만, 정신적 가난은 물질에 대해 초연하고 애착을 갖지 않는 상태를 가리키는 것으로 해석된다. 이때 물질적 가난은 우리가 극복해야 할 주어진 조건이지만, 정신적 가난은 우리가 추구해야 할 영적인 상태로 해석되기도 한다. 물론 이러한 해석에 모두가 동의하는 것은 결코 아니다.

해방신학자 구티에레즈(Gustavo Gutierrez)는 정신적 가난 개념은 공허한 말장난에 불과하며, 가난은 곧 물질적으로 가난한 상태로서만 보아야 한다고 주장하면서, 마태가 말하는 심령이 가난한 자를 물질로 인해 그 심령이 곤궁하게 된 자로 해석하였다(구티에레즈 1977, 376). 즉 가난이란 정신적이고 영적인 그래서 실체를 알 수 없는 애매모호한 개념적인 문제가 아니라, 물질적이고 실제적이고 현실적인 문제라는 것이다. 그래서 로이스(Julio Lois)는 가난이란 "인간 존재들에게 책임 있는 자유 행사에 의해 형성되는 경제적, 사회적, 정치적 상황들과 구조의 결과"라고 정의한다(로이스 1988, 340). 즉 가난은 타파해야 할 구체적이고 실체적인 악(의 현실)인 것이다. 이런 맥락에서 피어리스(Aloysius Pieris)는 가난을 "자발적 가난"과 "강요된 가난"으로 구분한다(로이스 1988, 46). 삶의 주어진 조건들이 "강요"하는 가난은 우리가 극복해야 할 가난이지만, 그 조건들 속에서 우리가 삶의 이상들을 펼쳐 나갈 때 우리 영혼과 마음속에 품어야 할 상태 또한 '가난'이다. 이 애매모호함이 가난의 정체를 파악하기 어렵게 만든다. 물질적 상태로서 가난은 절대적으로 외면하고 극복해야 할 대상이지만, 정신적 상태로서 가난은 우리가 추구해야 할 상태가 되는 이 애매모호함 말이다. 그렇다면 가난이란 무엇인가?

2. 유목적 주체의 혼종성

가난의 풍경은 지구촌 자본주의 시대에 급속히 변화해왔다. 얼핏 가난이라는 상황 자체가 상대화되어버린 듯하다. 절대적 빈곤과 가난은 동일어가 아니라는 말이다. '심령이 가난한 자'라는 마태복음의 말은 이미 가난이라는 것이 상대적일 수 있음을 암시한다. 사실 노동자라는 말이 더 이상 가난한 자의 표상이 되지 못한다. 현대자동차 정규직 노동자는 '귀족'이라는 말이 '웃프게' 돌아다닌다. '웃프다'라는 말은 웃기지만 슬픈 어떤 상황을 표현하는 요즘의 유행어이다. 웃기지만 전혀 웃기지 않은, 도리어 너무 슬픈 현실이지만 웃음이 나오는 애매한 상황 말이다. 자동차 기업의 노동자가 귀족이라는 웃픈 묘사에는 비정규직 노동자와 하청업체 노동자들의 절박한 삶의 상황들이 반영된다. 심지어 자동차 기업 정규직 노동자들의 자녀들이 동일 기업에 지원할 경우 가산점을 적용한다는 규정이 비정규직과 하청업체 직원들의 마음을 더욱 서럽게 한다. 이는 '노동자'라는 말로 더 이상 '가난한 자'의 범주를 묶기 어려운 현재의 풍경을 반영한다. 사무직 노동자들도 비정규직이 넘쳐나는 세상이다. 사무직과 노동자의 이분법으로 구별되던 고용시장이 이제는 취업준비생, 편의점 알바, 비정규직, 인턴사원 등 여러 항목으로 세분화되면서 가난한 자의 범주가 다양화되고 있다.

이런 시대적 풍경 속에서 풍요와 빈곤 사이의 간극은 점점 벌어져만 간다. 그리고 이 간극은 우리의 인격을 이중적으로 분열시키고 있다. 한편으로는 풍요를 선망하지만, 너무나 사치스런 풍요는 부담스럽다. 또한 가난을 극복하고 제거하고 회피하려 노력하지만, 가난한 자들의 얼굴은 도처에서 우리를 에워싸며 우리에게 어떤 행동을 요구한다. 모든 것이 풍요를 향하여 질주하고 있는 이 시대에 우리가 처한 현실은, 풍요와 소비를 광고하는 이미지들이 전하고 있는 화면 위의 현실과는 달리 매우 공허하고 빈곤하다. 우리의 그러한 공허를 채우기 위해 우리는 끊임없이 소비한다. 이때 그와 같은 우리의 소비는 때로 우리의 자기-표현이 되기도 한다(Heelas 2008, 11). 하지만 소비를 통해 우리 자신을 표현하는 방식들에 과도하게 익숙해지면서 그리고 그를 부추기는 상업 자본주의 체제에 편안해지면서, 우리는 '소비'의 반대말로 '가난'을 이해하기 시작한다. 그래서 가난은 우리 시대의 유령이 된다. 존재하지만 살아 있는 존재는 아닌 섬뜩한 존재 말이다. 바로 여기에 자본주의의 속임수가 있다. 모든 생명은 사실 소비한다. 다른 생명을 소비하면서 자신의 생명을 유지하다가 자신도 다른 생명을 위해 자신을 내어주고 시간의 뒤안길로 퇴장한다. 따라서 가난은 소비의 반대말이 전혀 아니다. 가난은 주체의 상태를 의미한다. 혹은 우리의 체제가 구축한 자아의 경계를 침노해 들어오는, 즉 우리의 기존 체제가 비존재로 규정하며 체제 바깥으로 추방했던 것이 주체의 형식으로 침노해 들어오는 것을 말한다. 유령적 존재가 되어버린 가난한 자의 형상은 이제 혼종적 존재가 되어 지구촌을 떠돌아다닌다. '가난한 자'라는 말 자체가 매우 애매모호한 말이 되어버린 것이다.

가난한 자는 말하여질 수 있으되 규정되지는 않는다. 현 상황의 지배 체제 바깥으로 추방된 존재이기 때문이다. 그들의 이름은 다양하다—(과거에는) 노동자, 민중, 창녀, 이주민 노동자, 불법 체류자, 다방 종업원, 88만원 세대, 비정규직, 일용직 노동자, 명예 퇴직자, 노숙자, 철거민, 노점상, 노인, 신용불량자…. 그들의 수없이 다양한 이름들을 여기에 다 열거할 수 없으며, 그렇게 열거된 모두를 우리의 언어적 정의를 통해 정리하는 것도 불가능하다.[26] 이하에서는, 그럼에도 불구하고, 가난한 자를 말하기 위하여 가난한 자를 정의하는 여러 다양한 방법들과 관점들을 고려해볼 것이다. 먼저 성서의 주체 이론의 토대로서 성서의 가난한 자를 살펴볼 것이다. 가난한 자는 절대빈곤의 상태에 놓인 사람을 포함하지만, 그 경계를 넘어 그들과 '함께-하는-존재'이다. 이어서 소비하는 주체를 살펴볼 것이다. 힐라스(Paul Heelas)는 소비적 자본주의 안에서 영성과 가난을 말한다. 가난은 소비의 문화와 상극 혹은 반대로만 여겨지지만 힐라스는 놀랍게도 소비와 가난을 연결된 주제로 제시하고 있다. 세 번째, 이정용은 가난한 자의 자리를 "사이"(in-between)에서 보고 있으며, 이중적 정체성의 사이에서 가난한 자의 삶을 그려주려고 노력한다. 네 번째로 호미 바바는 지배 체제와 대항 체제의 이분법적 인식 구조는 전체의 권력 구조가 작동하는 방식에 대한 오해이며, 오히려 탈식민주의 시대의 가난한 자의 초상은 그 양 체제 사이에서 '혼종성'(hybridity)이라는 제삼의 힘으로 존재한다고 말한다.

2.1. 성서의 주체 이론: 함께-하는-존재로서 가난한 자

성서에서 이해하는 가난은 기본적으로 애매모호하다. 민중신학자 서남동에 따르면, 신약성서에는 절대적 가난을 의미하는 'ptochos'와 상대적 가난을 의미하는 'penes' 두 가지 용어가 사용되고 있는데,

---

26) 가난한 자의 주체를 말할 때, 가장 주의해야 할 것은 가난한 자는 경제적으로 갖지 못한 자에 국한하여 지칭되는 것이 아니라는 사실이다. 가난한 자가 주체가 되는 것은 그가 경제적으로 갖지 못해서가 아니라, 그가 기존 체제의 경계 너머로부터 이 체제를 도발해오는 그 무엇을 실현하는 주체이기에 그는 주체인 것이다. 따라서 가난한 자는 가난이 무엇인지 혹은 가난한 자가 누구인지를 통해 규정되는 것이 아니라, 도리어 가난한 자가 아닌 사람이 누구인지를 찾으면서 상황적으로 정해진다.

이는 예수 운동의 단계에서 활약한 주체들을 가리키는 용어들이기도 하다. 팔레스타인의 예수 운동이 '프토코스,' 즉 절대적 가난을 배겨내는 극빈자들과 함께 하는 운동이었다면, 기원후 50년 이후의 바울 교회 운동은 '페네스,' 즉 상대적 가난을 감내하는 이들과 함께 하는 운동이었다(서남동 1983, 400). 그래서 사도행전이나 바울 서신들의 기록들을 세밀하게 관찰해본다면, 우리는 거기서 예수 운동의 주체들과 바울 교회의 주체들 간에 갈등과 긴장 관계가 초대교회 시절에 상존하고 있었던 것을 알게 된다. 하지만 성서의 가난 이해에서 우리를 가장 당혹스럽게 만드는 것은 바로 성서는 물질적 가난을 극복의 대상으로 그리고 정신적 가난을 우리가 추구해야 할 이상으로 단순하게 이분법적으로 제시하지 않는다는 점이다. 예를 들어 마태는 '심령이 가난한 자'를 이상으로 제시했고, 누가는 '가난한 자'를 이상으로 제시하고 있다. 공통분모는 가난한 자이지, 결코 어떤 가난한 자의 모습은 추구하면서, 다른 모습의 가난한 자는 극복의 대상으로 보자고 이야기하지 않는다.

특별히 누가는 부유한 자와 가난한 자를 극명히 대조하면서, 가난한 자에게는 '하나님 나라'가, 부유한 자에게는 화(woe)가 있을 것이라고 경고한다. 그들이 그 부유함으로 인해 이미 '위로'를 받았기 때문이다. 누가의 가난에 대한 이러한 강조의 이면에는 예수의 제자가 되는 조건으로 '모든 것을 버리고 가난한 자가 되어야' 함을 강조하려는 속내가 있다. 누가가 보기에 예수는 제자들이 실제적인 가난을 견뎌낼 것을 기대하였다(Goulder 1989, 349). 그런데 마태는 이 가난한 자를 "심령이 가난한 자"(the poor in spirit)로 해석한다. 마태와 누가의 '가난한 자'에 대한 설교는 그들이 가난한 자와 연관하여 열거하는 목록에서 확연한 차이가 난다. 누가는 '가난한 자,' '지금 주린 자,' '지금

우는 자' 그리고 '인자로 인하여 지금 핍박 받는 자'를 열거한다. 반면 마태는 '심령이 가난한 자,' '애통하는 자,' '온유한 자,' '긍휼히 여기는 자,' '마음이 청결한 자,' '화평케 하는 자,' '의를 위하여 박해받는 자,' '나(예수)를 위하여 핍박받는 자'의 목록을 제시한다. 누가가 삶의 구체적이고 현실적인 조건들을 놓고 가난한 자의 문제를 고민하고 있다면, 마태는 삶의 정신적인 조건들을 훨씬 우위에 놓은 듯이 여겨진다. 이 차이는 무엇을 의미하는가? 우선적으로 가난을 이해하는 데 동반되는 '애매함'을 표현한다고 필자는 생각한다. 즉 성서는 정신적으로든 물질적으로든 곤궁하고 곤란한 사람들, 즉 가난한 사람들에게 다가오는 하나님 나라 혹은 하늘나라를 받는 '축복'을 선포하는 일에 관심이 우선적으로 놓여 있다.

마태의 "심령이 가난한 자"는 누가에서처럼 '부유한 자의 반대말'로 기능하지 않는다. 누가는 가난한 자/부유한 자의 이분법에 축복과 저주의 이분법을 부여하여 하나님 나라는 가난한 자의 것이라는 단순한 도식을 사용하였으나, 마태는 이 이분법적 도식을 거절하면서 "심령이"(in spirit)라는 말을 첨언한다. 이것은 곧 하나님에 대한 자신들의 의존성을 명심하면서 겸손하려는 태도의 사람으로서 결코 "종교적 이유로 가난을 선택"하거나 "영적으로 결함이 있는 사람"을 의미하지 않는다(Hare 1993, 36-37). 심령이 가난한 사람을 규정하는 말은 '심령이'라는 말이 아니라, '복이 있다'는 말 속에 담겨 있다. 마태가 "복이 있다"는 말을 기술하는 희랍어 마카리오스(*makarios*)는 "하나님이 특별히 친애하는 사람 그래서 그 때문에 행복한 혹은 운이 좋은" 사람으로서, 마태가 말하는 복이 있는 사람은 곧 "하나님의 새로운 인류"(God's new humanity)를 가리킨다(Boice 2001, 74). 세상에서는 "부유한 자들은 복이 있다. 그들이 모든 것을 지금 갖고 있기 때문이다"라고 말하는 곳에서 마태는 심령이 가난한 자는 복이 있다고 선포한다. 하늘나라가 저희 것이기 때문에. 여기서 하늘나라는 지금은 실현되지 않은 저 하늘의 나라를 가리키는 것만은 아니다. 오히려 이 땅의 나라와 철저히 구별되는 나라로서 이 땅의 기득권 논리를 전복하는 나라를 가리킨다. 마태의 산상수훈은 이 하늘나라에 관한 것이다(Luz 2007, 169). 산상수훈의 처음(5:3)과 말미(7:21)뿐만 아니라, 중간부 주기도문에서도 하늘나라는 분명하게 언급되어 있다. 여기서 하늘나라는 내세적이거나 영적인 세계를 의미하는 것이 아니라 "종말론적"인 나라를 가리킨다(Luz 2007, 193). 아직 실현되거나 임하지 않았지만, 현실을 살아가고 있는 이들의 마음속에서 현재에 대한 방향타로 생생하게 작용하고 있는 나라. 그러나 이 가난한 자의 나라는 '물질적 가난'만을 말하는 것이 결코 아니다. 마태가 "심령이"라는 단어를 삽입한 이유이다. 심령이 가난한 자란 곧 "내적인 사람으로서 가난하다"(to be poor in the inward man)는 것을 의미한다(Boice 2001, 74). 즉 '가난'은 지금 우리 시대가 구축한 체제를 침노하여 들어오는 하늘나라의 속성인 것이다. 그 하나님 나라의 새로운 백성으로서 "영적으로 가난한 자"(poor in spirit)는 "영적으로 부유한 자"(wealthy in spirit)에 대한 대조를 전제로 쓸 수 있는 말이다. 그렇다면 이 말씀은 영적으로 부유한 자들에게 보내는 예수의 겸손하라는 경고 혹은 권면으로 읽힐 수도 있을 것이다(Turner & Baker 2008, 149). 즉 영적인 가난이란 하나님에게로 향한 전적인 의존성을 말한다는 것이다. 역으로 영적인 부유함은 하나님으로부터 상대적인 자존성을 가리키는 말이 될 것이다. 영적인 가난함은 또한 세상의 외적 조건들로부터의 철저한 독립을 의미한다. 따라서 여기서 "영적인"(in spirit)을 의미하는 말은 우리 안에 있는 하나님의 영(the divine Spirit)을 뜻하는 것이 아니라, 세상

사의 조건들에 흔들릴 수 있는 인간적 마음을 의미한다. 왜 마태는 구
태여 '가난한 자'를 '심령이 가난한 자'로 해석하려 했을까? 왜 누가는
정신적 가난이 아니라 구체적이고 실제적인 가난에 대하여 말하고자
했을까?

2.1.1. 누가 가난한 자인가?

여기서 묻자. 누가 가난한 자인가? 심령이 가난한 자인가 아니면
경제적으로 가난한 자인가? 아니면 둘 다인가? 하나님 나라를 복으
로 받을 가난한 자는 누구인가? 이 물음에 답하는 데 가장 큰 장애가
되는 것은 예수와 함께 한 이들은 "'모두 최하류층 민중이었다'라거나
'하나님 나라를 위해 ⋯ 스스로 가난한 삶을 자처했다'"는 식의 일방
적이고 단순한 이해이다(차정식 2000, 151).

예수의 직업이었던 목수는 당대 희랍-로마 사회에서 장인이거나
"목재 수공업과 관련된 노동자"를 가리킨다(차정식 2000, 153). 이는
로마 제국이 식민지를 개척해나가는 상황에서 건축 수요가 많았던 것
을 기억할 때, 당시 "상당한 사회적 수요를 지닌 전문업"이었다고 볼
수 있다(차정식 2000, 154). 또한 예수를 지칭하는 또 다른 명칭이 "랍
비"였던 것은 그가 당시 주변지역을 사업차 오가면서 부유층을 포함
한 폭넓은 인간관계를 형성하고 있음을 나타낸다(차정식 2000, 154).
결국 예수는 "궁핍한 상태와는 거리가 먼" 사람이었을 것으로 짐작된
다(차정식 2000, 155). 가문 대대로 내려오는 전문직을 물려받은 장인
으로서 절대적 빈곤의 상태는 아니었겠지만, 일찍 여의었을 것으로
짐작되는 아버지 때문에 가족의 장남으로서 적어도 "네 명 이상의 남
동생과 두 명 이상의 자매, 그리고 어머니를 부양해야 하는" 상황이
예수를 '가난한 자'로 묘사하게 만들었을 것이다(차정식 2000, 152;

156). 하지만 적어도 마가복음 2장 1절에 근거해볼 때, 가버나움에 집한 채 정도는 이미 소유하고 있었고, 또한 주변인들에게 "먹보와 술꾼"(마 11:19)로 알려졌던 사실로 미루어 그는 일상적으로 먹는 것과 마시는 것을 즐기는 삶을 살았다고 여겨진다(차정식 2000, 157).

아울러 이미 자신의 배와 집을 소유하고 있었던 베드로나 세베대의 집안은 하루하루의 생계를 걱정하는 유의 빈곤층이 아니었으며, 세리 출신의 제자들은 더더구나 '가난'과는 거리가 멀었다(차정식 2000, 157). 또한 세리 삭개오의 경우에서 알 수 있듯이, 예수의 집단에 참여하는 것은 전 재산을 처분하여 빈털터리가 되는 것을 의미하는 것이 아니라, "자신의 일상을 경영할 만한 사회, 경제적 토대를 유지하면서, 또 이를 위해 재정 관리와 회계 처리에 나름대로 신경을 쓰면서, 하나님 나라의 캠페인에 동참"하는 것을 의미했을 가능성이 높다(차정식 2000, 158). 또한 예수가 제자를 파송하면서 준 지침(마 5:43; 눅 6:30)인 "너희로부터 구걸하는 모든 자들에게 주라; 그리고 너희에게 빌리고자 하는 자에게 거절하지 말라"는 지침은 절대적 빈곤에 허덕이는 이들에게 내려줄 성격의 지침이 결코 아니다(차정식 2000, 159). 즉 그 정도로 나누어줄 여력은 있었다는 것을 역으로 증명해주는 셈이다. 따라서 우리가 갖고 있는 기존의 예수 집단의 이미지인 "마냥 가난하고 헐벗은 자로 유랑하며 하나님 나라의 메시지를 선포하는 예수의 이미지"는 예수 집단의 "일부 성원들의 과격한 결단이 통상적 지혜로 당대를 견디고자 하는 가족들과 친척들, 나아가 사회 주도층에게 반감을 야기한 것과 연관"된다고 차정식은 기술한다(차정식 2000, 164).

따라서 예수가 선포하는 '가난'은 "실속 있는 명분을 추구한 자발적 가난"이다(차정식 2000, 165). 이 자발적 가난은 생계를 위협할 정도의 절대적 빈곤을 동반하는 가난이 결코 아니었다. 당대의 베풂은 언제나 정치적 이해관계에 기초한 "대가성"(give-and-take)이었다는 점을 상기한다면, "주라, 그리하면 너희에게 주어질 것이니 곧 후히 되어 누르고 흔들어 넘치도록 하여 너희에게 안겨주리라"(눅 6:38)는 말씀은 당시의 나눔 문화의 정황 속에서 우리가 상식적으로 갖고 있는 '무조건 나누라'는 식의 베풂과는 다른 강조점과 뉘앙스를 갖고 있다(차정식 2000, 167). 따라서 예수의 자발적 가난은 곧 "부자가 되기 위한 가난"으로서, 가난 흉내 내기로 보일 소지가 있지만, 그럼에도 그 가난을 따르는 모방의 몸짓 안에는 "종말론적 삶의 윤리라는 치열함과 그들의 치열한 삶의 강도가 담보한 정도의 진정성"이 동반되고 있었다(차정식 2000, 167).

이때, "다수의 가난한 자에 대한 예수 집단의 배려와 치유"는 그가 선포한 하나님 나라와 연관하여 아주 중요한 의미를 부여받는다. 그것은 곧 사회 대다수가 가난을 겪어나가고 있던 상황에서 조금이라도 가진 자가 하나님 나라를 위해 무엇을 해야 하는지를 시사해주고 있기 때문이다(차정식 2000, 167). 그리고 이러한 집단의 사회경제적 배경이 부유한 자들도 기꺼이 예수를 따르도록 할 수 있는 조건이 되기도 하였다. 그래서 예수 집단 주위에는 언제나 든든한 후원자 그룹의 환대와 기부가 이루어지고 있었다.

초대교회 공동체 맥락에서 바울도 '가난'을 신앙의 이상으로 삼긴 했지만, 그의 가난은 언제나 가난을 극복하기 위한 가난으로서, 그는 그 가난의 상황을 이겨내기 위해 스스로 육체노동을 한다(살전 2:9; 행 18:1-4; 차정식 2000, 176-177). 바울에게 가난은 우리에게 은혜의 나눔을 가능케 하는 조건이지, 가난의 빈곤함 자체가 목적이 아니었다. 역으로 이는 가난을 해소하기 위해 물질이나 부의 축적을 목표로 삼지 않았다는 것을 의미한다. 따라서 주어지는 부를 개인적으로 축적하기보다는 가난한 예루살렘 교회를 위한 기부금으로 내어놓고, 넘치도록 많은 부는 아니지만 나름대로 자족하는 삶의 환경 속에서 나눔을 통해 공동체의 영과 몸을 부유하게 만들어나가는 것이 바울 공동체의 목표였다. 따라서 가난은 "경건의 훈련을 위한 일시적 방편은 될 수 있을지언정 그 자체로 목표"는 되지 않는다(차정식 2000, 179).

2.1.2. 성서의 가난한 자의 주체: '함께-하는-존재'(Mitdasein)으로서 성육 신의 주체

그렇다면 성서의 주체로서 가난한 자는 누구인가? 이는 곧 결핍이나 결함 혹은 체제의 구멍을 인식하는 자를 의미할 것이다. 가난한 자란 가난을 의식하는 자라는 의미에서 말이다. 경제적으로 가난한 자를 가난한 사람으로 규정하는 우리 시대의 인간에 대한 정의는 뒤집어서 표현하자면 인간을 규정하는 것은 그의 물질적 조건이라는 유물론 시대의 유산이다. 인간을 규정하는 것이 비단 그의 물질적 조건뿐이겠는가? 가난, 특별히 물질적 가난은 극복의 대상이지 결코 이상화해야 할 목표가 아니다. 그럼에도 예수는 가난한 자는 복이 있다고 말한다. 이것을 가난을 아는 자는 복이 있다고 바꿔 읽을 수 있을까? 가난한 자는 바로 지금 여기에서 누리지 못했기 때문에 저 하늘에서 누릴 복이 있다는 해석은 성서의 가장 핵심적인 메시지 즉 성육신의 주체성을 놓치고 있는 것이다. 하나님이 인간을 사랑하셔서, 친히 아들이 되어 인간의 몸을 입고 인간이 되셨다는 메시지, 그것은 힘들고 고생하는 인간들을 위해 그들을 고통의 세계로부터 끄집어내어 행복한 하늘나라로 불러일으키시지 않는다는 메시지이다. 그것은 곧 자신의 처지와 관점이 전혀 대변되지 못하고, 어렵고 착취당하는 상황에 놓인 사람들을 찾아가 그들이 되었다는 말이다. 이는 그들 중에 있지만, 그는 그들 속에 속하지 않은 사람으로서 마치 슈퍼 영웅 애니메이션에 등장하는 슈퍼 영웅들처럼 하나님이 이 땅 위로 임하신 것이 아니라는 말이다. 예수 그리스도는 정확히 가난한 그들이 되었다. 하지만 신약학자 차정식이 지적하듯 그는 극빈자가 결코 아니었다. 하지만 그는 가난한 자들과 함께 있었다.

가난한 자의 주체는 바로 이 '함께 있는' 주체가 아닐까? 하이데거는 현존재(Dasein)의 한 속성으로 "함께하는 존재"(Mitdasein)를 도입한다. 하이데거의 논증의 맥락과는 상관없이, 이 단어는 바로 우리가 추구해야 할 가난한 자의 주체성을 잘 표현하고 있다. 라투르는 대변되지 못하고 억눌린 존재들을 위한 대변인(spokesperson)의 역할로서 주체의 기능을 말한 바 있다. 이는 곧 함께하는 존재인 것이다. 이함께-하는-존재로서 주체는 곧 연대하는 주체이다.

예를 들어보자. 우리 시대 '여성'의 억압을 주제로 하는 담론들이 유통되고 있다. 사회가 존재로서 정당한 대우를 받지 못하는 존재들을 향해 마음과 눈을 열고 있다는 긍정적 신호가 되는 것 같다. 페미니즘 담론이 유통될 때, 흔히들 돌아오는 질문들 중 하나가 페미니즘은 여성들을 위한 담론이니 남성들은 귀 기울일 필요가 없다거나 나를 위한 담론이 아니라는 태도이다. 맞다. 남자가 여자가 될 수는 없다. 그리고 페미니즘 담론이 남성을 여성으로 만들겠다는 것도 아니다. 때로 페미니스트들 중에는, 특별히 1세대 페미니스트에 속하는 메리 데일리 같은 사람들은 페미니즘 담론의 소통과 나눔에 남자들을 의도적으로 배제하기도 했다. 보스턴 대학교의 교수였던 데일리는 자신의 수업에 남학생들이 등록하는 것을 거절하였다. 그러한 데일리의 태도에 적개심을 품은 백인 남학생이 고의적으로 등록하여, 데일리에게 남성차별을 시위했던 일화는 유명하다. 하지만 달리 생각해보면 페미니즘은 바로 남성을 위한 담론이기도 하다. 많은 사람이 여/남의 이분법에 쉽게 사로잡힌다. 말하자면 화이트헤드가 말하는 '단순 정위'(simple location) 신화에 쉽게 빠진다는 말이다. 분명 내 앞에 남자와 여자가 존재하니, 이것은 분명하지 않나? 그렇지 않다는 것을 주디스 버틀러(Judith Butler)는 자신의 유명한 책『젠더 트러블』(*Gender Trouble*)에서 고발한다. 통상 여/남의 성(sex)에 기반하여, 우리의 성적 역할(gender) 담론이 구성된다고 말하지만, 버틀러는 역으로 우리의 성적 역할에 대한 담론이 우리의 성에 대한 이해를 구성한다고 선포한다. 즉 젠더가 성을 결정한다는 것이다. 이를 다시 풀어 설명하자면, 성과 성 역할에 대한 우리의 언어적 이해가 우리의 성에 대한 이해를 구성한다는 것이다.

나는 이 말을 한번 더 확장하고자 한다. 즉 우리의 여/남 이분법이 젠더를 구성하고 그리고 차례로 성에 대한 이해를 구성한다. 페미니즘에서 비판하는 가부장제의 구조 속에서 남자란 생물학적 남성 전체를 의미하는가? '가부장'이란 표현에서 알 수 있듯이 그 가부장은 분명 노예가 아니다. 말하자면 남성이라고 해서 모두가 가부장의 자리에 존재하는 것이 아니라는 말이다. 그럼에도 남자들이 가정에서 가부장의 자리를 맡지 않는가? 그럴지도 모른다. 하지만 어떤 조직과 구조에서건 가부장의 자리에 있는 사람은 소수이다. 대부분의 생물학적 남성들은 가부장이 아니라, 가부장에게 권력적으로 종속된 존재들이다. 하지만 생물학적 남성들은 '남자다워야 한다'는 말을 듣고 자란다. 도대체 남자다움이란 무엇인가? 그것은 여성적 가치들에 대비되는 인격적 속성들일 것이다. 그 남자다움의 가치는 곧 가부장이 지녀야 할 가치일 것이다. 그런데 대부분은 가부'장'이 되지 못한다.

그런데 그는 남자다움을 요구받는다. 하지만 자기는 그런 남성이 아기에 소외당한다. 그리고 그 소외는 단지 현실적 조건으로 남아 있을 뿐만 아니라, 그 생물학적 남성에게 존재론적 상실의 느낌으로 다가온다. 남자로 대접받지 못하면서 남자처럼 처신해야 하는 역설. 그래서 비록 남자가 여자는 되지 못하지만, 그럼에도 페미니즘 담론에 함께 해야 하는 이유가 여기에 있다. 가부장의 신화는 여/남 모두에게 건강한 정신세계와 행복한 삶을 누리지 못하도록 하기 때문이다. 오히려 생물학적 남성이라면, 그(녀)들의 아픔에 '함께'할 수 있도록 노력하는 주체성을 발휘할 때, 그에게 존재론적 해방의 기회가 있다. 가난한 자는 복이 있다. 그는 없는 자의 아픔에 함께함으로써 자신을 억압하고 있는 구조로부터 해방되기 때문이다.

2.2. 해방적 주체의 한 형식으로서 소비하는 주체 그리고 가난한 자

힐라스(Paul Heelas)는 자신의 책, 『생명의 영성들』(*Spiritualities of Life: New Age Romanticism and Consumptive Capitalism* [MA: Blackwell Publishing, 2008])에서 뉴에이지류의 생명의 영성들을 우리 시대 소비자본주의와 주관적 웰빙(wellbeing) 문화와 연관하여 기술한다. 우리 시대가 겪고 있는 변화를 설명하는 말들 중 "탈근대"(Post-Modern)라는 말이 있다. 이 말 속에는 적어도 근대 이후 권위(authority)의 전환기가 겪는 변화를 나타내는데, 어떤 이들은 이러한 변화를 "상업화와 대중야합주의, 통합성의 상실"로 비난하는가 하면, 다른 이들은 그 변화에 함의된 "반-엘리트주의와 고취(empowerment), 민주화"를 지적하며 환영한다(Heelas 2008, x). 이러한 변화가 가져오는 많은 것을 지적할 수 있겠지만, 힐라스는 무엇보다도 "권위"(authority)가 외부

대상으로부터 자신의 내부로 이동한 것을 중시한다. 그리고 "신"(God)
은 더 이상 사람의 외부에 존재하는 대상이 아니라 "각 사람 안에 있
는 어떤 것"으로 믿어지고, 그런 방식의 믿음을 추구하는 사람들의 숫
자는 점점 늘고 있음을 지적하며,27) 이를 "생명의 영성들"(Spiritualities
of Life)이라 부른다(Heelas 2008, 1). 이 생명의 영성들이 추구하는
"표현주의적이면서 인본적인 가치들"(expressivistic-cum-humanistic
values)은 이 자본주의적 근대성의 체제하에서 외면받는 어떤 것을
표상한다. 하지만 그렇게 추방당하고 외면당하는 것의 표상은 이 체
제가 배제하는 것을 역으로 조명해주게 됨으로써, 자본주의는 그가
배척하는 이러한 표현적이고 인간적인 가치들의 필요성을 도리어 강
화해주고 있는 셈이라고 힐라스는 말한다(Heelas 2008, 2). 이는 말하
자면, 이중 구속(double bind)의 관계인데, 이 자리로 뉴에이지 생명
의 영성들(New Age spiritualities of Life)이 도래하여 자리 잡았다고
힐라스는 보고 있다. 이 생명의 영성들은 바로 이 시대 구조가 배척하
고 경멸하지만, 이 시대 영혼들이 요구하는 것에 부흥하여 융성하고
있다는 것이다. 이러한 흐름과 연관하여 주목해야 할 것이 바로 기독
교적 실천과 믿음의 힘이 특별히 유럽 지역들에서 무너지고 있다는
사실이다. 전통 기독교의 몰락을 안타깝게 여기는 이들 중에는 뉴에
이지 생명의 영성 운동이 지구촌 자본주의의 탐욕과 맞물려 반기독교
적 흐름을 형성하고 있다고 진단하기도 한다. 실제로, "내재하는 신

---

27) 1990년대 후반 유럽 11개 국가에서 행해진 램프(RAMP: Religious and Moral
   Pluralism) 설문조사를 살펴보면 11개 국가 중 6개 국가에서 외부적으로 존재하여
   인격적으로 만나지는 신 개념보다 내 안에 내재하는 신으로서 내적 영성을 추구하는
   사람들의 숫자가 3-18% 높게 나왔으며, 이는 대부분 서구 유럽 국가들이었다(Heelas
   2008, 73-74). 특별히 조사에 응한 영국 사람들 중 37% 이상이 각 사람에 내재하는
   신 혹은 신성을 믿고 있었다(Heelas 2008, 75).

(the god within)과 외재하는 하나님(the God without)은 의미와 권위의 절대적이고 다른 근원들로서 동시에 섬김을 받을 수 없다"(Heelas 2008, 57). 하지만 다른 각도에서 보자면, 전통 제도에 기반을 둔 기독교가 이 시대 영적인 것을 갈망하는 흐름을 읽지 못했고, 그래서 자신만의 영성을 시대에 다시금 위압적으로 강요함으로써 이러한 몰락을 자초하였다는 비판도 역으로 가능할 것이다.

자본주의 사회에서 사람들은 상품들을 통해 자신들의 꿈을 쟁취하고자 한다. 그 문화 속에서 삶(life)은 자본주의적 소비문화를 위해 소진되고 탐닉된다. 사실 '차이'를 강조하고 부각하는 문화는 이미 상업주의 문화 안에 널리 유행하고 있는 모토이기도 하다. "차이를 느끼라"고 하거나 "당신만의 차이를 알라"고 하는 광고 문구는 이제 우리에게 익숙하게 다가온다(Heelas 2008, 63). 그것은 문화의 하층민 혹은 문화를 구성하는 기존 체제 바깥으로 추방된 사람들의 '차이'를 존중하고 그들을 위한 행동을 하라는 문구가 아니라, '당신의 고유한 진정성'을 상품 소비를 통해 드러내고 표현하라는 전형적인 상업주의의 모토이다. 그러나 이것이 단지 상품을 광고하는 현장에서만 통용되는 문구만은 아니다. 심지어 교육현장에서도 아이의 고유한 자질 계발을 위해 사용되는 모토이기도 하다. 각 개인의 잠재력이 고유한 방식으로 표현될 수 있도록 유도하는 교육방법은 우리 시대 상당히 설득력 있는 이론이다.[28]

그렇게 탈근대 시대의 주체적 행복 문화(subjective wellbeing culture)는 시장 연구자들에게 상품을 어떻게 광고해야 하는지에 대한

---

28) 아울러 전일주의적 인간 교육이 단일 문화론과 다문화론의 문제들을 다루는 데 매우 적절한 방법이 되고 있기도 하다고 힐라스는 증언한다(Heelas 2008, 72).

대략적인 방향성을 제시해주고 있다. 몸과 마음과 영혼의 전일성 회복을 위한 국선도 수련, 웰빙 스파, 병원의 영적 치료사 등 뉴에이지류의 운동들은 상업화되고 자본화된 지구촌의 문화 환경 속에서 상당히 잘 적응하고 있는 것이 사실이다.29) 여기서 지구촌 자본주의의 시대에 적어도 우리의 정체성 혹은 우리의 자존감은 소비의 양과 질에 심각하게 영향을 받고 있음을 감안해야 한다. 자본주의 체제 안에서 소비 행위와 연합된 우리의 자아 정체성은 그 자체로 긍정적인 것만도 그렇다고 무조건 부정적인 것만도 아니라고 볼 수 있다. 물론 "스스로를 소비하는 자아," "소비자 경험들의 총합으로서의 자아," "나르시스적으로 자신을 즐겁게만 하는 자아" 등으로 표현되는 우리 자본주의 시대의 자아상들은 소비에 매몰된 자아의 모습을 그려주고 있는 것이 사실이다(Heelas 2008, 87-88). 그럼에도 불구하고 힐라스는 창세기의 낙원 이야기에서 인류 최초의 자율적인 행동이 보기에 먹음직한 음식을 "소비"하는 행위였음을 주지시키며, 비록 하나님의 진노를 불러일으키긴 했지만 인간의 자율적 행동으로서 소비의 긍정적 측면을 조명하고자 한다. 이런 맥락에서 소비문화의 기제가 되어버린 듯한 뉴에이지류의 운동 속에서30) 힐라스는 "표현주의적 인본주의의 선한 삶"(the good life of expressvistic humanism)을 발견한다(Heelas

---

29) 힐라스에 따르면, 영국에서 성공회 교회에 정기적으로 출석하는 인구수가 대략 96만 명 정도라고 한다. 이에 반해 전일주의적 뉴에이지 운동에 직간접적으로 간여하는 인구수가 대략 90만 명 정도라고 인용한다. 아울러 미국 내 인구의 2.5% 내지 8% 정도가 영적 수련가들이 제공하는 전일주의적 운동에 간여하고 있다고 한다(Heelas 2008, 65).

30) 생명의 영성 운동의 주요 흐름들 중 하나인 뉴에이지 운동을 향한 가장 흔한 비판은 바로 뉴에이지류 운동들이 이미 "개인화"(privatized)되거나 "소비화"(consume-rized)되었다는 것이다(Heelas 2008, 3). 즉 뉴에이지의 자아는 스스로를 위해 소비하는 자아라는 것이다.

2008, 4). 표현주의적 이해의 핵심은 인간의 내면과 외면 사이의 이중성을 외적 표현에서 일치시켜 이해하는 것이다. 예를 들어, 그 사람의 내면은 선하지만 그의 표현 방식은 공격적이라는 식의 변명은 표현주의적 관점으로 보면 전적으로 틀린 것이다. 그 사람의 내면이 어떻게 존재하든지 간에 그가 외적으로 표현하는 것이 그의 본성 혹은 본질을 훨씬 더 잘 드러내준다고 보는 것이다. 따라서 표현주의적 인본주의란 인간의 핵심을 인간의 내면이 아니라, 인간의 표현이 이루어지는 표면에 둔 것이다. 이러한 이해를 통해 보자면, 표현되지 않는 것은 곧 그의 마음에 진정으로 담긴 것이 아니다. 이는 곧 '생명' 혹은 '삶'의 진정성을 그의 표현들 속에서 찾고자 하는 것이다. 우리가 우리 자신의 표현을 위해 '보여지는 것' 혹은 '외모'에 열성을 보이게 만드는 이유가 되기도 한다.

소비지향적 문화의 흐름 속에서 인간의 내/외의 일치를 찾으려는 표현주의적 인본주의는 단지 철학이나 인문학의 수준에 머무는 것이 아니라 그를 넘어서는 영성을 추구하는데, 바로 삶을 긍정하는 전일적 영성(holistic spirituality)이다. 이는 다른 말로 하면 "내적 삶의 영성"(inner-life spirituality)인데, "성스러움의 시원적 근원, 말하자면 지금-여기에서 삶의 '경험-초월적'(meta-empirical) 심연들로부터 발산되어 나오는 것을 경험하기 위해 자신 안으로 파고 들어가는" 영성을 말한다(Heelas 2008, 4; 5). 즉 '전일적'이라는 것은 자신 존재의 다른 측면들을 "통합하고 조화하고 균형 맞추"어 내적 삶의 영성이 그것들을 통해 흘러나올 수 있도록 한다는 측면을 가리킨다(Heelas 2008, 5). 이는 "몸과 동반되는 주체적 삶의 성화(sacralization)를 도모함으로써 자신의 마음과 몸과 영을 하나의 전체로 이끌어내는" 것을 의미한다. 또한 "삶의 기술을 통해 자기-실현을 찾는 것"을 뜻하고, 소비를 통해 삶을 소진하기보다는 "자연적 영성이 고유한 삶을 채울 수 있도록 하는 것"을 가리킨다(Heelas 2008, 5). 한 마디로 우리 시대의 영성은 모든 측면에서 "인간의 행복"(human wellbeing)을 추구한다 (Heelas 2008, 5).

우리 시대 이러한 전일성 추구의 영성에 대한 평가는 양극단적이다. 한편으로는 "인격-중심적이고, 표현주의적이며, 인문주의적이고 그리고 보편주의적인 영성"에 대한 긍정이 있고, 다른 한편으로는 그러한 영성을 "자본주의의 추동을 받는 욕망의 충족" 혹은 "방종"(self-indulgence)으로 간주하기도 한다(Heelas 2008, 7). 힐라스는 뉴에이지 영성들의 예를 들면서, 전일성을 추구하는 영성은 소비자들의 욕망에 결코 완전히 소진되지 않는다고 역설한다. 이러한 양극단적인 평가 사이에서 힐라스는 전일주의적 생명의 영성은 "주체적 행복 문화"(subjective wellbeing culture)에 속하고 있음을 제시한다(Heelas 2008, 10). 다른 한편으로, 이러한 주체적 측면 혹은 주관적 측면이 소비에서 자신의 행복을 추구할 경우, "소비자 문화의 방종적 측면"으로 나아갈 수 있음을 인정한다(Heelas 2008, 10).

여기서 '소비자'(consumer)를 어떤 주체로 간주하느냐에 따라 우리 시대 전일주의적 영성을 평가하는 입장이 엇갈린다. 즉, 소비자를 "수동적이고 분산적이며, 포화되어 있고 다소 순응적이며, 자본주의의 구성과 전략에 취한 희생자"로 보는 견해와 "소비 활동의 자유롭고 해방적인 역할과 자율적인 자기-표현의 역할"로 보는 견해의 차이가 우리 시대의 주체적 행복 추구 문화의 영성에 대한 입장 차이로 나타난다는 것이다(Heelas 2008, 11). 따라서 소비를 자본주의 안에서 수동적이고 순응적인 행위로 보는 이들은 소비문화에 부정적이며, 적극적이고 해방적인 역할을 주목하는 이들은 소비문화에 긍정적 태도를 견지한다. 힐라스는 여기서 우리 현대의 지구촌 자본주의 상황하에서 '소비'의 중요성을 인식할 필요가 있음을 주장한다. 칼 마르크스가 오래전에 인식했듯이 소비는 곧 "생산"이다(Heelas 2008, 152). 물론 소비하고 소진하는 행위는 귀결적으로 생산을 촉진하기도 하지만, "적극적이거나 긍정적이거나 창조적인 (소위) 소비자는 일하는 중이다." 말하자면 직무를 수행하거나 표현하거나 생산하거나 제작하거나 세공하거나 하면서 말이다(Heelas 2008, 152). 따라서 소비와 자기-실현 사이에 명확한 선을 그어 구분하기가 쉽지 않다. 확고한 구분이 존재한다면, 바로 그것은 소비하는 주체의 내면에서야 가능할 것이다. 소비의 대상을 보고 탐닉해 들어가는 마음과 내적으로 잠재되어 있는 자아의 잠재성을 외부적으로 실현해나가기 위한 수단으로 소비를 취하는 마음은 외부적으로 구분하기가 어렵기 때문이다. 따라서 소비와 자기-실현을 경제 통계치에 담긴 수치를 통해 구분해내기란 거의 불가능하다.

이런 내적 실현의 가장 근접한 예가 '예술 활동'일 것이다. 예술 행위를 통해 부가가치를 올리려는 마음과 예술 행위를 통해 인간의 내면을 외적으로 표현하고 실현하려는 행위는 선뜻 분간하기가 쉽지 않다. 분명 예술 행위를 위한 소비 행위가 있다. 전시실이나 공연장이 필요하고, 무대 장치나 조명이 필요하다. 어쩌면 표현을 위한 '쇼' 즉 메시지를 드러내기 위해 보여지도록 조작된 쇼가 필요하다. 하지만 진실한 예술 행위는 그 내면의 잠재성을 표현하기 위해 세계의 영적인 면을 접촉한다. 즉 예술의 외적인 소비 행위는 바로 이 영적인 접촉을 추구하기 위한 것이다. 만일 예술을 위한 소비 행위가 예술의 목적으로 인해 정당화될 수 있다면, 우리의 내면을 표현하기 위한 방식으로 소비 행위를 활용할 수도 있을 것이다. 하지만 소비 행위 자체를 내면의 표현과 등가시킬 수는 없다. 다만 소비하는 행위만을 놓고 그 행위가 소비지향적이라고, 낭비적이고 방탕하다고 말할 수는 없다는 것이다. 예를 들어 모든 교육 과정은 '소비 유발'을 염두에 두어야 한다. 그리고 그러한 소비는 바로 "생산적 자아" 혹은 "자아의 생산성"을 유발하는 것으로서 "자아-수련"(self-cultivation)의 일부로 보아야 한다(Heelas 2008, 162). 이는 모든 소비 행위를 정당하고 올바른 것으로 범주화하려는 단순한 시도가 아니라, 맹목적으로 '소비 = 사치와 낭비와 방종'으로 도식화하려는 이원론적 사고방식은 21세기 지구촌 자본주의의 소비화 시대에 무조건적으로 적절한 것이 아님을 말하려는 것이다.

여기서 우리는 "세속적 영성들의 출현"을, 즉 "이 세상주의적인 유형의 전일주의"를 동반하는 영성, 그러나 제도 종교의 영성과는 사뭇 다른 형태의 영성의 출현을 목격한다(Heelas 2008, 170). 또한 그러한 영성의 기반에는 "주관적 행복(추구)의 문화"(culture of subjective wellbeing)가 놓여 있다(Heelas 2008, 171). 이것은 자본주의 소비문화 자체에 대한 긍정과는 다소 궤를 달리한다. 즉 영성을 향한 갈망은 사실 기존 문화의 병폐("ill-being")로부터 흘러나오는 것이지만, 이 영성은 현실 사회와 문화가 "불-편"(dis-ease)하다고 해서(Heelas 2008, 172), 지금 여기의 사회와 문화를 전적으로 거부하거나 저항하지 않는다. 오히려 이 왜곡된 삶의 질서가 느껴짐으로 인해 비뚤어진 균형을 맞출 기회를 찾게 된다는 점에서 그리고 그를 통해 물질주의적 관점으로는 중시될 수 없는 삶의 영적인 차원이 드러날 수 있다는 점에서 바로 지금 여기의 삶을 하나의 성스럽고 유기적인 전체로 느껴가는 변혁(transformation)을 추구하게 된다. 실제로 "미국의 가정주부들은 정체성, 목적, 창조성, 자기실현, 심지어는 자신들이 누리지 못

하는 성적 즐거움마저도 누릴 수 있다―물건 구매를 통해"라고 증언
하는 프리단(Betty Friedan)의 조사를 인용하면서 힐라스는 소비의 적
극적이고 긍정적인 측면을 조명한다(Heelas 2008, 177).

이런 맥락에서 '바로 지금 여기의 삶' 속에 담지된 성스러움을 찾
고, 자본주의 체제하에서 소비 행위 자체를 원죄로 간주하지 않는 생
명의 영성 운동 유는 소위 "세속주의"(secularism)와 동일한 것이 아
니다. 왜냐하면 힐라스가 긍정하는 소비의 행위는 '물질주의'나 '세속
주의'가 말하는 것보다 더한 어떤 것을 도입한다. 그것은 바로 일상의
한복판에서 현현하는 성스러움의 자리이다. 소비의 행위가 긍정될
수 있는 것은 바로 소비를 통해 그 성스러움의 현현을 가져올 수 있기
때문이지 결코 소비 자체에 대한 찬양이 아닌 것이다.31)

소비문화에 창조적이고 긍정적인 측면을 강조하는 이들은 흔히
"엘리트주의"(elitism)라는 비판에 직면한다(Heelas 2008, 11). 왜냐하

---

31) 이때 우리가 유념해야 할 것은 바로 소비 행위가 "인간적 윤리"(the ethics of hu-
manity), 즉 "생명, 평등 그리고 자유"의 가치들을 인정하는 윤리와 연동되지 않는다
면, 소비는 쾌락주의적 행위로 전락할 위험을 언제나 갖고 있다는 사실이다(Heelas
2008, 13). 이런 맥락에서 뒤르켕은 생명과 삶을 중시하는 윤리를 "인류의 종교"(the
religion of humanity)라고 불렀다(Heelas 2008, 127). 따라서 생명과 윤리와 종교
는 서로 불가분리한 관계에 있으며, 힐라스는 이 인본주의 윤리(ethic of humanity)
를 생명의 영성 운동의 윤리와 등가시킨다(Heelas 2008, 127). 우리는 다른 사람과
의 관계 맺음 속에서 영적인 것의 현존을 경험한다는 점에서 우리 모두는 이미 "영적
인 존재들"(spiritual beings)이다(Heelas 2008, 127). 이렇게 윤리적인 가치와 결
합된 영적인 가치가 우리 시대 다양한 삶의 방식들에 대한 리트머스 시험지가 되어야
한다. 역으로 말해서 삶의 내면이 담지한 성스러움으로부터 흘러나오는 '인문주의적
윤리'가 생명의 바탕이 되어야 한다는 말이다. 따라서 소비하는 주체에 대한 모든 긍정
적인 평가는 바로 삶의 성스러움을 바탕으로 하는 인문주의적 윤리의 가치 기준과 부
합해야 한다고 힐라스는 보고 있다(Heelas 2008, 128). 이는 소위 포스트모던적 소
비적 자아가 "탈물질주의적 모습"(postmaterialistic outlook)을 지니고 있음을 의
미한다(Heelas 2008, 132).

면 이 시대 소비를 창조적으로 누릴 수 있는 이들은 지구촌 자본주의 시대에 경제적 기득권자일 것이라 여겨지기 때문이다. 이와는 별도로, 또한 국가가 부유해질수록 민주적 원리와 포괄주의적 원리에 입각한 인문주의적 윤리의 중요성이 점차 중요해진다고 한다. 말하자면 소비의 창조적 측면과 결합한 전일주의적 영성이란 곧 부유한 나라들의 국민들이나 언급할 수 있는 유의 것이라는 비판이 제기될 수 있다는 것이다. 이러한 비판들에 직면하여 전일주의적 영성은 우리에게 어떤 것을 제공하고 있는가? 한 마디로 표현하면, 바로 "주체성의 신성화"(the sacralization of subjectivity)이다(Heelas 2008, 19). 다시 말해 "성스러움의 내재"(the sacred as immanent)이다(Heelas 2008, 42). 이는 영성(spirituality)은 곧 "삶-자체"와 동일하다는 통찰을 반영한다. 즉 삶의 영적인 측면은 삶의 깊이들로부터 흘러나오는 것이지, 결코 삶 너머의 초월적 지평에서 유래하는 것이 아니다. 이는 곧 바로 '여기-지금'에 삶이 놓여 있고, 영성은 바로 그 삶에 기반한다는 통찰이다. 이는 전통적 유신론의 영성과 전혀 맥을 달리한다. 후자가 지금 이 세계와 구별된 초월적 세계가 이 세계를 "위하여"(for) 존재함을 주장한다면(Heelas 2008, 25), 전일주의적 영성은 바로 지금 이 세계가 영적인 세계임을 주장하는 것이다. 바로 이와 같은 '영'에 대한 이해 변화가 전통적 유신론에 기반한 기독교의 몰락을 유도하고 있는 것이다. 하이네그라프(Wouter Hanegraaff)의 말을 인용하면서, 힐라스는 뉴에이지류의 종교적 영성이 증가하는 이유는 바로 그것이 "정확히 종교가 제공해왔던 것," 바로 우리 "일상의 삶 가운데서 사람들의 경험에 의미를 부여"해주기 때문이라고 분석한다(Heelas 2008, 147).

'바로-지금-여기'의 영성은 지금-여기를 맹목적으로 수긍하고 그에 순응하자는 것이 아니다. 오히려 바로 지금 여기에서 각 사람의 고유한 삶의 질을 "변혁해"(transforming)나가기를 소망한다(Heelas 2008, 28). 그리고 그러한 변혁은 "하나님의 길"이 아닌 "나의 길"임을 인식한다(Heelas 2008, 29). 이는 내 삶의 "진정성"(authenticity)을 회복하는 윤리를 말한다(Heelas 2008, 29). 즉 바로 지금 여기의 영성을 강조하는 생명의 영성(spirituality of life)은 "표현주의"(expressivism)와 "인본주의 윤리"(ethic of humanity)를 혼용하는 전략을 구사하는데, 말하자면 내 삶의 진정성 혹은 내 삶의 진정한 자아로 경험되는 것은 머리로 아는데 그쳐서는 안 되며, 오히려 삶의 모습으로 표현되어야 한다는 것이다(Heelas 2008, 31). 이는 내 삶의 진정성이란 내 자신의 이기적인 즐거움의 추구에서 그치는 것이 아님을 다시금 유념하는 것이다. 내 삶의 행복, 즉 나의 진정한 삶을 계발해나가는 길은 곧 각 사람이 자신들의 영성을 경험하는 길과 다르지 않다는 것이다. 여기서 영성이란 곧 삶을 변혁해나가는 힘을 의미한다. 삶의 변혁이란 내 삶을 원자적으로 고립적으로 이해하는 것이 아니라, 내 고통과 절망이 내 주변인들에게 영향을 미치듯, 내 삶의 행복과 해방이 주변인들에게 영향을 미치고 있음을 철저하게 체득하는 것을 말한다. 따라서 내 삶의 변혁은 내 주변인들의 변혁을 수반함을 인식하는 것이다. 이는 역으로 주변인들의 고통과 좌절이 상존하는 한 내 삶의 진정한 행복과 해방은 이루어질 수 없는 것임을 통감하는 것이다. 왜냐하면 타자들 즉 다른 사람들은 "영적 전체의 현현들"(manifestations of the spi-ritual whole)이기 때문이다(Heelas 2008, 37).

이러한 변혁의 영성이 이전 세대 반문화의 저항적 영성과 궤를 달리하는 것은 그러한 변혁의 영성적 삶이 언제나 "주관적-삶"(subjec-tive-life)과 관계있음을 주목한다는 점이다(Heelas 2008, 33). 쉽게 말해 전일주의적 변혁의 영성은 세상을 변혁하기 위해 세상으로 나아가거나, 지배 문화에 저항하는 대안적 문화를 형성하려던 집단과 공동체 중심의 운동으로부터 개인의 내적 변화에 주목하는 운동으로 나아가고 있는 중이다. 이는 각 개인을 집단이나 공동체를 구성하는 '일부'로 혹은 구성원으로 바라보기 이전에 각 개인을 "특이성"(singularity)으로 간주하는 것이다(Heelas 2008, 38). 각 개인의 고유한 진정성 혹은 진정한 자아를 주목하는 것은 곧 각 개인의 고유한 자유와 인권을 존중하게 된다는 것을 의미한다. 이는 외적인 해방의 (사회)구조적 조건들에 운동의 역량을 결집하던 방식이 아니라, 각 개인이 자기-책임감을 발휘할 수 있을 만큼의 충분한 자유의 여지를 인정하는 방식으로 '변혁'(transformation)의 초점이 이동하는 것이다.

이를 "자아로의 전회"(turn into oneself)라고 말해도 좋을 듯하다(Heelas 2008, 38). 이러한 자아로의 전회의 이면에는 전체성에 대한 과도한 강조가 나치 독일의 경우처럼 때로는 집단적 폭력성의 광기로 분출되었던 전체주의의 역사를 전제한다. 아울러 해방 운동이 개인의 변혁을 도모하는 방향으로 선회하는 데에는 예를 들어 영국에서 1960년대 대항 문화 운동이 사회 변혁을 외치면서 기존 문화와 대항 문화 간의 "이원론적"(dualistic) 대립 형태로 나아갔던 과오를 반복하지 않기 위한 것이다. 자신의 대항적 문화 운동을 '해답'으로 설정해놓고, 기존의 모든 문화적 관행를 잘못된 구습에 대한 "집착"(clinging)으로 간주하는 것은 비판 의식이 도리어 자기중심적 제국주의의 오류로 빠지는 꼴이다(Heelas 2008, 49; 51). 자아로의 전회는 결코 내면의 자아에 머물자("stay within")는 것이 아니라, 외부를 넘어서자("beyond the outside")는 것을 의미한다(Heelas 2008, 196). 세계로부터 부여되는 외적 조건들에 짓눌린 자아를 본래의 진정성으로 회복하기 위해서는 그 억압의 조건들을 넘어 초월해야 하는데, 전통적인 가르침

이 세상을 넘어 저세상으로 초월해나가는 데 초점을 두었다면, 생명의 영성은 바로 진정한 초월은 바깥으로 향하는 것이 아니라 가장 깊은 내면으로 파고들어가는 것이라고 역설한다. 이러한 역설의 역동성, 곧 생명의 영성은 "사회화(socialization)를 통해" "외부를 안으로 끌어들이고"(outside in), 표현을 통해 "안의 것을 외부로 표출하는"(inside out) 것에 있으며, 이는 곧 내재화를 통해 "내부로부터" 표현할 것을 주장하는 인본주의 윤리성의 핵심이다(Heelas 2008, 202). 따라서 생명의 영성이 주장하는 내면으로의 전회를 온전하게 이해하기 위해서는 전통적 인간 이해가 담지한 개인의 사적인 내면(privacy)과 공공성(publicness)의 이분법적 이해를 넘어서야 한다. 이는 내면에 충실하는 것은 외부 세계로부터 고립을 추구하는 것이 아니라, 모든 인간의 근원을 동일한 내면으로부터 이해하고 이를 바탕으로 이웃과 동료들과 더불어 함께 하는 삶의 본래 자리로 복귀하기 위함이다. 이는 곧 외면적 모습의 치장을 통해 내면의 공백을 화장(make-up)하려는 소비주의의 허상을 넘어서서, 또한 구체적 실천의 방법을 결여한 공허한 대의(ideal)를 외침으로서 빈곤한 내적 성숙을 감추려는 사회 운동류의 모순을 넘어서서, 일상 삶의 구체적인 자리에서 가장 진솔한 내면의 모습으로 더불어 함께 사는 삶을 다시금 성찰하기 위함이다. 진정한 자아는 외부의 조건들이 주는 강박감에 쫓겨 내면으로 도피하는 유의 것이 아니다. 진정한 자아는 가장 깊은 내면에서 모든 생명과 공유하는 생명의 근원적 힘을 발견하고, 그 힘이 이 지구촌 땅 위를 살아가는 모든 생명에게 공유되고 있음을 성찰한다. 따라서 내적 성찰의 생명의 영성은 자본주의의 죄악들을 눈감고 넘어가기보다는 오히려 그에 대항하는 문화를 창출하고자 노력한다. 이 전일주의 운동에 참여하기 위해서는 회비도 내야 하고 기부금도 내야 하기 때문에

'돈'은 "없어서는 안 될 필수품"(prerequisite)이지만, 미국 어느 카드 회사의 광고 문구처럼, 세상에는 "돈으로 살 수 없는 어떤 것들이 있다"(There is something which money can buy; Heelas 2008, 212; 213). 즉 그러한 운동에 참여함으로 깨달아지는 "생명의 영"은 돈으로 살 수 있는 상품이 되지 않는다. 이것은 일상적 삶의 "보다 높은 것들"(the 'higher' things)을 드러내고 그에 따라 살도록 우리를 유인하는 것이다(Heelas 2008, 216). 나의 존재가 갖는 진정한 의미는 곧 "다른 이들을 위한" 의미의 표현이다(Heelas 2008, 218).

그렇다면 전일주의적 영성(holistic spirituality)이 이 시대에 직면하고 있는 가장 큰 도전은 곧 우리 지구촌 자본주의 시대의 '가난'의 문제이다. 2006년 유엔 보고서에 따르면 세계에서 가장 부유한 상위의 2%가 전체 지구촌 부의 절반 이상을 소유하고 있고, 나머지 세계 인구의 절반은 전체 부의 겨우 1%로 나누고 있다. 이러한 상황하에서 극단적이고 과격한 급진주의 형태의 종교가 그 가난한 절반의 고통과 고뇌를 해석하고 경감시키는 일을 감당하고 있음을 주목할 필요가 있다. 이는 곧 개방적이고 자유주의적인 형태의 종교가 이 극단적 상황 속에서 생존의 위협을 받고 있음을 의미한다. 자유주의적 형태의 종교가 표방하고 있는 가치들은 곧 좀더 부유하고 좀더 교육수준이 높고 좀더 착취적인 엘리트들의 가치와 연합되어 있다고 여겨지기 때문이다. 진보적 종교의 영성들이 가난한 이들의 영혼을 구원하는 데 실패하고 있는 한 이유일 것이다. 이러한 진보적 영성들이 가난한 영혼들에게 설득력을 잃고 있는 자리에서 내적 삶의 성숙을 도모하는 전일주의적 영성은 특별한 기여를 할 수 있다고 힐라스는 주장한다. 지구촌의 각박해지는 민중들의 삶에 호소력을 지닌 배타주의적이고 과격한 성향의 소위 보수적 영성들이 지구촌 문명들 간의 대결 구도를 조장해나갈 때, 삶의 근원적 영성을 통해 신론이나 기독론 혹은 구원론의 자리에서가 아니라 '서로 동일한 한 인간'이라는 근원적 자리에서 대화를 도모할 여지를 전일주의적 영성은 갖고 있기 때문이다. 이는 서구적 영성의 길도, 동양적 영성의 길도 아니라는 점에서 "제삼의 길"(a third way)이라 불릴 수도 있을 것이다(Heelas 2008, 226). 특정의 배타적인 종교성에 집착하지 않고, 인간의 주체적인 행복을 도모하기 위해 생각과 뜻과 실천을 모을 수 있는 동력을 전일주의적 영성은 담지하고 있는 것이다. 배타주의적 성스러움의 힘이 포괄주의적 성스러움의 힘을 압도해나갈 때 지구촌의 국가들은 생명력을 갖고 살아가기 어렵다는 것은 많은 상상력을 요하지 않는다. 이때 전일주의적 내면의 영성은 "우리는 모두 똑같지만, 그러나 다르다"는 것을 말함으로써 우리가 함께 모여 차이를 차별의 조건으로 만들어가는 지구촌 자본주의의 악마적 조건들을 변혁해나갈 수 있을 것이다(Heelas 2008, 230). 그렇다면 이 '가난'은 21세기 자본주의 체제하 상업주의 사회 속에서 공통의 주제로 대화를 엮어갈 수 있을 것이다.

2.3. 문화적 · 정치적 · 인종적 주변인으로서 '사이'의 존재

문화적 · 인종적 다원주의 시대의 신학적 패러다임으로서 이정용은 중심부의 신학이 아닌 주변부의 신학(a theology of marginality)을 주창한다. 이는 신학 담론의 핵심 혹은 중심을 지향하여 나아가는 중심주의적 접근 방법을 지양하고, 시대의 변방 혹은 주변부를 신학 담론의 핵심으로 삼고자 하는 시도이다. 우리 시대 신학이 붙들고 나아가야 할 것은 이 시대의 중심부를 차지하는 계층이 아니라, 중심에서 밀려나 가외 혹은 부차적인 조건으로 밀려난 주변부 계층이라는 것이다. 특별히 이정용이 말하는 주변성은 성과 계급과 경제 그리고 혹은 종교에 의해서 주변화된 사람들의 조건을 말한다(Lee 1995, 2). 이 주변성은 계급이나 성, 문화나 인종적 차이에 상관없이, 시대를 살아가는 모든 사람의 조건들의 차이를 넘어 공통적으로 경험되는 것이기에 인간의 "공통 기반"(a common ground)이 될 수 있다고 이정용은 역설한다(Lee 1995, 2). 이 공통의 기반은 우리 각자가 살아가는 삶의 이야기적 구조에서 비롯되며, 그 다양한 삶의 이야기를 관통하는 공통의 기반이 바로 '주변성의 경험'이라는 것이다. 삶의 이야기적 구조가 구성하는 '나'의 구조는 "다원적"(pluralistic)이다(Lee 1995, 8). 내가 처한 삶의 상황은 결코 단일하고 규격화된 구조가 아니며, 내 삶의 이야기는 나의 다중다단한 상황, 즉 남편으로서, 가장으로서, 아빠로서, 제자로서, 선생으로서, 운전하는 자로서, 남자로서 갖는 삶이 상황들의 중층성이 빚어내는 어긋남과 불협화음들을 통해 형성되지만, 그 다양한 삶의 이야기들이 내 삶의 이야기 속에서 '나'를 관계로 엮이기에 또한 "관계적"(relational)이기도 하다(Lee 1995, 8).

특별히 이정용은 자신의 책에서 아시아계 미국인으로서 갖는 이중적 정체성을 다원주의적이고 관계적인 '나'의 정체성 구조로 제시한다. 이 이중적 정체성은 한국계 미국인만 갖는 이중성은 아니지만, 그 이중성으로 인해 야기되는 삶의 무게와 고통의 이야기가 그와는 다른 이중적 정체성을 짊어진 이들에게 '같지만 다른 이야기'로 공감된다. 바로 이 공감은 그들이 미국 사회에서 겪는 주변적 신분의 이야기이며 이는 그들의 "고난과 거절, 차별과 억압"의 이야기들이라는 공통된 삶의 구조에서 비롯된다(Lee 1995, 9). 이중적 정체성으로 인한 차별의 고통은 우리의 인종 이해나 인간 이해, 혹은 중심부를 차지한 이들의 인간 이해가 단일한 정체성으로 엮어진 정형화된 인간 이해를 근간으로 하고 있기 때문이다. 그 단일하고 정형화된 인간 이해가 차별적 구조의 근간이 되는 이유는 그들의 범례화된 인간 이해 규격에 들어맞지 않는 범주의 인간들을 주변화해, 차별하고 억압하기 때문이다. 이러한 차별적 인간 이해하에서 주류(majority)와 비주류(minority)는 인구수나 인구 비율의 문제가 아니다. 정형화된 인간 이해의 범주에 맞는 이들이 그 귀속 집단에서 인구의 몇 퍼센트를 차지하든지와 상관없이 바로 주류를 형성한다. 또한 아무리 많은 숫자의 인구라 할지라도 그 모범화된 범주의 인간에 속하지 않는 이들은 비주류 곧 종속된 집단이 된다. 이러한 사례의 가장 극단적인 경우를 우리는 남아프리카공화국에서 있었던 인종차별주의의 역사에서 찾아볼 수 있다. 수적으로 소수인 유럽계 사람들이 주민의 대다수를 차지하는 아프리카계를 지배하며 주류로 군림하였다. 이러한 주류/비주류의 인종주의 이분법이 작동할 수 있었던 것은 바로 우리의 중심/주변을 이분법적으로 사고하는 버릇이 스테레오타입, 즉 고정관념을 통해 중심을 주변보다 중요한 것으로 보도록 만들었기 때문이다.

이정용은 이 고정관념의 전복을 그의 책 *Marginality*에서 시도하고 있다. 모든 인간에게는 중심을 고정시켜놓고 그 중심과 자신을 동일시하며, 그 중심부에 귀속되지 못하는 다른 이들을 차별하려는 인식적 성향이 내재해 있다고 말하면서, 이정용은 각 제 종교의 창시자들은 바로 이 중심성의 우상으로부터 인간을 해방하고자 하였다고 보았다. 이정용은 그동안 무시되고 외면 받았던 주변부와 주변의 삶과 영혼들의 중요성을 부각하기 위하여 의도적으로 '주변성'을 훨씬 더 강조한다고 말한다. 이러한 강조를 통해 중심으로 치우쳐 있는 균형을 회복하고자 함이다. 하지만 원칙적으로 중심과 주변은 서로를 통해 창출되고 존재한다. 사실 중심이란 고정된 것이 아니다. 특정의 중심만을 중심이라고 고집하는 것은 자기중심적 시각으로 세계를 분별하려는 모든 유기체의 생물학적 본능인지도 모른다. 각자가 각자의 자리를 "중심으로" 세계를 구성해나간다는 사실을 염두에 둔다면, 사실 중심은 하나가 아니다. 따라서 다중심성("multiple centers")을 통해 세상을 구성한다면, 모든 자리는 곧 중심이고 주변이다(Lee 1995, 32). 자기를 중심으로 볼 때 각자의 자리는 중심이지만 타자의 눈에는 '주변'이다. 문제는 이러한 중심/주변 구별의 상대성을 인정하지 않고 자신의 터만이 중심이라고 고집하고 강요하는 문화 제국주의의 이력이 여전히 지구촌 자본주의의 시대에 강력하게 남아 있어서, '차이'(difference)를 차별과 특권의 조건으로 삼으려는 전략이 사람들의 마음을 강력하게 사로잡고 있다는 것이다. 즉 성적, 인종적, 경제적, 정치적, 교육적, 직업적, 연령적 차이들이 자신의 고유한 조건들을 특권화하고 군림하려는 욕망으로부터 독립되어 해방되지 못하고, 기존 체제 안에서 야합하고 결탁하는 구조를 갖는다는 것이다. 그래서 '주변성의 경험'은 나-중심주의로부터 벗어나 내가 주변부된 입장에서 상대방의 차이를 이해하는 경험이 되는 것이 아니라, 권력과 특권의 기제로부터 "소외받는"(alienated) 경험이 되거나, 그들을 억압하는 지배자의 경험이 된다. 그래서 "WASP" 즉 앵글로 색슨계 백인으로서 개신교인(white Anglo-Saxon Protestant)은 근대 제국주의 시대로부터 물려받은 특권과 권력을 21세기 다국적 자본주의 시대에서 영속화하기 위해 기를 쓰는 '중심부의 사람'으로(Lee 1995, 35), 그 범주에 들지 못한 이들은 식민지 백성의 유산을 물려받아 억눌리고 억압받는 자의 저주받은 삶을 짊어진 주변부의 사람이 된다. 그리고 세계는 그 둘로 갈라진다.

다인종·다문화 사회에서 이상의 주변화 과정이 이루어지는 단계를 로버트 파크(Robert E. Park)는 "경쟁과 갈등, 적응 그리고 동화"의 4단계로 도식화한 바 있다. 이는 미국 문화를 "거대한 도가니"(the big melting pot)로 보면서, 다인종·다문화가 결국 하나로 동화되어 거대한 혼합 문화로 나아갈 것이라는 예측이다. 이정용은 파크의 모델에서 '주변화' 혹은 주변성이 전체 동화 과정들에서 "단지 하나의 임시적 조건과 하나의 '사이'(in-between) 단계"로 간주되고 있음을 주목한다(Lee 1995, 36). 즉 주변성이 출현하는 것은 전체 동화 과정이 아직 완전히 종결되지 않았음을 의미하는 것으로 파크의 모델은 주장하고 있다. 바로 이것이 파크 모델의 결함이다. 우리는 미국 문화 속에서 아프리카계 미국인들이나 혹은 미국 원주민들의 경우에서 보듯이, 비주류 혹은 소수자들로 간주되는 인종이나 문화가 전적으로 동화되어 소멸되거나 주류 문화의 일익으로 편성되는 경우를 거의 보지 못한다. 오히려 비주류의 문화는 거대한 주류 문화의 압박으로 스스로 사라지거나 혹은 저항하거나 하는 기로에 놓이게 되며, 보다 더 주목할 것은 그들의 문화적 저항은 결코 사라지지 않는다는 사실이다. 미국 원주민들의 문화가 쇠퇴하긴 했지만 사라진 것은 아니며, 그들에 대한 억압과 박해의 기억들이 잊히는 것도 아니다. 또한 아프리카계 미국인들이나 라틴계 미국인들의 경우 점차 그 인구수를 더해가면서, 이제는 앵글로 색슨 중심의 미국 주류 문화를 넘보고 있다. 그럼에도 그들의 문화는 여전히 억압과 박해와 핍박의 기억들을 잊지 않고 있으며, 따라서 파크의 경우처럼 단순히 완전한 동화의 최종 단계를 그려내는 것은 비현실적이다. 그렇지만 파크의 모델은 인종적·문화적 주변화(marginalization) 과정을 조망해볼 수 있는 모델을 제공해준다는 점에서 기여한 바가 있다. 중요한 점은 바로 '거대한 도가니 이론'의 실패가 주변화로 귀결되었다는 사실이다. 거대한 도가니 모델은 곧 유럽인들, 좀더 구체적으로 앵글로 색슨 계열의 유럽 이주민들을 중심으로 한 이론이었다. 따라서 그에 기반한 동화 이론은 결국 다른 문화와 인종들이 동화 과정을 통해 사라질 것을 예고한 셈이다.

동화 이론이 예측하는 첫 번째 단계는 '경쟁'이지만, 이러한 경쟁 단계는 그 전에 "만남"(encounter)의 단계를 전제한다. 이 만남의 단계는 단지 중성적이고 객관적인 만남이 아니라, 기존 문화의 주변부로부터 출현하는 이에게는 중심 집단의 주류 문화를 받아들이고, (자신의) 주변 집단의 소수 문화를 거절하라는 압박의 경험으로 일관된다(Lee 1995, 39). 이러한 만남의 단계를 지나면서 조성되는 경쟁의 단계란 곧 "연약하고 가난한 자를 주변화하는" 과정일 수밖에 없다(Lee 1995, 39). 대중 매체들은 이 경쟁 단계를 통해 성공한 소수 문화의 사람들을 부각시키지만, 그렇게 성공의 스포트라이트를 받는 소수의 사례들을 선전함으로써 이 경쟁 체계가 담지한 억압의 기제를 은폐하고, 성공하지 못한 자들의 삶을 '실패'로 규정하며 책임을 그들 자신에게 전가하려는 기존 기득권 중심 체계의 전략을 답습하고 있을 따름이다. 더 나아가 기존 문화가 '차별주의'의 기제를 담지하고 있다면, 적응이란 바로 차별의 기제가 얼마나 치밀하고 철저한지를 깨닫는 단계에 다름 아니다. 주변부 문화의 사람들이 중심부 문화에 적응하려고 노력하면 할수록 인종차별의 기제들은 그들을 더욱더 소외시킬 뿐이다. 바로 이러한 소외의 경험은 유색인종의 이주민 2세대들의 삶 속에 절절히 배어 있다. 따라서 적응이란 이 차별의 기제에 철저히 적응하고 순응하며, 자신들의 상처와 아픔에 재갈을 물리고 침묵하며 살아가는 삶을 강요하는 것 이외에 다름 아닌 것이다. 파크 모델은 따라서 주변부를 살아가는 사람들의 경험을 담아내지 못한다.

여기서 이정용은 다인종·다문화 속에서 주변부를 살아가는 사람의 경험을 "사이"(in-between) 경험이라 제시한다(Lee 1995, 43). 이것은 자신이 인종적으로 물려받은 소수민 문화와 자신이 살아가는 땅의 주류 문화 사이에서 양쪽에 귀속되어 있지만, 역설적으로 그렇기 때문에 그 어디에도 속하지 못하는 경험이다. 미국인의 국적을 갖고 있기에 미국인이지만, 인종적으로 주류 인종이 아니기에 거절당해야 하는, 수용과 거절의 이중적 경험은 한국인의 정체성에서도 그대로 작동한다. 부모의 문화와 인종을 물려받았기에 한국인의 일부이지만, 미국에서 살았던 경험과 문화 탓에 그들은 온전한 한국인으로 수용되지 않는다. 그래서 그들은 한국인으로 수용되면서 거절당한다. 따라서 두 세계 "사이"(in-between)를 살아가는 경험은 그 어느 쪽에도 전적으로 귀속되지 못하는(neither-nor) 경험으로, 사이를 살아가는 자는 결국 "비존재"(a non-being)로 간주된다(Lee 1995, 45). 이 "실존적 비존재성"(existential nothingness)의 경험은 그 주체에게 "자기-소외"를 경험케 하며, 그렇게 소외된 자아는 두 세계 사이에서 갈가리 찢겨져 "분열된 자아"(divided self)를 경험케 하고, 이는 곧 "문화적 정신분열증 환자"(cultural schizophrenic)가 되게 한다(Lee 1995, 45; 46).

그 어디에도 전적으로 귀속되지 못하고 사이 세계에서 어정쩡하게 머물러야 하는 주변인의 삶은 우리가 중심/주변의 이분법적 도식에서 해법을 구하려 할 경우 부정적일 수밖에 없다. 여기서 이정용은 중심/주변의 어느 한쪽을 긍정하거나 부인하는 전략 대신 중심'과' 주변 '사이' 자체를 성찰한다. 주변인은 중심과 주변 사이에서 그 어디에도 속하지 못한 채 살아가는 사람들을 가리키며, 주변성(marginality)이란 바로 그 '사이'를 구성하는 "경계 자체"이다(Lee 1995, 47). 그 '사이'는 그 자체로 어떤 실체나 존재성을 갖고 있지 않으며, 언제나 두 세계

간의 관계가 설정될 때에만 "덤으로"(in excess) 출현하는 그 어떤 것이다(Lee 1995, 47). 따라서 우리가 세상을 보는 시각과 관점에서는 언제나 비존재로 누락되는 그 어떤 것이다. 이정용은 바로 이 '사이의 덤'을 주목한다. 왜냐하면 바로 이 '사이'를 통해 두 세계의 그 어떤 '관계'도 가능하기 때문이다. 따라서 사이에 놓인 주변성은 하나의 "넥서스"(nexus) 혹은 관계망이고, 스스로는 존재치 않으나 타자와의 관계 맺음 속에서 존재하는 그 넥서스에 대한 "상징"이다. 그것은 독자적인 존재를 갖고 있지 않기에 언제나 그의 존재는 관계 맺는 주체들의 조건들에 의존적이고 개방적이다(Lee 1995, 47). 중심/주변으로 나뉜 세계에서 사이의 존재는 양편 모두에 귀속된 존재이다. 다시 말해서 그 사이의 주체는 중심과 주변 모두를 구성하는 근원적 실재로서 그 모든 곳에 "중첩"(in-both)된 존재이다(Lee 1995, 49). 이 중첩성은 '사이됨'의 부정성을 보완하는 역할을 한다. 왜냐하면 중첩은 모두에 귀속된 존재감을 부여하기 때문이다. 자칭 중심의 사람들이나 자칭 주변부의 사람들이 사이에 낀 '나'의 주체를 어떻게 정의하든지 간에 이 중첩된 존재로서 주체는 자신을 스스로 '사이에서 중첩된 존재'로 적극적으로 규정해나갈 수 있다. 사이에서 중첩된 존재로서 주변인의 정체성은 중심부에 동화되거나 혹은 저항하는 대항 세력으로서 주변부에 대한 이해를 넘어서서, 사이 존재 자체의 주체성을 드러낸다. 중심부에 대한 (긍정적으로든 부정적으로든) 관계로서 규정되는 주변부는 (현실이기는 하지만) 언제나 중심부에 종속된 존재일 수밖에 없다. 바로 이것이 해방신학의 한계였다. 사이에 중첩된 존재는 이렇게 종속된 존재로서의 주변부적 존재에 대한 이해를 전복하여 적극적으로 사유하려는 시도이다.

따라서 '중첩된'(in-both) 존재로서의 사이 이해는 곧 중심/주변의 상대성을 통찰하면서, 두 세계 모두를 긍정하며 품으려는 시도이다. 이 사이에 중첩된 존재의 눈으로 다양한 문화와 인종들을 바라본다면 모든 사람은 곧 사이에 중첩된 존재로서 "주변인"(a marginal person)일 수밖에 없다(Lee 1995, 53). 그렇다면 주변인은 전일적("in-be-yond" 그리고 "holistic") 존재일 수밖에 없다(Lee 1995, 60). 그것은 곧 '사이'를 구성하는 중심/주변의 경계조차도 넘어서서 그 모든 존재의 상대성들을 품고 조망하는 자리이다. 이는 곧 중심/주변의 상대성이 엮어내는 그 모든 차이를 조화로 품는 것을 말한다. 이를 기술하는 전통적 어휘는 "초월"이지만, 이 초월은 그 모든 차이를 뛰어넘어 차이 없는 저세상으로 넘어가는 것이 아니라, 지금 여기 이 세상의 모든 차이 속으로 깊이 들어가 그것을 갈등이나 경쟁으로 풀기보다는 조화로 풀어낼 수 있는, 그래서 그 모든 차이가 차별로 나아가지 않도록 하는 사람으로서, 그런 방식으로 그는 "해방된 사람"(a liberated person)이 된다(Lee 1995, 63).[32) 그 해방된 사람은 곧 사이("total negation")와 중첩("total inclusion")의 역설을 넘어서는 사람이다(Lee 1995, 67).

2.4. 혼종적 주체성과 저항의 전략으로서 모방

호미 바바는 이정용의 중심/주변의 이분법을 제국/식민지의 이분법으로 보았을 것이다. 제국/식민지의 이분법은 제국에 대항하는 담

---

32) 주목할 것은 여기서 이정용은 "혼종된"(hybrid) 존재를 긍정적으로 평가하지 않는다(Lee 1995, 64). 오히려 그의 "전일적 초월적"(in-beyond) 존재는 혼종성에 머물지 않고, 혼종성을 '조화'라는 이상으로 각색한 존재가 된다. 혼종성 자체를 긍정하는 것이냐 아니면 혼종성이 아닌 또 다른 이상의 모습을 추구하느냐에 따라 이정용과 바바는 궤를 달리한다.

론으로서 민족 담론을 탈식민지 담론으로 삼도록 만든다는 점에서 제국/식민지의 지배/종속 구조를 근원적으로 극복하도록 만드는 것이 아니라 도리어 그 구조에 길들여지도록 만든다. 힐라스가 1960-70년대의 대항 문화 운동이 자본주의 문화와 불가분리의 관계 구조를 형성한다고 말했듯이 말이다. 바바의 관점으로 지금까지 계급 해방 운동이나 성 해방 운동 등은 지배 구조에 반하여 대항 담론의 구조를 형성해왔기 때문에 그 이분법적 구조를 탈주하려고 하면 할수록 더 그 구조에 얽매일 수밖에 없는 속성을 담지하고 있었다. 따라서 바바는 탈식민주의 담론의 현장에서 제국 담론에 역설적으로 종속되는 대항 담론이 아닌 제삼의 담론 형성을 추구하면서, 탈식민주의 운동의 주체를 새롭게 정위해야 할 필요성을 느꼈다. 말하자면 그것은 계급과 성 범주의 특이성으로부터 "주체 정위"(subject position)로의 이동이었는데, 그 이동은 "본래적이고 시원적인 주체성들의 이야기들을 넘어" 사유할 필요를 불러일으켰다. 이 필요성은 특별히 문화적 차이들이 세밀하게 느껴지는 자리에서 더욱 절실하다(Bhabha 1994, 1).

이 문화적 차이들의 "틈새들"(interstices)이 드러나는 자리에서 이전 시대의 담론의 경계들, 특별히 민족과 공동체와 문화 담론들의 경계들은 서로 간주관적으로 협상(negotiate)하고 있는 것으로 나타나며, 그 협상의 경계선들 위에서 주체는 인종적·계급적·성적 차이를 구성하는 부분들의 총합 "사이에서"(in-between) 또는 그 총합을 초과하는 잉여로서 형성된다(Bhabha 1994, 2). 이 "문화적 약정의 조건들"(terms of cultural engagement)은 "수행적으로(performatively) 생산된다"(Bhabha 1994, 2). 말하자면, 문화적 차이는 주어지는 것이 아니라 주체들의 협약을 통해 수행적으로 생산된다는 것이다. 이는 곧 문화적 차이와 주체의 특이성은 "복잡하고 계속적인 협약"으로서 역사 형성 과정(들)을 통해 "문화적 혼종성들의 인가를 모색하는" 과정임을 말하는 것이다(Bhabha 1994, 2). 다시 말하자면, 지배자의 주체와 종속자의 주체는 서로 절대 구별되고 분리되어 있는 것이 아니라, 서로의 구조 안에 상대방의 구조를 반영하고 반추하고 있으며, 그렇기에 서로 대적할 때조차도 서로를 바라보며 각자의 정체성을 협상하고 있다는 것이다. 그러한 협상을 통해 그 주체들의 문화는 혼종화(hybridization) 과정을 겪을 수밖에 없고, 이 혼종화 과정을 통해 문화는 시대의 주체를 새롭게 형성해나간다. 이러한 문화적 혼종성의 역동성은 곧 그 시대 체제 속에서 소수자의 삶에 동반되는 "우발성과 모순성의 조건들"(the conditions of contingency and contradictoriness)을 통해 정체성의 경계를 재기입(reinscribe)하는 전통의 힘에 기반한다(Bhabha 1994, 2). 이 역동성을 통해 한 문화의 과거는 새로운 자리에 정초되며, 이는 곧 이질적인 문화적 시간들을 전통 체제에 도입하여 새롭게 만들어내는 과정을 말한다. 그렇다면 이 혼종화 과정의 주체는 기존의 지배 문화가 아니라, 안정적으로 정주하기를 희구하는 기존의 지배 문화를 뒤흔들어 이질적인 문화의 시간들을 기존 전통 속으로 재기입할 필요성을 창출하는 피지배자들의 주체이다. 종속된 자들은 그렇게 지배 문화를 유인하기 위해 힘으로 지배자의 주체를 뒤흔들기보다는, 오히려 유혹하고 모방하고 교묘히 혼합한다. 그래서 그들이 주체성을 발휘하는 전략은 언제나 지배 담론의 구조를 그대로 모방하지만, 그 모방 속에 해학과 풍자를 담아 뒤집기(subversion)를 시도한다. 이러한 과정을 통해 문화적 차이는 "소수자의 정체성들의 생산"(the production of minority identities)으로서 집단이 표상되는 과정에서 분열되어 독자성을 확보한다(Bhabha 1994, 3). 이 '차이'를 생산해내는 "사이 길"(interstitial passage)은 전통 체제의 고정된 '정체성들' "사이"(between)에서 유래하며, 바로 그 '사이'에서 "가정되거나 부여된 위계질서 없이 차이를 받아들이는 문화적 혼종성(cultural hybridity)의 가능성을 열어준다"(Bhabha 1994, 4).

문화 속에서 융합 혹은 혼종의 가능성이란 곧 기존 체제나 관념들의 경계를 넘어가는 것을 의미하며, 이 경계 "너머"(beyond)는 때로 진보나 미래의 약속을 의미하기도 하지만, 적어도 문화적 혼종의 맥락에서는 현재와 혹은 현재로부터 "분리와 탈구"를 의미한다(Bhabha 1994, 4). 우리 시대 문화를 표기하는 용어들 "post-"는 '이후'(after)라는 의미보다는 이 '너머'의 뜻에 더 가깝다. 이 '너머'가 현실적으로 구체화되는 곳이 바로 국경이다. 국경 지대에서 우리 시대 지구촌은 "탈식민지 이주의 역사, 문화적·정치적 디아스포라의 이야기들, 소작농과 토착 공동체들의 거대한 사회적 퇴거(displacement), 추방자와 망명자의 시학, 정치경제적 난민들의 냉혹한 산문"으로 구성된다(Bhabha 1994, 5). 그리고 바로 그 국경에서 혼종성의 출현을 가능케 하는 어떤 것이 출현한다. 이 경계선 너머로부터 도래하는 혼종성은 현 경계선을 구성하고 유지하는 현 체제의 담론을 조롱하며, 그 핵심 담론인 '순수성의 신화,' 예를 들어 '순수한 백의민족'과 같은 순혈주의 민족주의 담론의 기반에 도전한다. 그 경계선상에서 순수성 담론을 넘어 새로이 등장하는 혼종성의 운동은 결코 매끄러운 전이 과정을 나타내는 것이 아니다. 오히려 "강제 추방과 분리의 과정"이다(Bhabha 1994, 5). 순수성의 체제를 지키려는 경계 체제는 이질적인 것과의 교합을 부인하고 억압하지만, 그러한 부인과 억압은 금지된 것을 수행하고자 하는 욕망과 그를 실현할 자유를 부추김으로써, 그것이 억압하고자 하는 이종교배(hybrid)를 막지 못한다. 이 이종교배를 통해 탄생하는 혼종들은 기존 경계 체제로부터 비하적으로 외면당

하고, 그들은 늘 시스템의 경계 밖으로 추방되어 존재하지 않는 존재
로 살아간다(인도의 달리트, 이주민 노동자, 외국인 며느리, 화냥년,
정신대 등).

이 혼종성의 시공간은 결국 집과 세계의 재배치를 의미하는데, 이
는 그 '너머'의 개입이 야기하는 "현존성"(presencing) 때문에 창출되
는 "낯섦"(unhomeliness)을 의미한다. 이 낯섦은 노숙자(the home-
less)의 삶이 갖는 낯섦과는 다른 낯섦이다. 이 낯섦은 우리가 친숙한
것으로 여겨왔던 '세계' 속에서 문득 지금까지 보지 못했던 어떤 이질
적이고 새롭고 그래서 낯선 것을 찾게 되면서 생기는 낯섦이다. 이는
경계의 내외가 이원적으로 분할되어 이중의 시간(차이)로 구성되면
서 생기는 낯섦이다. 경계 안의 친숙함과 경계 밖의 낯섦(strangeness)
은 내외를 인식하는 주체에게 친숙함 속의 낯섦 혹은 동일성 속의 차
이를 야기한다. 그리고 이 낯섦과 친숙함 '사이'가 야기하는 차이가 그
차이를 다루어가는 전략으로서 혼종성을 배태한다. 이 낯섦과 거리
를 야기하는 경계 밖 혹은 경계 너머는 실재의 바깥 혹은 세계의 바깥
혹은 집 바깥을 지시하는 것이 아니라, 사태를 인식하는 우리의 인식
체계 너머로 추방되어 복귀를 거부당한 '나' 혹은 '우리'의 거절당한
자아의 일부를 가리킨다. 그렇게 그 '바깥'은 우리의 체제가 정의하는
바깥(the outside 혹은 the beyond)이다. 그러나 실재 세계에는 내/외
가 그렇게 말끔하게 구분되지 않는다. 이 낯섦의 타자성은 곧 저 바깥
에 놓인 전적 타자가 아니라 오히려 내부에서 "괄호 쳐진"(in paren-
theses) 그래서 이질적이고 낯선 것으로 체제에 의해 규정된 타자이
다(Bhabha 1994, 17). 그래서 신체적으로는 추방되어 거리감 있게 느
껴지며 접촉성을 상실한 타자이지만 체제 담론의 틈새에 배어 있어,
비존재로 규정되면 될수록 도리어 그 비존재에 대한 지시를 통해 언

제나 체제의 존재 담론에 기생한다.

이런 상황에서, 바바에게 진실(the true)이란 "대립적이고 상극적인 요소들의 (부정이 아니라) 협상 조건들 안에서 아고니즘(agonism)[33]의 행위로 사건 도중에 대항 지식들(counter-knowledges)을 구성하는 의미들의 생산성, 즉 창발 과정 자체의 양가성(ambivalence)에 의해 언제나 표시되고 고지된다"(Bhabha 1994, 22). 이는 곧 진실은 사건 발생 과정의 바깥에서 판별되기가 쉽지 않으며, 또한 진실에 대한 앎(knowledge)은 재현(representation) 과정의 외부에서 발생하지 않는다는 것을 의미한다. 따라서 모든 지식 담론은 그 안에 쉽사리 참/거짓, 아군/적군을 분별할 수 없게 만드는 양면성(ambivalence)을 담지하고 있다. 이 진실의 복잡성과 중층성은 그 글쓰기의 형식이 일구어가는 무늬의 역사를 통하여 드러날 수 있을 뿐이다. 이는 곧 자본가의 논리와 노동자의 논리, 제국의 논리와 식민지의 논리를 말끔한 선으로 분명하게 그어주는 경계가 존재하지 않는다는 것을 의미한다. 왜냐하면 그 경계에서 제국의 논리와 식민지의 논리는 서로 교합하여 혼종화(hybridization)되기 때문이다. 이러한 중층성 때문에 역설적으로 정체성의 위기(crisis of identification)는 특정한 정치 시스템의 의미 작용 "내에서 특정한 차이를 드러내는 텍스트적 차이"로부터 비롯된다(Bhabha 1994, 23). 말하자면, 정체성의 경계를 확고히 하려는 기입의 행위가 도리어 정체성의 위기를 촉발한다는 것이다.

이 과정에서 비평의 언어가 중요하고 효력을 갖게 되는데, 이는 그 언어가 주인과 종의 언어를 명확하게 구별해주기 때문이 아니라 "기

---

33) 아고니즘(agonism)은 정치 이론에서 갈등하는 국면의 긍정적이고 창조적인 측면을 부각시켜 보는 이론을 말한다.

존의 대립 근거들을 극복하면서 번역의 공간을 열어주"기 때문이다. 바바는 이 번역의 공간을 동일자의 자리도 타자의 자리도 아닌 제삼의 공간, 즉 "혼종성의 자리"라고 부른다(Bhabha 1994, 25). 대립적이고 상극적이고 모순적인 요인들의 협상이 바로 이론이 일으키는 사건이며 이를 통해 새로운 번역, 즉 혼종의 공간이 열리고, 지식과 대상 혹은 이론과 실천 사이의 부정적인 양극성이 분쇄된다. 여기서 바바의 이 혼종성의 자리는 데리다의 차연(différance)의 자리에 매우 근접해 있다. 왜냐하면 협상은 승화나 초월의 궁극적인 자리를 가리키지 않으며 우리의 모든 (협상) 시도가 끝없는 "반복의 구조"(the struc-ture of iteration)를 갖고 있음을 함축하기 때문이다(Bhabha 1994, 26). 이러한 협상의 반복적 구조는 우리가 정치적 이상으로 삼는 순수한 대상은 존재하지 않으며, 모든 이상과 주장은 "의미의 번역과 전이 과정" 속에 있고(Bhabha 1994, 26), 번역된 의미는 고정되는 것이 아니라 변화하는 협상 환경 속에서 언제나 지워지기 마련이라서, 대상은 언제나 타자와의 관련성 속에서만 드러나며 비판 행위를 통해 전치된다. 결국 고정된 가치와 질서는 존재하지 않는다. 가치와 질서와 이상이란 언제나 타자와의 관련성을 통해서만 의미 맥락을 갖게 되고, 이는 가치의 형성이란 결국 주어진 상황 속에서 '정도'를 협상해나가는 과정을 의미한다. 결국 동일자(the One)도 타자(the Other)도 고정되어 존재하는 것이 아니다. 그것은 끝없는 번역과 전이 과정을 배태하는 혼종성(hybridity)으로서 자취를 드러낼 뿐이다. 최종의 목적인은 없다. 단지 과정만이 주어질 뿐이다.

여기서 차이와 타자성조차 고정되어 있는 것이 아니라는 사실에 주목해야 한다. 차이와 타자성은 "특정한 문화적 공간의 환상 혹은 서구의 인식론적 위기를 분쇄하는 이론적 지식 형태의 확실성"으로 등장한다(Bhabha 1994, 31). 이 차이와 타자성이 모든 시대를 위한 이상과 해결책으로 등장한다면, 이것은 종래의 동일성과 동일자 담론이 구축했던 지배 담론을 타자의 이름으로 반복하는 것에 불과할 것이다. 결국 차이와 타자성의 담론도 그의 "위치"(location) 혹은 상황성을 망각하지 말아야 한다. 말하자면 오리엔탈리즘 담론은 그것이 근대 서구의 관념론을 비판하고 해체하는 "인용의 자리"(a site of citation)에서 조망될 때 적실성(relevance)을 갖지만(Bhabha 1994, 32), 모든 차이와 상황에 맹목적으로 적용된다면 그것은 근대 서구의 지배 담론을 소위 '동양'의 이름으로 반복하는 꼴에 불과하다는 말이다. 탈식민지 담론이란 제국의 식민지 담론의 반대 혹은 타자로 인식되어서는 안 된다.[34] 식민 백성들의 담론은 식민지 권력에 대항하면서 토착 전통의 순수성을 대안으로 내세우는 시도가 아니다. 탈식민지 담론은 식민지 권력의 지배 아래서 식민 백성들의 토착 전통이 일정 부분 "돌연변이와 번역"(transmutations and translations) 과정들을 거친다는 사실을 유념한다(Bhabha 1994, 32). 그것은 곧 제국의 식민지 지배 담론을 모방하여 혼합하는 과정을 통해 형성되는 것이며, 이를 통해 출현하는 것은 동일자도 타자도 아닌 바로 그 혼종(hybrid)이다.

혼종성을 문화적 다양성의 맥락에서 이해한다면 종교적 혹은 문화적 혼합주의(syncretism)일 것이다. 여기서 바바는 '차이'(difference)

---

34) "탈식민성"(postcoloniality)은 "새로운 세계 질서와 다국적 노동 분화 내에 영속하는 '신-식민적'(neo-colonial) 관계들에 대한 건전한 암시"이다(Bhabha 1994, 6). 바바의 탈식민지 담론은 지식 엘리트의 이론과 현장 활동가의 참여 사이의 이분법이 결코 서구와 동양의 이분법을 극복하는 건전한 이분법이 아님을 분명히 한다. 오히려 탈식민지를 추구하는 정치적 글쓰기의 형식은 다양할 수 있으며, 일정한 형태의 글쓰기만을 탈식민지적 참여의 저항 운동으로 획일적으로 구분하고 인식하는 것이 현 지배 체제의 억압 구조를 공고히 하는 길이라고 본다(Bhabha 1994, 21).

와 '다양성'(diversity) 개념을 구별지어 이해한다. 즉 우리가 추구해야 할 것은 문화적 차이이지 문화적 다양성이 아니라는 것이다. 그에 따르면, 문화적 다양성이란 "인식론적 대상"으로서 문화를 "경험적 지식의 한 대상"으로 간주하는 것을 말한다(Bhabha 1994, 34). 즉 문화적 다양성이란 기존하는 문화의 내용들과 관습들을 인지하는 것이다. 이에 반해 문화적 차이란 문화를 "문화적 정체성의 체계 구축에 적합한, 진정하고 분별 가능한" 것으로 간주하면서, 문화를 언명하는 과정이다(Bhabha 1994, 34). 이는 "문화적 권위의 양가성"(the ambivalence of cultural authority)을 주목하는 것인데, 문화적 차이란 사실 다른 문화와의 차이를 드러냄으로써 자신의 문화가 지닌 "주권(supremacy)의 이름으로 지배하려는 시도"이며, 이때 문화의 권위란 차이를 언명하는 과정에서 배어나는 것이다. 이 언명은 필연적으로 분열(split)을 낳기 마련인데, 말하자면 문화적 이상으로서 표상되는 모델 즉 전통이나 공동체 등과 같은 것의 고수를 통해 문화적 기득권을 확보하려는 전통주의자와 새롭게 바뀐 문화 환경 속에서 그러한 전통적 가치와 이상에 대한 저항으로 등장하는 필연적인 부정(negation) 사이의 분열 말이다. 바로 이 분열된 자리에서 문화의 '협상'이 시작된다. 이 자리는 불안정하고 혼동스러운 자리이지만, 동시에 기존의 기득권으로부터 배제된 자들이 기득권 담론의 모방과 흉내를 통하여 자신들의 존재를 해방하는 자리, 곧 "해방의 시간"이기도 하다. 그래서 이 자리를 바바는 "문화적 불확실성의 시간"이라 말한다(Bhabha 1994, 35).

결국 문화적 차이의 언명은 이 분열 즉 과거와 현재의, 그리고 전통과 현대의 이원적 분할을 문제 삼는 것인데, 이는 "현재를 의미화하는 가운데 어떤 것이 전통의 이름으로 어떻게 반복되고 재배치되고 번역되는가의 문제"를 말한다(Bhabha 1994, 35). 이는 전통이라는 가면을 쓰고 반복되는 착취와 지배의 굴레를 어떻게 벗겨낼 것인가의 문제뿐만 아니라, 부여되는 문화적 상징들과 아이콘들의 획일화 효과 문제를 어떻게 다루어갈 것인가에 대한 의식을 포함한다. 바로 이 자리에서 문화는 단순히 무의식적으로 만개하는 그 어떤 것이 아니라 바로 "정치적 투쟁으로서 문화"(culture-as-political-struggle)임이 극명하게 드러난다(Bhabha 1994, 35). 문화는, 바바의 표현에 따르면, "그 자체로 일원적이지도, 또한 타자(Other)에 대한 자아(Self)의 관계 속에서 단순히 이원적이지도 않다"(Bhabha 1994, 36). 기득권 담론의 모방과 흉내가 기득권으로부터 배제된 자들의 해방의 수단이 되는 것은 바로 우리 언어와 표현이 단순한 반복의 구조가 아니라, 데리다의 말처럼 차이 혹은 차연의 구조를 담지하고 있기 때문이다. 따라서 언어의 차연 구조를 통해 표상되고 전달되는 의미도 단순한 모방이거나 절대적 투명성을 확보할 수는 없다.

언어의 차이 구조는 근원적으로 "명제의 주체와 언명의 주체 사이의 분리"를 통해 일어난다(Bhabha 1994, 36). 즉 문장의 진술 속에 표시되는 '나'는 그 명제를 언명하고 있는 '나'와 전적으로 동일하지 않으며, 이 언명의 주체로서의 '나'는 진술 속에 표상되지 않지만 그럼에도 그 주체는 진술 안에 체현되어 언명하는 주체가 귀속된 특정한 시간과 공간을 명제의 주체로 혹은 명제의 주체의 행위인 듯이 노출한다. 의미의 생산이란 곧 이 두 자리, 즉 명제의 주체의 자리와 언명 주체의 자리가 "문장 속에서 제삼의 공간(a Third Space)을 통해 동원되는(mobilized)" 것인데, 이 제삼의 공간은 "그 자체로 의식적일 수는 없"다(Bhabha 1994, 36). 이 제삼의 공간은 재현되지 않고, 문화의 의미와 상징 구조가 고정되지 못하도록 만들며, 양가적 과정을 통해 의미와 상징들이 전용되어 번역되고 새롭게 역사적으로 적용되게 한다.

이 제삼의 공간에서 명제의 주체, 즉 진술되는 명제의 '나'는 결코 언명의 주체인 '나'에게 말을 걸지 못하고, 언명의 주체는 결코 드러나지 않지만 "담론의 도식과 구조 속에 공간적 관계로 머물고 있다"(Bhabha 1994, 36). 이 주체의 분열은 언설의 의미가 결코 "동일자나 타자"의 것이 될 수 없음을 의미하며, 오히려 의미는 언제나 양가성을 담지할 수밖에 없음을 가리킨다. 왜냐하면 "명제의 내용은 그 명제의 위치성의 구조를 드러낼 방법이 없으며," 또한 "상황(context)은 그 내용(content)으로부터 모방적으로 읽힐 수 없기 때문이다"(Bhabha 1994, 36). 이 분열된 주체는 곧 "혼종적 정체성의 담지자"가 된다(Bhabha 1994, 38). 두 분열된 주체 '사이'는 간주체적(intersubjective) 공간이 되며, 이 "사이"(in-between) 공간은 주체가 그의 분열을 통해 자신의 정체성을 협상해나가는 공간이 된다(Bhabha 1994, 38).

3. 집 없는 자들의 집을 위하여

우리 시대, 즉 탈근대의 시대 혹은 포스트모던의 시대를 특징짓는 '곤궁'은 바로 '모든 곳에 귀속되어 있지만 동시에 그 어디에도 귀속되지 못하는 역설적 귀속감'(belonging)이다(Treacher 2000, 105). 전통적인 형식의 귀속감을 부여하던 체계는 이미 무너져 내렸고, 그래서 새로운 질서가 우리를 귀속하고 있지만, 그 체제는 역설적으로 우리에게 귀속할 시간과 공간을 특정하지 않는다. 그것은 모든 이에게 열려 있는 자유로운 체제이지만, 역설적으로 그 누구에게도 진정한 귀속을 허락하지 않는 그래서 모든 이를 체제로부터 소외시키거나 추방하는 체제이다—지구촌 상업적 자본주의의 체제. 이렇게 모든 것이

'우리'를 추방하는 체제 속에서 우리에게 귀속감을 부여하는 '집'(home)을 찾는 것은 "집만 한 곳은 없다"는 막연한 우리의 원초적 갈망이 아니라 '더 이상 그런 곳은 존재하지 않는다'는 처절하고 치열한 의식이다. 그러한 치열함을 살아나가다 보면, 결국 진정한 '집'은 주어지는 것이 아니라 우리가 만들어나가야 한다는 것, 그래서 우리가 살아갈 그 모든 곳이 집이 될 수 있다는 것, 그리고 그것의 여부는 결국 우리 자신에게 달려 있다는 것을 절감하게 된다(Treacher 2000, 106).

비슷한 맥락에서 모든 창조성은 결국 '무에서 유를 창조하는 어떤 비범한 능력'으로부터 오는 것이 아니라, 예전의 것을 편집하고 구성하는 눈썰미에서 온다. 하지만 (왜곡된 동기로부터) 우리의 학문적 업적을 평가하고 저작권 문제를 중시하는 현재 우리의 지적 환경은 마치 창조성은 무에서 유를 창조하는 신적인 작업으로 숭앙받으면서, 그러한 경지를 드러내지 못하는 거반의 학인들을 '학문의 이름으로' 억압하는 억압 기제가 되어간다.[35] 그러한 억압 속에서 지식인들은 자신들의 집이 더 이상 집이 아님을 절감한다. 집이 낯설어지면….

이상의 작업들을 소개하는 과정에서 필자는 그들이 공통적으로 연출하는 기제를 보게 된다: 이중 구속(double bind). 힐라스는 소비적 자본주의와 표현주의적이고 인문주의적인 가치가 이 관계 속에 있다고 보았고, 이정용은 중심 담론과 주변부 담론이 이러한 관계 속에 있다고 파악했으며, 바바는 제국 담론과 탈식민지 담론이 이 관계 속에

---

35) 이는 우리 지식인 사회의 구태와 게으름, 부정직과 위선을 사하거나 변명하려는 의도가 아니다. 본래 교수에 대한 혹은 지식인에 대한 여러 가지 평가 기준을 제시했던 가장 큰 이유 중 하나가 바로 지식인 사회가 고질적으로 전염되어 있는 인맥과 학연 그리고 불성실한 학문성 때문이었다. 하지만 그러한 문제를 해결하기 위해 도입된 여러 가지 제도들은 문제를 해결하기보다는 오히려 지식인 사회에서 비주류 혹은 힘을 갖고 있지 못한 자를 억압하고 추방하는 도구로서만 기능하고 있음을 주지하고자 함이다.

있다고 여겼다. 그렇다면 그들 각각은 바로 우리 삶 속에 주어진 그 이중 구속의 관계를 넘어 '해방의 길'로 나아가는 탈주로를 모색하고 있었던 것이다. 들뢰즈(Gilles Deleuze)는 정주민의 문화와 유목민의 문화 간의 이 이중 구속적 관계를 간파하고, 시대를 넘어서려는 이들은 이 이중 구속 관계를 벗어나는 탈주로(line of flight)를 모색해야 한다고 역설한다(cf. Deleuze and Guattari 1987).

힐라스는 그 탈주로를 전일주의적 영성(holistic spirituality)에서 찾는다. 이중 구속이 낳는 괴리와 역설을 전일성의 회복으로 극복하고자 하는 뉴에이지 영성들은 소비적 표현주의와는 달리 내/외의 뒤집기(inside out/outside in)를 시도한다. 그 뒤집기를 통해 이중 구속을 유지하는 체제 담론의 위선과 괴리를 고발하면서 내외의 일치를 시도한다. 하지만 힐라스의 시도는 가난의 해소에 대한 너무 막연하고 낭만적인 기대감을 담고 있다는 점이 눈에 뜨인다. 또한 '가난'을 생명과 삶의 근원적 조건으로 보기보다는 여전히 전일주의적 영성의 추구를 통해 극복해야 할 그 무엇으로 보고 있다는 점에서 가난을 구체적으로 주제화하고 있다고 평가하기는 어렵다. 즉 가난은 '전일주의의 소비에 참여하는 자아'에게 여전히 '문제'로 남아 있다는 점에서 불만족스럽다. 하지만 우리가 '가난'과 '민중'을 신학의 주제로 삼아갈 때에 갖게 되는 결정적 오류, 즉 가난의 반대인 '소비주의'를 무조건 지배의 담론이나 폭력의 담론으로 규정하고 그의 부정적인 측면만을 부각하면서 (우리도 인지하지 못하는 새에) 가난과 민중의 담론을 그에 대항하는 상황에서만 의미 있는 '편협하고 치우친' 담론으로 만들어가는 오류를 시정해주고 있다고 여겨진다. 아울러 소비 문화 속에서 양극화 현상이 진행될 때에 어째서 보수적 기독교와 보수 교회가 득세하고 있는지를 설명해준다.

이정용의 공헌은 그가 '인간의 근원적 모습'을 사이, 즉 그의 용어로는 in-between, 필자의 용어로는 'betweenness'에서 보았다는 점이다. 먼저 이정용은 그 사이의 존재가 갖는 부인된 존재감, 즉 neither-nor의 경험, 그 어디에도 귀속되지 못하고 떠돌아야 하는 존재의 경험을 중첩의 경험(in-both)으로 긍정적으로 승화하고, 이를 다시 억압의 조건마저 가슴에 품는 초월의 방식(in-beyond)으로 풀어주면서, 신학과 영성의 자리를 강조해주고 있다. 그에게 가장 시원적인 '주변인'(a marginal person)은 예수이다. 갈릴리에서 아비 없이 태어나 이스라엘 공동체에서 정당한 일원으로 대접받지 못하고, 그렇다고 당대 주류 문화인 제국 로마의 일원도 아니면서, 고향의 사람들로부터 미친 자로 취급받던 그 사람의 모습에서 이정용은 '주변화'된다는 것이 어떤 것인지 신학적으로 잘 설명해주고 있다. 하지만 그의 '사이'는 일종의 너무 순수하고 투명한 '사이'여서 그 사이 공간에서는 정체성의 그 어떤 혼합이나 협상도 이루어지지 않는다. 하지만 21세기 지구촌을 살아가는 이들에게 자신의 정체성은 끊임없이 협상을 요구하고 있고, 그러한 요구 이전에 스스로 협상해나가고 있다. 우리 시대 국경을 넘어 이주하는 유목민들의 실존적 상황은 그러한 정체성의 끊임없는 협상을 요구하고 있으며, 이제는 정주민보다 유목민이 수적으로 주류를 형성하는 시대가 되고 있다. 여기서 발생하는 문화적 혼종화의 가능성을 부정적으로 보았던 것은 이정용이 '순수성'과 '단일성' 민족의 신화를 주입식으로 물려받았던 세대에 여전히 속해 있었기 때문이라고 추측해본다.

바바는 '사이,' 그 제삼의 길을 흉내 내기와 협상을 통한 혼종화의 길로 보았다. 그는 차이들 속에 나 있는 "사이 길"(interstitial passage)을 걸어 나가면서 배어드는 문화적 혼종성을 통해 제국과 탈식민주의 담론의 이중 구속 관계를 넘어가면서, 우리 시대 불법 체류와 이주민 노동자의 문제 그리고 소위 외국인 며느리의 문제들이 결코 단순하게 '문제'로 간주되고 해법이 제시될 수 없는 성질의 것임을 밝혀준다. 요는 우리가 이해하고 있는 원자적 인간 이해, 즉 개체 중심적 인간 이해를 해체해야 한다는 것이다. 한 유기체 개체로서의 인간을 그를 이해하는 가장 근원적인 기본 단위, 즉 원자 단위로 설정하고 이해할 경우, 우리는 이 혼종화(hybridization)나 차연(différance)을 근원적 운동이 아니라 부차적 운동으로 간주하기 십상이다. 데리다와 들뢰즈 같은 이들이 우리의 근대적 인간 이해의 해체를 주장하고 나섰던 이유이다. 하지만 바바는 혼종화를 부각하느라 이정용이 전개하였던 만큼의 '사이'에 대한 통찰을 보여주지는 못한다. 아마도 '사이'가 낳는 치열함을 '서로 간의 흉내 내기와 협상을 통한 혼종화'로 설명하느라, 사이의 치열함을 부각하는 데 한계를 느꼈을는지도 모른다.

우리 시대 "가난한 자"를 말하는 방식은 더 이상 단순 소박할 수 없다. 인간의 삶이 단순하고 직선적이기보다는 복잡하고 다양하며, 중첩적이고 혼성적이기 때문이다. 결국 가난도 삶의 한 길이 아니던가! 가난을 말하면서, 우리는 왜 민중 신학과 토착화 신학이 구사하던 대항 담론의 전략이 실패했는지를 반추해볼 필요가 있다. 21세기 지구촌 자본주의 체제에서 대항 담론은 결국 제국의 지배 담론을 배경으로 해서만 자신의 고유한 자리를 부여받는다. 민중 신학과 토착화 신학이 지난 20여 년간 바로 이 지배 담론 체제 안에서 대항 담론으로서의 자리에 정주하려는 안일함이 배어들었던 것은 아닌지를 현대의 건설 장비를 녹색 성장으로 덧칠하는 정권의 적나라한 결말을 보고 나서야 반성하게 된다. 그동안 진보 신학은 "가난"을 잊었었는지도 모른다. 가난의 치열함이 망각되었을 때, 신학은 쾌락주의의 담론보다

세상을 설명하는 데 무능하고, 사람들의 마음을 다스리는 데 힘을 갖고 있지 못하며, 인문학의 담론보다 논리적으로 치밀하지 못하다. 신학 담론은 원래부터 그 무능한 자리에서 시작되고, 끊임없이 그 무능하고 가난한 영혼들의 자리를 찾아가는 데에서 그 존재 이유를 갖는다. 가난을 말하는 다양한 담론의 필요성은 우리 시대 가난의 형상들이 다양하고 복잡해지기 때문이다. 모든 억압 중에 성적 억압이 가장 치밀하고 철저하기 때문에 우선권이 부여되어야 한다는 전대의 페미니즘 논리처럼 억압으로부터 해방을 추구하는 담론이 전대 체제의 지배 담론을 반성 없이 그대로 반복하는 일이 지속된다면, '진보'란 차라리 존재하지 않는 편이 더 나을지도 모른다. 가난을 잊은 진보 신학은 지배 담론에게 더욱 강력한 표심을 심어줄 뿐이기 때문이다.

V

유령적 주체의 시대에
한국적 감성으로 신학하기

동아시아 문화권에서 '인간'(人間)은 기본적으로 '사이'(間)이다. 그런데 인간을 있음 혹은 존재(being)로 보지 않고 왜 '사이'(the be-tween)로 보게 되었는지는 사실 심도 있게 사유되어오지 못했다. 하지만 동아시아의 문화적 상상력 속에서 단지 '인간'만 '사이'로 간주된 것이 아니다. 시간(時間)과 공간(空間)도 역시 사이의 구조 속에서 상상되고 있다. 왜 우리는 '사이'를 통해 인간과 시간과 공간을 사유하게 되었을까? 여기서 '사이'란 무엇을 의미할까? 이 장에서 필자는 바로 이 물음에 답을 찾으려고 시도할 것이다. 물론 '정답'을 제시할 의도는 전혀 없다. 단지 그 물음들에 대해 가능한 한 하나의 답 혹은 제안을 도출하도록 시도할 것이다. 그러한 목적을 위해 동아시아적 '사이'의 사유구조를 한국적 감성의 구조 속에서 찾아보고자 한다. 이를 위해 필자는 한국적 감성의 핵심을 '흥'과 '한,' '무심' 그리고 '정'에서 찾는데, 이는 기본적으로 이 감성들이 사이 구조(the betweenness struc-

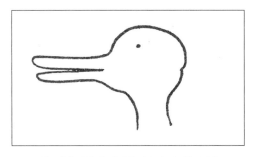

비트겐슈타인이 제시한 〈토끼-오리〉 그림

ture)를 이루고 있기 때문이다.

　이 책의 논의를 위해 '사이'라는 용어의 작업가설적 정의를 제시하자면, 사이(the between)란 비트겐슈타인(L. Wittgenstein)이 『철학적 탐구』라는 저서에서 제시한 개념인 "시점 전환"(change of aspect)처럼, 동일한 사물이나 사건에 대해 다른 해석적 가능성을 갖게 되는 가능성 혹은 잠재성을 말한다(Wittgenstein 1967, 195; 그림 출처 194). 위의 그림에서 우리는 '토끼'나 '오리'를 보지만, 그 둘을 동시에 볼 수는 없다. 오직 한 번에 한 종류만 보일 뿐이다. 둘을 볼 수 있는 가능성은 한 종류를 보다가 다른 종류를 보도록 '시점'을 전환하는 것이다. 그래서 오리가 보이다가 토끼가 보인다. 바로 그것을 비트겐슈타인은 '시점 전환'이라고 표현했는데, '사이'란 바로 이 '시점 전환'을 위해 요구되는 간격 혹은 공간을 말한다. 오리와 토끼 사이에는 아무것도 존재하지 않는다. 하지만 오리와 토끼가 거기에 현존하기 위해서는 그 사이에 없음으로 존재하는 그 무엇이 요구된다. 그것이 바로 '사이'이다. 이 사이는 양극성(bipolarity)으로, 때로는 이중성(duality)으로, 때로는 중첩성(overlayeredness)으로, 때로는 양가성(ambivalence)로 표현되는데, 그러한 모든 작용을 가능케 하는 원초적 '시-공간'을 '사이'라 한다.

이정배는 생명을 논하는 맥락에서 '사이'의 한 예를 제시한다. 그에 따르면 생명이란 "생물과 생물, 생물과 주위 환경 등 존재들의 '사이'에서" 벌어지는 무수한 '사이들'의 창발로서, 이 '사이'를 "'차이와 반복'으로 재사유한 것이 들뢰즈였고, '사건'으로 공식화한 이가 바디우"이다(이정배 2011, 239). 여기서 들뢰즈의 생명 이해가 적실한지 바디우의 사건적 생명 이해가 온전한 해석인지를 논의하는 것은 이 장의 목적을 벗어나기 때문에 상술하지 않는다. 단지 '생명'이란 현상이 들뢰즈적으로 해석될 수도 있고 바디우적으로 해석될 수도 있지만, 들뢰즈와 바디우의 해석이 무작위적으로 혼합되어 생명 해석에 투영될 수 없다는 것, 어느 한쪽의 해석과 시각을 적용한다는 것은 다른 쪽의 시선을 결여한다는 것을 이해하는 것이 중요하다. 그래서 그 두 해석은 만나지 못한다. 그 둘 간(間)의 관계는 우리의 통상적인 이해의 지평에서는 '무관'하다. 하지만 이 '무관'은 그 둘이 동떨어져 별도로 존재한다는 말이 아니다. 이 관계 아닌 관계를 필자는 '사이'(between-ness)라 정의한다.

'사이'(the Between)에 대한 동아시아적 감수성은 이미 인간을 '사람-사이'로 규정하고 있는 한자 人間에서 찾아볼 수 있다. 여기서 우리가 지금까지 크게 주목하지 않았던 점은 사람을 '관계'라고 하지 않고 '사이' 혹은 '간격'으로 서술하고 있다는 점이다. 인간 혹은 인간성 (humanity)을 가리키는 한자어는 仁인데, 이 또한 사람(人)과 둘(二)로 구성되어 있다. 따라서 인간에 대한 동아시아적 상상력 속에는 '사이'와 '둘'(the Two)에 대한 상상력이 이미 내재되어 있음을 보게 된다. 이 '사이'와 '둘'의 상상력을 간략한 말로 표현하자면, '태초에 둘 (the Two)이 있었다'고 할 수 있다. 어떤 존재가 존재한다는 것은 그를 인식하는 주체가 존재한다는 의미이다. 그에게 나는 인식의 대상으로 존재하고, 그는 역시 나에게 인식의 대상으로 존재한다. 그렇게 애초부터 '사이'가 존재한다. 혹은 역으로 모든 만물이 존재하기 위해서는 이 '사이'가 존재해야 한다. 그 모든 존재에 앞서 어떤 존재라도 존재하기 위해서는 이 '사이'라는 공간이 있어야 하지만, 이 사이의 공간을 서술할 방법은 전혀 없다. 그것은 '없이-존재하는' 것이기 때문이다. 우리의 언어가 명사 중심으로 대상을 인식하고 분류하는 체계를 갖고 있는 한, 명사로 환원되지 못하는 '사이'(間)는 전혀 인식되지 못한다. 사이를 인식하는 유일한 방법을 사이를 구성하는 둘(the Two)을 인식하는 것이다. 사이의 상상력을 인간 이해의 토대로 삼는 동아시아적 사유는 그래서 실재를 '짝패'(paring)로 인식한다. 그래서 만물은 음/양에서 출발한다. 한국적 감수성도 그래서 흥/한의 짝패로, 그리고 정/무심의 짝패로 전개된다. 필자는 이 장에서 이 사이에 대한 사유를 한국적 감성 구조 속에서 찾고, 그것이 21세기 지구촌 자본주의라는 맥락에서 어떻게 '기독교적 주체'의 출현과 관계할 수 있을지를 고민해보고자 한다.

1. 사이적 사유의 단초

백원담은 한반도의 사람들은 "문화지정학적으로 … 끊임없이 사이(間)를 사고하지 않으면 안 되도록 강요받아왔다"고 하면서, 사이(the between, 間)를 "틈 없는 틈(無間)을 흐르는 물의 속성으로 끊임없이 자기 존재 양식을 새로운 관계성 속에 자리매김해나가"는 자리로 인식한다(백원담 2010, 273). 여기서 '문화지정학적으로' 한반도의 사람들은 사이(間)를 사유할 수밖에 없다는 말은 곧 한반도의 지정학적 위치가 우리로 하여금 '사이'의 상상력을 발휘하도록 만든다는 말과 같다. 한반도를 살아가는 우리에게 '사이'의 의미 맥락을 도드라지게 만들어주는 논의는 바로 민족사관/식민사관의 대립적 구도이다. 민족사관과 식민사관은 민족의 주체적인 역사의식과 일제 강점기 식민정부가 부여한 역사 해석 간의 일차원적 대립 구조를 지칭하지 않는다. 오히려 이미 일제 강점기를 지나 지구촌 자본주의 체제에 편입된 현재 우리의 역사적 상황에서 식민사관과 민족사관은 서로 상대방에 따라 규정되는 상대적 개념들이 되었다. 즉 "식민사관에 치우쳐 있는 사람은 민족사관을 국수주의로 비판"하고, "민족사관에 빠져 있는 사람은 탈민족주의를 식민사관으로 규정"한다(임재해 외 2007, 9). 이때 민족사관과 식민사관은 결국 "어떤 가치관과 문제의식을 토대로 자기 문화의 정체성을 정확하게 포착해 내는가"의 문제가 된다(임재해 외 2007, 9). 이때 민족사관/탈민족사관은 '사이'(the between) 관계를 드러낸다. 민족사관과 탈민족사관은 동일한 사태를 서로 달리 보는 오리/토끼의 관계이다. 그 양자는 결코 서로 만나지 못한다. 해석자가 단지 그중 하나의 시점을 선택할 뿐이다.

여기서 필자는 해석자가 어느 관점을 선택하는 것이 정당하냐의 문제는 논의하지 않는다. 다만 '사이' 관계의 예증으로서 주목하고자 하는 것은 우리가 진정으로 민족적 정체성을 논의하기 위해서는 민족/탈민족 담론과 사관이 이분법적으로 대립하는 방향으로 전개되어서는 안 된다는 것이다. 이러한 이분법적 구도하에서 어느 쪽 관점을 택하건 그것은 이미 해석적 시스템의 구조를 통해 우리의 정체성을 해석하는 것이다. 즉 우리의 진정한 주체적 해석이기보다는 어떤 다른 해석학적 구조에 의존해 우리의 정체성을 규정하는 사대주의적 사관의 행보를 반복한다는 말이다. 그 양자를 극복하는 길은 그 양자를 부정하는 방식이 아니라, 각 관점을 그 자체로 일관성 있게 보지만, 한 번은 오리를 다른 한번은 토끼를 면밀히 살펴보는 일이다. 그리고 그 서로 합치될 수 없는 두 관점을 보다 큰 상황의 맥락에 정초하여 '시중'(時中)을 살펴보는 것이다. 그럴 때 우리는 이 두 관점을 '사이'의 지점에서 조망할 수 있게 된다. 사실 '사이'란 존재하지 않는다. 둘(the Two)이 서로를 향한 관계를 가리키는 것이 아니다. 그냥 그 둘을 지탱하는 명명할 수 없는 간격 혹은 차이이다. 오리/토끼 그림에서 그림은 하나이기도 하고 둘이기도 하다. 그 하나와 둘 사이, 그것은 A라는 사람과 B라는 사람이 동등한 관계에서 맺는 관계의 양상하고는 전혀 다른 '사이' 공간이다.

식민지 강점기 이후 민족이라는 개념은 우리에게 강제로 주입된 식민사관에 저항하고 극복하기 위한 투쟁의 산물이었다. 여기서 '식민지적'이라는 말은 "자신의 사회를 보는 이론을 자생적으로 만들어 가지 못하는 사회"를 가리키며(임재해 외 2007, 31), 이러한 관점으로 자신의 사회를 진단하는 사관을 식민사관이라 한다. 우리 민족의 한 맺힌 역사적 경험들을 전제로 할 때 식민사관이 주입한 허위의 민족 정체성에 대한 사상 투쟁으로서 민족사관의 정당성은 논의의 여지없이 분명하다. 저항적 민족주의에 바탕을 둔 민족사관은 수천 년간 '중화'라는 제국 우산의 아래서 주변국으로 살아가야 했던 한반도의 사람들에게 시대적 역할이 있다. 민족사관은 민족의 고유성과 우수성을 발굴해내어 주변 문화를 정복하고 복속시켜 우리만의 문화 제국을 만들고자 함이 아니라, 오히려 주변의 강대 제국들의 억압과 폭력에 맞서 자생적 문화 기술과 창조성을 지켜나가려는 저항적 의식의 발로이다. 그럼에도 우리는 여기서 민족주의가 민족적 영웅주의로 흘러 민족적 배타주의를 조장할 위험이 있다는 것 또한 기억해야 한다. 일제의 침략도 나치의 전쟁도 결국 그들 민족의 영웅적 이데올로기를 통해서 이루어졌던 것이다. 식민사관에 대항하기 위해 역으로 민족의 영광스런 측면만을 부각하는 시도는 그 자체로 이미 식민사관의 덫에 걸린 것이다. 민족사관이 그토록 부인하는 식민지 근성을 우리는 과도한 부인의 몸짓으로 도리어 선전해주고 있기 때문이다.

그렇다면 우리는 어떻게 식민주의를 극복하면서 민족주의의 배타성이라는 덫에 걸리지 않을 수 있을 것인가? 사실 20세기 이후의 한국 민족주의는 "일제에 맞서 싸우는 강력한 구심"으로서 '저항적 성격의 민족주의'이다(이주한 2013, 312). 이 '저항적 개념으로서의 민족주의'를 해방 후 "민족을 팔아먹고 거기에 기생해 권력을 향유한 친일파들"에 의해 배타적인 형태로 투사된 민족주의와 구별해야 한다(이주한 2013, 312). 다른 한편으로 서구 문명을 진보 문명으로 규정하고 '계급의 문제'와 '성차별의 문제'를 희석시킨다는 이유로 민족 개념을 거부하려 했던 진보파의 민족 이해와도 구별해야 한다. 이러한 맥락에서 우리는 민족주의/탈민족주의의 이분법을 넘어서야 한다. 이 담론 구조 속에서 "양자택일의 태도는 이데올로기적일 뿐 현실의 문화 발전에는 도움이 되지 않는다"(심광현 2005, 276). 한편으로는 "열강들의 팽창적 민족주의를 비판한다는 취지로 서구의 진보적 지식인들이 제기하는 탈식민주의, 탈민족주의 이론을 무비판적으로 수용해 저항적, 성찰적 민족주의마저 버리는 오류를 범할 위험"이 있다(심광현 2005, 340). 여기서 주의해야 할 것은 "국가주의적 민족주의와 대중적 민족주의, 패권적, 보수적 민족주의와 저항적, 성찰적 민족주의" 간의 구별이다(심광현 2005, 340). 다른 한편으로 우리는 민족을 살리기 위해 우리 문화가 담지한 보편적 문명의 메시지를 상실할 가능성이 있다. 이정배는 기본적으로 '한국적 주체성'의 물음을 한국적 주체와 서구적 주체로 양분화하는 것에 반대한다. "왜냐하면 정체성이란 동일성이 전제되긴 하나 끊임없이 변화하는 것이기 때문"이다(이정배 2011, 95). 이러한 이분법적인 민족/탈민족의 구도를 돌파하기 위해 그는 "혈통으로서의 종족과 문화로서의 겨레" 개념을 구분하고, 이제 혈통과 혈연에 기반한 종족적 이해로서 민족을 넘어서서 지구 지역성의 작용 아래 문화 활동의 정체성으로서 겨레로 민족을 새롭게 이해하기를 제안한다(이정배 2011, 95).

1.1. 사이의 작용으로서 혼종성, 그 배치절합기술의 주체성

민족사관/식민사관 혹은 민족/탈민족의 이분법적 틀구조 속에 갇히지 않으려면, 우리의 문화적 상상력의 자리인 한반도를 좀더 큰 문명의 틀 속에 정초해야 한다. 윤명철은 한반도 문화를 "동아지중해 모델"의 틀에서 제시하는데, 이 모델은 고대 문화를 우리 지역 중심으로 해석하기보다는 당시 한중일 문명권을 '동아지중해'라는 틀에서 새롭게 보자는 의견을 제시한다. 이는 동아시아 문명의 근원을 해석할 때 언제나 육로 중심의 문명 전래설의 한계를 대륙과 해양을 동시적으로 고려함으로써 넘어서 보자는 제안이다(임재해 외 2007, 393). 이 '동아지중해 모델'을 통해 "우리 역사를 중국 문명과는 같지 않으면서도 비슷하고, 상호 존중하고 교호하면서도 다른 독특한 문명권으로 설정"하려는 것이다(임재해 외 2007, 395). 동아지중해라는 틀 속에서 우리 지역의 지정학적 특성을 살펴보면, 한반도는 "해양을 끼고 있어 중간자의 역할을 하기에 적합"하며, 동아시아에서 이 한반도라는 지역이 대륙에 부수적인 지역이 아니라 중간자로서 고유의 지정학적 역할이 있음을 살펴볼 수 있다는 것이다(임재해 외 2007, 396). 대륙 육로 중심의 관점으로 보자면 한반도는 교류 창구가 북쪽으로 제한된 폐쇄 지역으로 간주될 수밖에 없고, 따라서 이곳의 문화가 가능하려면 시베리아나 중국 쪽으로부터 유래할 수밖에 없다는 편견을 갖게 된다. 하지만 '동아지중해'라는 틀은 우리에게 해양문화라는 새로운 지평을 열어주면서 오히려 한반도가 해양 교류를 통해 문명의 중간자 역할을 감당하는 주요 기지일 수 있음을 알려준다.

이 중간자의 역할을 통해 우리 고대 문명은 소통의 기술을 발휘했고, 그 기술의 핵심은 '혼종성'이었다. 민족적인 고유한 어떤 것이 존재한다면 그것은 실체론적으로 존재하는 것이 아니라, 여러 다양한 소재들을 고유한 방식으로 종합하고 유통하는 기술에 달려 있는 것이다. 이런 면에서 소통의 기술로서 고유의 주체성이란 역설적으로 '혼종의 기술'이다. 신채호에 따르면, 이미 우리 민족은 "선비족·부여족·말갈족·여진족·토족 등"으로 연합된 종족이고, 따라서 민족이란 "지리·관습·풍속·정치·경제 등의 공통성"이지 결코 "혈통의 동일성"을 의미하지 않는다(이주한 2013, 302). 말하자면 민족의 핵심은 "문화"이지 결코 "혈통"이 아니다.36) 이덕일에 따르면, 현재 우리가 알고 있는 허구의 '단일민족설'은 "조선 후기 극단적인 사대주의 유학자들이 만주·몽골·숙신 등의 여러 동이족을 오랑캐로 내몰면서 우리를 한족(漢族)과 같다고 주장"하면서 내세운 "소중화(小中華) 사상"에 토대를 두고 있다(이주한 2013, 306; 이상익 1997, 139). 하지만 "우리

---

36) 사실 '민족'이란 말은 서구 문명이 유입되던 시기에 nation이란 단어를 일본인들이 번역하면서 만들어낸 말이다. 그렇기 때문에 우리가 쓰는 '민족'이란 말의 용법은 그들이 발명한 민족이란 말과 다소 거리가 있다. 오히려 민족이란 단어를 유통하기 전 우리가 썼던 "겨레"라는 말이 더 혈통을 넘어선 민족 개념을 잘 포착하고 있는 듯하다(이주한 2013, 302-303).

는 수천 년 동안 다민족 사회였"고 "동이족 사이에서는 언어도 서로 소통되었다"(이주한 2013, 306). 따라서 이덕일에 따르면, "사대주의에서 나온 소중화 단일민족론을 극복하고 선조들의 다민족정신으로 돌아가는 것이 21세기의 과제"이다(이주한 2013, 306). 다민족성을 우리의 민족적 정체성으로 받아들인다는 것은 우리가 다중적 주체성 혹은 중층적 주체성을 갖는다는 사실을 받아들이는 것이다. 즉 대륙 세력의 정체성과 해양 세력의 정체성 모두를 혼합한 그래서 이도저도 아닌 '짬뽕'의 주체성이 아니라, 상황의 '시중'(時中)에 따라 한편의 일관된 논리를 적용할 수 있는 다중적 주체성을 갖는다는 것이다. 그리고 이때 시중을 분별하고 선택하는 결정은 일정한 배치의 패턴을 갖는다. 말하자면 "선택의 주체가 허공 속에 있는 것이 아니라 역사적, 지리적으로 한정된 틀에 의존하고 있기 때문에 의식적이든 무의식적이든 전통을 바탕으로 이루어질 수밖에 없다"는 점을 염두에 두어야 한다는 말이다(심광현 2005, 276-277). 주체적 선택들이 역사의 씨줄을 따라 엮어갈 역사적 무늬는 "곧 다양한 형태의 지리적, 언어적, 매체적, 기술적 체계와 요소들을 각 지역의 주체들이 창의적으로 독특하게 절합한 '배치'의 특이한 패턴"으로서 이것이 고유의 문화적 정체성을 나타낸다(심광현 2005, 278). 말하자면 "개인을 구성하는 요소들은 모두 같아도 배치체계의 차이에 의해 개성의 차이가 나듯이, 문화정체성 역시 요소들의 수준이 아니라 배치체계에 의해 차이가 난다…" (심광현 2005, 278). 결국 문화 주체는 '실체'가 아니라 '기술'(art)이다. 역사적 흐름을 타는 모든 것은 경계의 융합 과정을 필연적으로 동반할 수밖에 없고, 이는 결국 모든 것은 어느 정도 '혼종적'(hybrid)일 수밖에 없을 것임을 함축한다. 한국적 문화의 고유성은 본래의 고유한 어떤 것의 소유가 아니라 오히려 "한국 문화, 중국문화, 일본문화, 그리고 미국문화를 혼합한 잡종문화"의 창출일지도 모른다(정수복 2012, 79). 문제는 어떻게 혼종화되느냐, 즉 혼종의 기술이다.

문화적 주체를 '혼종의 기술'로 정의하고자 하는 필자의 의도는 우리의 종교문화사를 돌아볼 때 설득력을 얻는다. 사실 한국인의 문화적 문법들은 "한국 종교사의 혼합주의" 때문에 큰 무리 없이 서로를 강화하며 작동한다. 정수근은 한국 종교전통들의 한국적 성격을 도출하면서, '혼합주의'를 제안한다. 어떠한 종교가 유래하든 "새 종교는 옛 종교와 타협하고 혼합되면서 기존의 문법과 모순되지 않는 범위 내에서 변형된 문법을 첨가하였을 뿐"이라고 그는 평가한다(정수복 2012, 184-185). 그렇게 혼합되었음에도 불구하고 한국적 불교는 인도 불교나 중국 불교와는 다른 고유의 독특성을 지니고 있으며, 이는 기독교와 유교에도 고스란히 해당하는 말이다. 그렇다면 무엇이 그 혼종의 산물을 고유하게 만들어주고 있는 것인가? 그것은 바로 '사이'(間)를 사유하는 우리의 문화적 상상력이 다양한 문화적 요인들을 절합하고 배치하는 기술이다.

사이에 대한 문화적 상상력을 '혼종의 기술'로 발휘하는 우리 민족 고유의 예증으로서 무교를 들 수 있다. 무교는 "새로운 종교가 유입되면 새것이 헌것을 갈아치우는 것이 아니라 헌것 위에 새것이 덧붙는 모습"을 특징적으로 보여주는데(정수복 2012, 298), 근원적으로 원한을 풀고, 조화를 회복하는 것을 목적으로 삼는다. 무교의 원한을 푸는 조화론은 "인간과 신령과 무당이 굿판에서 함께 만나 인간 세상에서 맺힌 문제를 풀어버리"는 모습 속에서 선명하게 드러난다(정수복 2012, 304). 역으로 이는 "인간 세상의 삶을 부조화의 연속으로 보"는 것인데, 여기서 조화란 대립과 갈등의 회피로 여겨진다(정수복 2012, 304). 그래서 무교는 심지어 "서로 대립되고 모순되는 것으로 보이는 신들을 구별하지 않고 모두 함께 모심으로써 갈등과 대립의 상태가 일어나지 않도록 하"기도 한다(정수복 2012, 304). 따라서 조화를 이상으로 삼는 세계관 속에서 갈등은 항상 회피되어야 할 어떤 것이 된다. 설혹 갈등이 있더라도 그것이 원한이 되지 않도록 굿을 통해 흥과 한풀이의 문화를 전개해나가면서 수천 년 동안 문화의 격동과 변화들을 배겨낸 무교의 생존력은 바로 '혼종의 기술'이었다.

2. 한국적 감성의 사이 구조

우리나라 고대의 제천의식과 무교적 '한풀이'는 한국적 감성의 사이 구조를 들여다볼 수 있는 단초를 제시해준다. 고대의 제천 행사와 무당의 굿은 한국적 정서의 근원을 이루고 있는 것으로 여겨지는 '흥/한'의 사이 구조를 여실히 보여준다. 이 흥/한의 사이 구조는 신은경과 심광현의 작업들을 통해 화랑들의 '풍류도'로 적극적으로 모습을 드러내고 있다. 포함삼교(包含三教)와 접화군생(接化群生)의 풍류도에서 보여주는 우리 민족의 근원적 감수성은 흥과 한의 짝으로 둘(the Two)이다. 비록 흥과 한은 서로 대립적인 감수성이지만, 이 대립적 구도를 이루는 둘이 주체의 근원적 바탕을 제공한다. 무심(無心)은 이 흥과 한의 대립적 역동성의 감성 구조에 새로운 요소를 도입하는데, 그것은 바로 무심이 정(情)과 맺는 사이 구조이다.

신은경은 자신의 책『풍류: 동아시아 미학의 근원』에서 한국적 미적 감수성들의 기본 인자들을 흥, 한, 무심으로 제안한다. 필자가 신은경의 한국적 미적 감성의 구조에 관심을 두는 이유는 한국적 감수성들은 고유의 패턴을 갖고 있는데, 단적으로 말하자면 흥과 한은 풍류심의 "양극"을 구성하고, 이 양극성은 "무심으로 승화"될 수 있는 구조를 갖고 있기 때문이다(심광현 2005, 76). 한과 흥과 무심의 감성들이 역동적인 문화적 패턴을 형성해나가는 감성적 기제들이지만, 이 서로 이질적인 기제들이 하나의 구조를 이루기 위해서는 이 기제들을 품을 수 있는 구조 아닌 바탕이 필요하다. 필자는 그 바탕을 '정'(情)으로 보고자 한다. 우리 한국어의 일상어법 속에서 정은 서로 이질적인 특질들을, 그들 간의 대립과 긴장과 갈등에도 불구하고 품어내는 감성적 삶의 태도를 가리킨다. 인간의 바탕은 측은지심에서 출발한다고도 하지만, 그러한 측은지심의 한국적 표현을 정에서 찾는다는 말이다. 이 바탕의 정(情)의 감성은 '시중'에 따라 때로는 '한'으로 쌓이기도 하고 때로는 '흥'으로 표출되기도 하지만, 때로 초월의 경험이나 통찰과 연관될 경우 '무심'의 경험으로 승화되기도 한다는 것이 본고의 제안이다.

2.1. 흥(興)과 한(恨)의 사이 구조

한국인의 근원적 정서를 '한'(恨)으로 보고자 하는 시도들과 연구들이 있었지만, 그것들이 간과하고 있는 것은 이 '한'이 감성의 표현이라는 사실이다. '한'은 내면의 어떤 것을 시대와 문화 속에서 표현하는 것이지, 근원을 드러내는 것이 아니라는 것이다. 심광현은 특별히 한국인의 근원적 정서를 '한'으로 보고자 하는 시도에 단호히 반대하고, 오히려 한민족의 근원적 정서가 있다면 그것은 '한'이 아니라 '흥'이라고 주장하기도 한다(심광현 2005, 88). 필자가 흥, 한, 무심의 풍류적 미학을 전개하는 신은경이나 한국적 기본 감성으로서 '흥'을 주장하는 심광현의 작업들에 주목하는 이유는, 그들 각자의 작업이 강조하려고 하는 바는 달랐지만 그럼에도 심광현과 신은경 양자에게 공통되는 흥과 한의 감성적 사이 구조 때문이다. 즉 흥과 한을 either-or의 틀구조 속에서 실체론적으로 어느 한 정서를 근원으로 규정하지 않고, 오히려 흥과 한은 양가적 이중성의 감성으로서 독특한 관계 구조, 즉 사이 구조를 형성하고 있음을 증언해준다는 것이다. 말하자면 흥과 한은 동시적으로 표현되는 정서가 아니라, 비트겐슈타인이 언급하는 "시점 전환"(change of aspect)처럼 전이의 계기를 갖고 어느 한편의 정서로 전환되는 이중성을 갖고 있다. 신은경은 한편으로 흥을 "심중에 단단하게 맺혀 있었던 응어리가 분해되어 시원하게 빠져나간 상태"라고 하면서, 이를 "무당이 신이 오르는 것"과 같은 상태라고 했다(신은경 1999, 100; 101). 다른 한편으로 한은 억눌림이 극에 달해 응어리진 감정의 덩어리가 '액화'되면서 주체의 자의식이 소멸되는 체험으로서, "입무(入巫)의 순간"에 경험되는 "엑스타시" 같다고 했다(신은경 1999, 267). 이러한 흥과 한의 관계를 심광현은 다음과 같이 기술한다:

> 한은 원망과 슬픔의 감정이 접히고 접혀서 오장육부까지 스며드는 곰삭은 정서다. 그것이 펼쳐지고 풀리면서 역동적으로 고양되는 기쁨의 정서가 바로 흥이다. 한과 흥은 음과 양의 관계처럼 프랙탈하게 맞물려 있다. 그 접힘과 구부러짐의 강도가 클수록 정서의 강도도 커질 수밖에 없다. 그런 연유로 한은 서서히 접혀 들어가 곰삭게 되는 점층의 과정을 필요로 한다. 역으로 흥은 많이 접었다가 풀리는 속도를 빠르게 할수록 용수철처럼 비상하는 힘을 가진다.
>
> 흥이 솟구칠 수 없는 조건이 되면 풀리지 못한 흥이 한이 되며, 억눌려 있던 한이 풀리면 엄청난 강도와 크기로 흥이 솟구친다. 이런

맞물림이 계속되면 마치 음양처럼 한이 커지면 흥이 줄고, 흥이 커지
면 한이 줄어드는 식으로 뱀이 꼬리를 무는 형상을 하고 양자가 순환
한다. 또 접히고 풀리는 프랙탈 차원의 다양한 층차가 흥과 한이 맞물
리는 정서적 비례의 다양한 스펙트럼이 펼쳐진다(심광현 2005, 77).

이 인용문에서 우리는 흥과 한이 마치 '국면 전이'의 양태들처럼 연
관성 있게 기술되고 있음을 보게 된다. 즉 흥과 한은 서로 맞물린 구조
이지만, 이 양자는 동시적으로 표현될 수 없는 서로 다른 정서이다.
그러면서도 서로 완전히 분리된 감정이 아니라, 양가성 감정(ambi-
valence) 구조를 갖고 있으며, 이를 필자는 '사이'(the between) 구조
라 칭한다. 이 양가성 구조가 적나라하게 드러나는 것이 바로 한국의
장례 문화이다. 상갓집에서 우리는 "정적과 침묵을 유지하기보다는
오히려 웃고 떠들며 함께 밤을 새는" 전통을 갖고 있으며, 거기서 "소
리 없이 눈물을 흘리는 대신 큰 소리로 슬픔의 감정을 리듬에 맞춰
곡을 하는 것을 좋게 여기는" 풍습을 갖고 있다(심광현 2005, 121). 여
기서 망자를 향한 슬픔과 한스러움이 웃음과 소란스러움, 시끌벅적
거림으로 '풀어지는' 구조가 체현된다. 한 사람의 죽음이 '한 맺힌 죽
음이 되지 않도록 하기 위해서' 우리의 장례 문화는 흥의 구조를 체현
하고 있는 것이다. 역으로 흥으로 발산되지 못하는 죽음은 결국 맺힌
한을 풀지 못하고 구천을 떠도는 귀신이 되고 만다. 우리나라 전설과
민담에 등장하는 귀신들은 대부분 맺힌 한을 풀지 못하고 구천을 떠
도는 영혼들, 특별히 여성 귀신들이 많다는 것은 바로 우리의 장례 문
화가 왜 흥의 문화를 체현하고 있는지를 역으로 설명해주고 있는 셈
이다.

흥과 한의 사이 구조는 또한 탈놀이에서 예증되는데, 그 탈놀이 속

에서 한의 표현양식인 '풍자'와 흥의 표현양식인 '해학'이 교차하면서, 억눌린 민중들의 흥과 한이 동시적으로 자극된다. 말하자면 탈놀이 판은 "현실에서 억누르던 층과 억눌림을 당하던 층"의 역할 바꿈을 통해 "통쾌하고 신바람 나는 일"을 재현한다(신은경 1999, 138). 그 속에서 "양반과 천민, 처와 첩 등 무엇과 무엇의 구분이나 변별과 같은 '이원적 위상'에 기초한 대립이 허물어"지고, 한 맺힌 일이 흥으로 풀어지는 일이 일어난다(신은경 1999, 146). 그래서 탈놀이의 마당은 "기성 질서에 대항하는 난장판"이지만, "난장판을 위한 난장판이 아니라 기성 질서의 부조리를 난장판으로 보기 때문에" 난장판을 표현하는 것이다(현영학 1997, 62). 그러한 풀어짐 속에서 탈놀이는 기존 질서에 대한 반발 의식과 저항 의식을 보여주면서도 동시에 "놀이꾼과 구경꾼의 경계, 현실과 비현실, 일상과 비일상, 양반과 상민의 경계"를 넘나들며, 기존 경계를 조롱하면서 서로 간에 맺힌 한을 풀어낸다(신은경 1999, 139). 그리고 그 한풀이를 통해 '흥'과 '신명'을 체험하게 되고, 이 흥과 신명의 체험은 아직 덜 풀린 훨씬 깊은 한의 풀림을 추동한다. 따라서 탈놀이를 통한 흥/한의 체험은 기존에 대한 저항과 반발의 요소들을 담지하면서도 동시에 그 요소들을 넘어서서 "양가가치를 지닌 모든 현상 사이에 놓인 금과 벽과 경계"의 허울과 임의성을 폭로하고, 그 경계의 허물어짐 속에서 참여한 일체가 신분의 차이에 상관없이 한데 어울리는 인간적인 공동체의 해방감을 일구어낸다. 말하자면 탈놀이는 역전된 현실을 극적으로 묘사해줌으로써 "특정한 역사적 현실에서 살았던 사람들, 그중에서도 민중들의 현실 감각을 극적으로 나타낸 것으로서 문화적인 차원을 넘어서 종교적인 깊이에서의 현실 경험을 반영"해주고 있다(현영학 1997, 56).

민중들의 현실 세계에 대한 경험적 표현은 획일적이지 않다. 그래서 탈놀이는 현실을 해학과 풍자를 통해 이중적으로 표현한다. 탈놀이의 해학과 풍자는 결국 민중 자신들의 삶의 조건들과 사건들을 웃음으로 넘길 수 있는 민중의 힘을 보여주는데, "사회의 밑바닥의 가장 세속적인 경험을 통해서 가장 '거룩한' 초월의 세계까지 경험한 민중적 종교 경험의 예술적 표현"을 드러낸다(현영학 1997, 71). 이러한 예술적 표현들은 단지 '아름다움'을 찾고 표현하려는 미학적 노력에 국한되기보다는 "억제되고 축적되었던 한"의 폭발과 분출을 통해 "자기들의 느낌을 재확인하며 새삼스럽게 의식화"하는 작업을 의미하는데, 이를 통해 (일시적으로나마) "현실의 부조리에 대한 극복과 승리"를 선-체험하는 것이다(현영학 1997, 72). 비록 이 탈놀이 속에서 이루어지는 일탈의 난장이 결국 삶에서 쌓이고 축적된 민중의 한을 체제 내에서 승화시켜, "폭동과 같은 반발을 사전에 방지"하려는 목적을 지니고 있다고 해도, 민중들은 그 난장의 초월적 경험 속에서 도저히 수긍할 수 없음에도 받아들여야만 하는 현실의 부정의들을 웃음과 해학을 통해 넘어가고 있었다(현영학 1997, 75).

여기서 필자는 이 해학과 풍자가 단순히 현실의 부정의를 웃어넘길 수 있는 지배 기제와의 타협이 아니라 오히려 '한과 흥'의 사이 구조를 극을 통해 표현하는 양가성 혹은 이중성에 주목한다. 즉 탈놀이는 기존 질서의 부조리와 부정의를 폭로하고 개선하는 데 초점을 두고 있는 풍자를 통해 한을 재현하면서도, 동시에 자리에 참여한 "모든 존재가 보여주는 못난 점, 모자란 점, 모순을 인간이기에 갖는 기본적인 약점이나 불완전으로 이해하고 그것을 따뜻한 인간애로 포용"하는 "해학"을 통해 흥을 신명나게 부추긴다(신은경 1999, 149). 따라서 탈놀이는 기존 질서의 부정의에 대한 폭로 수준을 넘어서서 개혁의 신바람으로 나아가 "모든 갈등과 대립이 해소되며 맺히고 막힌 것이 풀리고 뚫리는 화해의 순간," 즉 한풀이를 포괄한다(신은경 1999, 151). 따라서 한풀이는 풍자를 통해 신명나는 흥을 부추기고, 그 흥의 신바람 속에서 해학을 통해 한을 풀어낸 화해의 장이 펼쳐지게 된다. 이 흥은 탈놀이의 "흥겹고 신나는" 음악을 통해 고조되는데, 풍자적인 몸짓으로 비판과 저항을 전개하는 탈놀이의 흥겹고 신나는 음악은 "억압과 수탈"로 짓눌린 현실의 각박한 삶 속에서 삶의 무게를 넘어서는 "민중의 저력과 여유와 지혜를 과시"하는 흥겨움이다(현영학 1997, 59). 그 '흥'겨움을 표현하는 민중들의 막춤은 "억압되었던 민중의 감정과 반항의식"을 흥겹게 표현하고 있는 것이다(현영학 1997, 60).

장례식과 탈놀이 속에 나타나는 흥/한의 감정들은 동시적으로 표현되고 있는 것이 아닌가?라는 물음이 제기될 수 있다. 물론 그렇다. 그곳에서 어떤 사람은 한 사람의 죽음을 애도하기 위해 한없는 '한'을 풀어내기도 하고, 어떤 사람은 그 슬픔을 넘어서기 위해 유쾌하고 즐겁고 흥겨운 놀이 소재를 찾기도 한다. 어느 감성의 표현을 택하든 옳고 그름의 문제가 아니라 각자의 선택의 묘일 뿐이고, 그를 통해 우리는 사랑하는 이의 죽음을 통해 찾아올 수 있는 우울증이나 멜랑콜리를 극복하면 된다. 그런데 바로 이 지점에서 흥/한을 사이 구조로 표현하는 것은 한 개인의 감성적 표현 속에서 흥과 한이 동시적으로 표출될 수는 없기 때문이다. 감정의 주체는 그 순간 '흥한 모드'와 '한 맺힌 모드' 사이에서 결단해야 한다. 탈놀이에서는 이 사이의 양태가 해학과 풍자 사이의 선택으로 나타난다. 물론 한순간 어느 한 양태를 선택했다고 해서 영원히 그래야만 하는 것은 아니다. 하지만 바로 지금 이 순간 주체는 어느 한쪽의 표현 양태를 (역설적으로) 무의식적으로 선택하고 결단해야 한다.

2.2. 정/무심의 양가성과 사이 구조

이상의 흥/한 양가성 구조는 신은경과 심광현이 주목한 또 다른 정서 '무심'이 흥/한의 "승화"의 결과라기보다는 또 하나의 양가성 구조의 일부일 수도 있음을 암시한다(심광현 2005, 195). 이미 신은경과 심광현은 한국 미학의 정서적 토대로서 한과 흥과 무심을 제시해주었다. 그러나 미학적 감수성을 넘어서서 한국인의 생활 정서로 확장 적용하다 보면, 한국인의 정서를 표현할 때 가장 많이 회자되는 인자가 누락되어 있음을 발견하기 때문이다: 정(情). "유난히 정이 많은 한국인들"의 인간관계는 "딱딱하고 계산적이고 감정중립적 관계를 견디지 못하고" 언제나 "부드럽고 다정하고 친밀한 관계"를 지향한다(정수복 2012, 116). 이 정감을 중시하는 인간관계는 그래서 '눈치' 있는 사람을 중시한다. '그걸 꼭 말로 해야 알아듣는' 사람들은 '눈치 없는 사람'이 되어 관계를 원만하게 풀어나가지 못하게 된다. 사람과의 관계에서 언제나 "심정과 정"을 중시하고, 문제 해결에서 "원칙과 정의보다는 인정과 상황"을 우선시한다(정수복 2012, 117). 이 "정이 많은 한국인들은 혼자 있기보다는 함께 있기를 좋아하고 함께 모이면 조용히 대화를 즐기기보다는 놀이와 술판을 즐긴다"(정수복 2012, 118). 정을 나누기 위해.

하지만 정을 중시하는 배려의 윤리가 바로 그 '원수같은 정 때문에' "온정주의와 결합하여 정의가 무시되는 결과"를 초래하기도 한다(정수복 2012, 122). 정을 중시하는 한국인들은 갈등을 건전한 사회를 이루어가는 과정의 산물로 결코 보지 않는다. 갈등은 전체의 조화와 평화를 위해 언제나 해소되어야만 한다. 그러기 위해 공적 갈등은 "합리적으로" 처리되기보다는 "개인들 간의 갈등"으로 치부되어 "갈등의 사사화 기제"로 처리된다(정수복 2012, 154). 이 갈등회피주의의 뿌리는 "정치적 상황보다는 종교문화적 전통에 있다. 한국의 종교사상적 전통은 차이를 있는 그대로 인정하지 않는다. 서로 다른 것들 사이의 갈등이 존재할 수 있는 가능성을 인정하지 않고 조화만을 강조한다"(정수복 2012, 155). 예를 들어, 무교는 "천지인의 조화를 회복하여 하늘의 복을 얻어 서로 나누고 누리는 것을 목표로 하는 종교"로서 마을굿을 통해 "쌓인 갈등과 모순을 풀어내고 화합과 평화를 다시 실현하는 공동체 의례"를 실천하는데, 이런 맥락에서 무교는 근원적으로 "원한을 산 혼령과의 갈등을 해소함으로써 재앙을 피하고 복을 추구"하며, 따라서 갈등은 "당연히 피해야 할 부정적 현상"이며, "누구에게라도 원한을 사는 일은 하지 말아야 한다는 생각"을 가르친다(정수복 2012, 156).

이러한 온정주의적 정서의 폐해를 극복하도록 만들어주는 것이 바로 무심의 정서였던 것 같다. 신은경은 이 무심이 노장사상(老莊思想)의 전통에서 유래한다고 보았는데, 노장의 무는 "二(有·판단·분별)의 세계를 부정하는데 [초점이] 있기보다는, 존재의 다양성을 말살하여 하나의 기준으로 획일화하려는 온갖 가치기준을 무력화"하는데 초점이 놓여 있다(신은경 1999, 435). 왜냐하면 우리의 정에 치우친 관계와 분별력이 편견과 편애로 치우치기 때문이다. 그래서 이 무심은 "일체의 사념·판단의식과 같은 주체의 인식 작용을 거부하고 나아가서는 자기 존재까지도 자각하지 않기에 이르는 상태"를 가리킨다(신은경 1999, 414). 이러한 상태는 '텅 빔'을 야기하는데, 이는 "일종의 몰입이며 주체와 대상 간의 이질성 때문에 파생된 거리를 삭제하는 행위"로서, 결국 "대상의 일체적 포용"을 의미한다(신은경 1999, 418). 노장에서 '무'란 유에 대립되는 무를 가리키는 것이 아니라, 유/무의 분별 자체에 대한 부정이다. 즉 있음에 대한 부정으로서 무를 넘어 "비유비무 (非有非無)의 존재 양상"을 가리키는 것이다(신은경 1999, 432). 모든 유/무의 분별은 결국 그러한 구별을 만들어내는 나로부터 비롯되며, 그러한 구별은 언제고 차별로 나아갈 소지를 안고 있다. 그래서 "외부의 대상에 향해 있는 자기를 내부로 집중시켜서 그 내부에 있는 실재의 모습—자연, 존재의 본질—을 포착"하는 심제(心齊)와 "육체라고 하는 형을 떠나 지식, 호악(好惡)의 정, 이익을 추구하는 마음을 잊어버림으로써 무차별의 대도(大道)에 동화하고 자연과 일체"되는 좌망(坐忘)을 통해 "망아"(忘我) 혹은 "망기"(忘己)에 이르러 "물화"(物化)를 실현하는 무심의 세계는 인정(人情)이 지나쳐, 특정 인연과 지연과 혈연에 얽매이려는 온정주의로 나아가지 못하도록 하는 기능을 감당한다(신은경 1999, 443; 444).

그럼에도 불구하고 '정'(情)의 문화는 억압자들과 억압받는 자들 간의 구별을 영속화해 사람들을 정의의 원칙에 따라 분리하고 구분하여 구별하지 않도록 하는 역할을 감당한다. 물론 이 온정주의적 정서가 정의의 공동체를 실현해나가는 데 때로 심각한 장애가 되기도 하지만, 이 '온정'은 우리가 살아가는 삶의 세계가 담지한 구조 속에서 억압자나 억압받는 자나 모두 근원적으로 '구조의 피해자'일 수 있다는 근원적 인식을 전제한다. 아무리 악한 사람이라도 그 이유와 원인을 헤아리다보면 이해하지 못할 것이 없고, 죄는 밉지만 사람은 미워할 수 없다는 삶의 지혜가 이 '정의 문화'를 정의의 문화보다 더 우위에 두게 한다. 탈놀이는 바로 그러한 우리 민족의 근원적 지혜를 드러낸다. 여기서 이 정감(情感)이 무심(無心)과 엮어내는 사이 구조 즉 관계 아닌 관계는 흥/한의 수평적 사이 구조와 달리, 정/무심의 수직적 사이 구조를 보여준다. 즉 무심은 일상을 초월하는 즉 정을 초월하는 승화의 측면이라면, 정은 사람들의 삶의 밑바닥으로 내려가 그 삶의 가장 적나라하고 낮은 자리에서 나누어지는 '인정'의 측면이기 때문이다.

3. 한국적 정서의 근원적 양가성 구조: 사이

'흥·한·무심·정'의 감성 구조인 양가성 구조 즉 그 사이 구조(the betweenness structure)는 한국적 무의식의 원형을 지시하고 있는 듯하다. 예를 들어, 한국인은 "고대로부터 언제나 하늘을 숭배하고 신령한 존재들과 함께 살아가는 것을 자연스럽게 받아"들였다(최규창 2012, 95-96). 고대의 제천 행사를 통해 모든 맺힌 것이 풀어지는 장을 승계한 것이 굿이었고, 그 제천 행사에서 제사를 주관하는 사람이 바로 "천군(天君: 무당, 단군)"이었다(최규창 2012, 65). 굿이나 제사의 마당에서 기존 체제의 코스모스가 무너지고 카오스가 도입되면서, "온 마을은 술과 춤이 지배하는 한바탕 신명나는 놀이마당이 되"는데, "흥미로운 것은, 이러한 카오스의 상황을 성(聖)이라 생각하고 마을의 질서를 속(俗)이라고 보았다"는 것이다(최규창 2012, 67). 이를 다른 말로 표현하면, 우리 민족은 "정기적으로 카오스 상태에서 자아를 상실하고 성(聖)을 경험하고자 하는 본성을 강하게 가지고 있다"고 말할 수 있을 것이다(최규창 2012, 71). 유교적 예의 문화는 우리에게 이성적 세계를 구축해주었고, 무속적 굿의 문화는 그 이성적 코스모스의 세계에 카오스를 가져다주면서, 코스모스와 카오스, 이성/광란의 균형이 맞추어진다. 그래서 우리 문화는 이성/감성의 이분법의 완고한 구별이 존재하지 않고, 오히려 그 양자가 가로지르고 교차되면서 이루어가는 '길'(道)을 중시하는데, 결국 이 '길'을 만들어나가는 것은 바로 이 양자 즉 이성과 감성 혹은 코스모스와 카오스의 양가적 교차, 즉 사이(the Between)이다. 이런 맥락에서 우리 삶의 균형을 감지하는 것은 유교적 이성적 예의 질서가 아니라 "무속적 균형 감각"으로서, 바로 그 때문에 "우리나라 사람들은 어느 일이든 한편으로 치우치는 것을 싫어한다"(최규창 2012, 277). 무속의 핵심은 "풀어준다"는 의식이고, 그것은 곧 무속이 "철저히 '현세주의'"의 태도를 가지고, 실용적인 삶의 태도를 견지한다는 것을 의미한다(최규창 2012, 315). 이러한 무속의 세계는 "인간 중심주의, 현세 중심주의"를 지향하며, 이러한 태도는 "신을 인간세계로 끌어들여 사정하고 달래고 같이 논다. 즉 인간이 신을 조종하는 것이다"(최규창 2012, 315).

이러한 고대 제천 의식에 기반하는 무속적 삶의 태도가 우리의 기독교적 신앙생활에 부정적으로 적용되었을 때, "무속의 세계가 굿(카오스)과 일상생활(코스모스)을 교차하는 패턴을 반복하듯이, 우리의 신앙생활도 교회와 세속, 회개와 범죄, 예배와 배교를 반복하고," "일주일간 비윤리적이고 부도덕한 삶"과 주일날의 "헌금과 예배와 봉사"가 교차하는 패턴이 반복된다(최규창 2012, 327). 이 반복이 가식이 아닌 것은 우리 한국인의 의식 구조가 그러한 질서와 무질서의 반복을 체현하는 문화적 문법을 담지하고 있기 때문이다. 같은 동전의 반대 면으로, 2008년 한미 FTA 체결 이후 일어났던 일명 '소고기 집회'의 촛불 시위가 장기간 지속될 수 있었던 것은 국민들의 분노 때문이라기보다는 오히려 "시위기간 동안 노래와 춤과 음식으로 서로를 격려하는 무속적 의식이 발휘되었기 때문"이라고 볼 수도 있는데(최규창 2012, 195), 그 촛불집회의 문화 속에서 우리가 무의식적으로 공유하고 있는 무속적 동질감이 표현되었기 때문이다.

한편으로 한국인의 양가적 정서 구조는 긍정적으로 본다면 조화와 균형의 아름다움을 이룰 수 있는 잠재력을 지니고 있음에도 만일 부정적인 방향으로 나아갈 경우 "이중규범주의"를 낳을 위험을 내재하고 있다. 현실적으로 한국인의 문화적 문법은 "겉 다르고 속 다른 윤리의식"과 "상황에 따라 다른 윤리적 기준을 적용하는" 이중규범주의를 체현한다(정수복 2012, 177). 이는 공적으로는 대의명분과 공공성을 강조하지만, 내적으로는 자신의 이기적인 실리 추구만을 중시하는 삶의 태도를 전혀 윤리적으로 문제 있다고 생각하지 않는 의식을 가져다준다. 이는 곧 "윤리성의 부재와 도덕적 성찰의 결여"로 나아간다(정수복 2012, 179). 따라서 이중규범주의는 "언제 어디서나 보편적 추상적 원리와 원칙에 따라 행동하기보다는 구체적 상황에 따라 다른 기준을 적용하는 상대주의적 윤리관"을 동반한다(정수복 2012, 180). 이러한 태도는 종교적으로 '무교'와 '유교' 모두의 영향인데, 무교의 "현세 중심주의는 언제 어디서나 적용되는 공리적인 도덕적 원칙보다는 상황과 여건, 시간과 장소에 따라 달라지는 상대주의적 도덕과 친화성이 높"고, 유교는 본래 개별적 특성을 지닌 상대방을 고려하고 배려하여 행동하라는 배려의 윤리 원칙인 "시중"(時中)이라는 개념을 통해 원칙보다 상황을 강조함으로써 "이중윤리와 이중규범주의로 변질될 가능성"을 높여주었다(정수복 2012, 181).

다른 한편으로 한국적 사상 구조는 "영감적 묘(妙, 神)의 경지"를 추구하는데, 이는 "합리적으로 설명할 수 없"는 것으로서 "신묘(神妙)의 차원"이라고 할 수 있다(정혜선 2011, 260). 이는 한국 사상 속에서 이상과 현실이 묘하게 어우러지는 모습을 기술하는 것이라 할 수 있는데, 말하자면 초월적 이상을 언제나 현실에서 성취하고자 하는 모습을 통해 드러나는 애잔한 "안타까움"이라 할 수도 있을 것이다. 순

수한 이상을 품고 있지만 현실은 그와 반대로 "욕망과 악"으로 가득
차 있고, 따라서 이상을 깊이 추구하면 할수록 현실의 좌절은 깊어가
는 데서 비롯되는 "안타까움," 그러나 그 시련에 굴하지 않고 끝까지
이상을 고수하는 모습에서 "하늘과 같은 나를 그리워하는 마음"으로
공감하는 안타까움이다(정혜선 2011, 262). 이 안타까움이 한의 정서
와 연결되는데, "결핍과 상실, 핍박의 어둡고 부정적인 속성에 바탕"
을 두었지만, "복수나 원망이 아니라, 끊임없이 밝고 긍정적인 측면에
로 질적인 변화를 수반하여 화합의 광장으로 초극"하여나가는 한의
정서는 안타까움이 슬픔이나 비애에 그치지 않고, 감동으로 이어지
게 만들어주기도 한다(정혜선 2012, 262).

이 양가성 구조로부터 비롯되는 사이의 몸짓으로서 무교적인 혼종
의 기술은 한국인의 감성적 사이 구조를 적나라하게 보여준다. 그렇
다면 혼종의 기술로서 사이의 몸짓은 신학적으로 어떤 의미를 갖는
것인가?

4. 한국 신학을 위한 토양으로서 사이의 몸짓

한국의 근원적 정서가 한/흥의 양가성을 담지하고 있다는 것은 우
리가 동시대를 살아가는 삶들 속에서 일어나는 고통과 슬픔이 풀어져
야 한다는 것을 가르쳐준다. 그 고통과 슬픔이 위로받지 못하고 억눌
릴 때 한이 되고, 그 한이 죽음에 이르기까지 풀어지지 못할 때 우리는
귀신의 출현을 보게 된다. 힘없는 백성들이 "예기치 못한 비극적 운명
이나 고통에 무방비로 노출"되거나 또는 "몸에 병이 들거나, 전쟁이
나거나, 경제가 무너"질 때(장윤선 2008, 55), 그들을 구원할 대안을 찾

지 못하게 되면, 귀신이 출현한다.37)

귀신의 등장은 "정당한 방법으로 끝을 맺지 못했기 때문에 기운이 맺혀서 나타나는 현상" 때문이다(장윤선 2008, 99). 즉 사람이 죽으면 그 생명의 본질인 기(氣)는 자연스럽게 풀어져 사라져야 하는데, 맺힌 원한 때문에 그 기가 자연스럽게 흩어지지 않게 되면서 귀신이 출현한다. 이것이 바로 귀신의 이치이다. 즉 이런 귀신이 일어나지 말아야 하는 것이 자연스러운 것인데, 이런저런 자연스럽지 못한 이유로 한이 맺히고 풀어지지 않아 귀신이 출현할 경우 "잘 달래거나 위로해서 반드시 없애야 한다"(장윤선 2008, 100). 바로 여기에 귀신론과 한(恨) 이야기의 사회비판 기능이 담겨 있다. 말하자면 "억울하게 죽어 갈 곳 없는 귀신들이라면, 생전에도 그다지 좋은 삶을 누리지 못했을 가능성이 크다. … 결국, 인간이면서 연고가 없는 귀신이 많이 나타난다는 것은 그 사회에 뭔가 문제가 많다는 말과 상통한다"(장윤선 2008, 100). 그렇기 때문에 귀신담은 "지배자가 아닌 피지배자, 그리고 정상이 아닌 비정상의 영역을 사는 사람들의 이야기"가 될 수밖에 없고, 이 비정상적인 존재들이 정상의 세계에 갖는 중요한 기능이 바로 여

---

37) 유교는 나름대로의 귀신론을 갖고 있는데, 특별히 남효온에 따르면, 귀신은 "조화의 자취"인데, 이때 귀(鬼)는 "돌아간다는 뜻으로서 음과 양의 두 기운이 흩어져 돌아가는 것," 즉 "기의 소멸로 인한 죽음의 상태"을 의미하고, 신(神)은 "음양의 기운이 천지 사이에 와 조화롭게 펼쳐지는 것," 즉 "음양의 조화 속에 생명이 살아 있는 상태"를 가리킨다(장윤선 2008, 82). 따라서 귀신(鬼神)이란 "음과 양이 조화롭게 펼쳐져 있거나 혹은 흩어져 있는 상태"를 가리키며, 이렇게 본다면 '하늘의 귀신'이란 "죽은 영혼이 아니라, 음양의 조화에 따라 살고 죽는 모든 존재"를 가리키게 된다(장윤선 2008, 82). 자손에게 영향을 미치는 조상귀신의 힘은 "동기감응설"(同氣感應設)에 근거하는데, 말하자면 "조상과 자손은 동기(同氣), 즉 같은 기를 가졌기에 자손이 정성들여 제사지내면 조상의 기가 다시 뭉친다는 것"이다(장윤선 2008, 91). 이런 귀신을 "양귀"(陽鬼)라고 한다면, 그와 달리 '원한이 맺힌 귀신'을 "음귀"(陰鬼)라 한다(장윤선 2008, 207).

기에 있는 것이다(장윤선 2008, 140). 사실 "모든 사회적 억압 가운데 가장 큰 억압은 바로 억압당하는 사람의 존재 자체를 지워버리는 것"인데, "분명히 존재하고 있건만, 그 존재가 다른 사람에 의해 의도적으로 무시되고 외면당하는 경우," 그들의 이야기는 구천(九天)을 떠돌게 된다(장윤선 2008, 153). 그래서,

> 사회의 모순에 희생된 이들의 목소리는 사람들이 잘 돌아보지 않는 후미진 곳에서 들려올 뿐이다. 그러나 이런 사람들의 목소리가 아주 묻혀 버리지는 않았으니, 바로 귀신 이야기가 그 소외된 사람들의 은밀한 원한을 드러내기 때문이다(장윤선 2008, 153).

특별히 귀신 이야기에 여자 귀신이 많은 것은 "여자 혼자서는 아무것도 할 수 없는 사회적 모순과 억압"(장윤선 2008, 175)을 은밀하고 삐딱하게 전하고 있는 것이다.[38] 그렇다면 귀신이 바라고 원하는 것은 무엇일까? 귀신은

> 무엇보다도 감춰진 자기 사연을 풀어놓고 싶어 한다. 그래서 귀신은 인간과의 대화를 간절히 원한다. 수많은 귀신이 저승으로 편히 가지 못하고 이승을 떠도는 이유는 자기 사연을 남과 나누고, 위안을 받고

---

[38] 귀신이란 "결국 삶에 대한 애정과 미련을 버리지 못한 존재이다. 귀신은 살면서 겪었던 좋은 일, 괴로웠던 일을 기억하고, 이를 인간과 나눔으로써 자신의 존재를 조금이라도 더 연장하려고 한다. 소름끼치는 몰골로 불쑥 나타나고, 흉한 모습으로 손을 내밀지만, 귀신은 결국 생전에 다하지 못한 숙제를 마치고, 이리저리 얽혀 고통스러웠던 인연에서 풀려나기를 원할 따름이다. 바로 그런 원(願)과 한(恨)을 담은 것이 귀신담으로 그것은 더 나은 삶을 살고 싶은 산 사람들의 이야기이기도 하다"(장윤선 2008, 268).

싶어서이다. 그러면 해원(解寃)이 된다(장윤선 2008, 265).

따라서 귀신을 풀어주고 치유하는 길은 사랑과 관심을 가지고 귀신의 억울한 사연을 들어주는 것이며, 여의치 않을 경우 제사를 지내 마음을 달래줌으로써 원한을 풀어주는 것이다. 즉 억눌리고 파묻힌 자신들의 이야기가 들려지는 것, 바로 그것이 귀신의 치료법이다.

이 귀신 이야기는 오늘의 한국 신학에 어떤 메시지를 전해주는가? 한국 교회는 성장기에 예수가 귀신을 쫓아내주는 치유의 사역을 감당하듯이 한국 사회의 한 맺힌 곳을 풀어주는 역할을 긍정적으로 감당하고 있었다. 즉,

> 교회는 압축 경제성장의 부작용으로 깨져가는 가정을 잡아주었고, 아이들이 거할 장소를 제공해주었고, 그들을 공부시키고 먹여주었다. 폭력이 난무한 가정 속에서 복음으로 견디고 이해하고 용서할 수 있는 힘을 주었으며, 그 쌓인 한을 새벽에 다 쏟아 놓을 수 있는 여건을 제공해주었다. 비록 다소 왜곡된 방식으로 성령을 구하고 성경을 해석하여 적용했지만, 우리 민족이 가진 강력한 무속적 일탈 의식에 맞서 굳건히 궤도를 벗어나지 않도록 잡아준 것은 교회였다(최규창 2012, 93).

때로 개신교의 일부 예배나 집회 그리고 통성기도의 방식이 광적이라고 조롱과 비판의 대상이 되기도 한다. 그들의 비판에는 나름대로의 일리가 있을 것이다. 하지만 그러한 예배들 자체가 무조건적인 비판의 대상이 될 수는 없다. 왜냐하면, 최규창이 지적하듯이 "하나님이 그런 광적인 기도에만 은혜를 주시는 분이 결코 아니지만, 그들은

그런 방식으로 하나님을 찾고 울부짖음으로써 자신들의 한을 쏟아내고 치유받기를 원한다"(최규창 2012, 94). 그러한 광적인 예배와 기도가 적어도 매주에 한 번씩 흥과 한의 탈놀이를 대신하면서 신명나는 한풀이의 장을 마련했다고 보면 어떨까? 그리고 그러한 모습들이 바로 개신교적인 함께 나눔이었다고 생각해보면 어떨까? 삶의 역설적인 상황들은 "우리의 무속적 의식이며 한(恨)이고 하늘을 원망해야 마땅한 일"이다(최규창 2012, 94). 그 한과 슬픔 앞에서 우리가 할 수 있는 일은 아우구스티누스의 권면처럼 '기뻐'하는 것이 아니라 "같이 울어주는 것"이다(최규창 2012, 94). 물론 그러한 예배와 기도들만이 함께 고통을 나누는 사랑의 몸짓이 되는 것은 아니다. 다른 방식과 방법들도 많이 있을 것이다. 그러나 우리는 고대로부터 "국중대회 연일 음식가무"를 통해 농사일의 고단함을 풀어내는 문화전통을 지녀왔음을 기억하자. 관건은 이러한 무속적인 카오스와 코스모스의 양가적 사이 구조를 어떻게 기독교적 사유 방식으로 풀어낼 것인가에 있다.

오늘날 지구촌 문화가 당면하고 있는 많은 문제들은 급속한 해결보다 오히려 근원적인 "발상의 전환, 의식의 전환, 생활 방식의 전환"을 요구한다(이기상 2010, 15). 이기상은 이 발상의 전환이 가능하려면 우리의 "인식론적 사유 틀이 '존재(있음)'에서 '생명(살아 있음)'으로 전환되어야 한다"고 주장하고(이기상 2010, 15), 그것을 우리의 '사이 사유' 속에서 찾는다. 우리 한국인의 '천지인합일'의 의식 속에는 "하늘과 땅 사이에 존재하는 '사이 존재'"로서 인간에 대한 사유가 담겨 있는데(이기상 2010, 29), 예를 들어 "하늘과 땅 사이(天地間), 때 사이(時間), 빔 사이(空間), 사람 사이(人間)"의 정의들 속에 그러한 사유가 고스란히 흔적을 남겨두고 있다. 이 사유할 수 없는 '사이'에 대한 사유는 인간을 이 사이들 속에서 "관계를 나누며 유지하고 보존하며 살아가는 '사이 존재'"(이기상 2010, 32)[39])로 묘사한다.

하늘과 땅 '사이'에서 생명은 고정되거나 실체로 존재하는 것이 아니라 '되어감' 즉 과정으로 존재한다. 되어감이란 무언가가 '있음'으로 도래하는 것만을 가리키는 것이 아니라, 그 있음 이전의 없음을 부각시킨다. 즉 있음 이전에 놓인 "비움이자 없어짐이며 사라짐"이 '되어감'의 과정 속에서 전제되는 것이다(이기상 2010, 36). 되어감의 과정 속에서 근본적인 것은 "있음(존재)이 아니라 '없음'(無, 空)이다. 있음이란 없음과 있음을 잇는 순간적인 연결고리일 뿐이다"(이기상 2010, 36). 이를 달리 표현하면, "존재하는 모든 것은 무에서 생겨나 주어진 삶의 에너지를 불사르며 존재 속에서 되어가다가 에너지를 다 소진한 뒤에는 다시 무 속으로 사라져 간다"(이기상 2010, 36). 여기서 그 무, 즉 "빈탕"함은 없는 것이면서 동시에 있는 것 혹은 있음의 과정이 존재하려면 반드시 전제되어야 하는 그 무엇을 의미한다(이기상 2010, 37). 이를 "없이 있는 것"이라 말할 수 있으며, 이 '없이 있는 분'을 우리는 "하늘님(하느님)"이라 불렀다(이기상 2010, 37). 이 없이 있는 존재를 통해 우리는 생명의 본질이 '있음'(존재)이 아니라 "비움" 혹은 "없이 있음"임을 알게 된다(이기상 2010, 37). 이를 우리는 "거룩한 신" 혹은 "거룩한 영"이라 한다(이기상 2010, 37). 이 없이 있는 신령한 존재를 우리는 "한얼"이라 명하는데, 세상의 모든 변화하며 '있는' 존재들 속에서 이 '한얼'을 알아보고, 그 때문에 천지사물들을 섬기며 "그렇게 존재하는 모든 것을 그것으로 서도록 도우면서 우리는 없이 계

---

39) 이 사이들은 단지 묵묵히 거기 있는 것이 아니라, 우리에게 '가치'를 던져주는데, '빔-사이'는 "나눔"을, 때-사이는 "비움"을, 몬(사람)-사이는 "섬김"을, 하늘과 땅 사이는 "살림"의 가치들을 가져다준다(이기상 2010, 73). 이 "살림, 섬김, 비움, 나눔은 살림을 생활화하는 살림살이의 방식"이다(이기상 2010, 74).

신 한얼을 섬기는 것"이다(이기상 2010, 37). 즉 인간이란 "하늘과 땅 사이에 있는 모든 존재를 '돌보고 보살펴야' 할 '사이 존재'다"(이기상 2010, 40). 그 사이 존재로서 인간 안에는 "내 안에 있는 속알을 깨우쳐 알아 그 바탈을 태우게 하는" "얼나"가 있다(이기상 2010, 40). 그 얼나가 우리를 "침묵 속에서 내 안에 말 걸어오는 '없이 계신 하느님'의 부름에 응해 우주적 대해탈의 역사에 동참"하는 꿈을 꾸도록 한다(이기상 2010, 43). 이 '없이 계신 하느님'의 존재 양식이 바로 '사이'이다. 사이는 존재하지 않는다. 적어도 그 사이를 형성하게 만들어줄 두 대상 혹은 주체와 대상이 없다면 말이다. 하지만 그 없이 있음으로 '사이'는 그 사이 공간이 의미와 가치로 충만할 수 있도록 해준다.

그 사이 공간에서 우리 신학이 사이의 감성 구조에 터하여 펼쳐나갈 가치는 여민락(與民樂)의 이상이 아닐까? 세종은 '천민'(天民)이라는 말을 썼는데, 이는 중국 "천자의 백성"이나 일본 "천황의 신하"를 가리키는 말, 혹은 "왕토왕민(王土王民)에 나오는 '왕의 백성'"이 아니라, "말 그대로 '하늘의 백성'"을 의미한다. 세종은 천민(天民)이라는 말을 통해서 "백성 하나하나를 천자(天子)로 만들고, 천황(天皇)처럼 받"들고자 했다(배기찬 2005, 113). 특별히 주목해야 할 것은 이 천민(天民)이 "'전체' 또는 집합명사로서의 국민, 또는 일부의 '계층'이 아니"라, 오히려 "국민 '개개인'이 천민"임을 주창했다는 것이다(배기찬 2005, 113). 그에게 천민은 "배려의 대상, 통치의 대상"이 아니라, 오히려 "자신(自新)"하는 백성들로서, "스스로 새롭게 되고, 스스로 깨치고, 스스로 높은 문화 수준을 이루"어나가는 백성들이다(배기찬 2005, 113). 그래서 세종의 꿈은 "'살아감의 즐거움'(生生之樂)을 누리는 하늘백성(天民)과 함께 즐기는 것," 즉 "여민락(與民樂)"이었다(배기찬 2005, 114). 따라서 세종은 화이부동(和而不同)의 정신을 기초로 '다름을 인정하고 다름끼리의 조화'를 도모하면서 중국 문명과의 외적 동일시를 통한 우월의식을 극복하려 했다.[40] 우리는 이 세종의 몸짓 속에서 이제 신학은 한/흥과 정/무심의 양가적 정서 구조를 바탕으로 혼종의 기술을 사용하여 주체의 몸짓을 드러내야 한다는 암시를 읽을 수 있지 않을까? 우리가 한국적 신학을 통해 기독교의 진리를 이 땅에 실현해내고자 하는 바로 그것은, 심광현의 말을 차용하자면, "흥한민국"의 세계화, 즉 우리의 배타적 민족성을 온 족속에게 강요하는 형식이 아니라, 그들의 아픔과 슬픔을 찾아가 들어주고 그들의 맺힌 한을 풀어주고 그래서 그들이 신명나는 예배의 울부짖음을 통해 고통을 함께 나누는 그리스도의 사랑의 영의 입신(入神)을 체험하도록 하는 것, 바로 거기에 한국적 신학이 나아갈 방향성이 있지 않을까?

지젝은 개신교의 핵심을 성육신으로 지목하고, 이 성육신의 핵심은 "웃기는"(comical) 농담으로 해설한다(Žižek & Gunjević 2012, 178). 고단하고 지친 삶의 순간들을 잠시 잊고, 웃음을 통해 삶에 힘을 부여하는 농담으로서의 기독교는 탈놀이 속에서 해학과 풍자를 통해 신명나는 흥과 한풀이를 가능케 해준 우리 고래의 '국중대회 연일음식가무'의 흔적을 체현할 수 있지 않을까? 실제로 현영학은 예수를 "웃기는 친구" 혹은 "돈키호테 같은 친구"으로 묘사하면서(현영학 1997, 53), 나귀를 타고 예루살렘으로 입성하는 예수를 다음과 같이 표현한다:

---

40) 하지만 "조선의 사대부와 선비들은 중화문명에 중독되어, 주자학에 대한 교조주의자가 되거나 중화사상에 대한 원리주의자가 되었다. 다시 말해 그들은 '한족에 의한, 중국에 근거한, 유교적 예법체제를 위한 중화체제'를 태양처럼 따르고 그 속으로 조선을 일체화시키려 했다. 그러나 세종은 '조선인에 의한, 조선에 근거한, 인간적 문명체제'를 만들려고 했다"(배기찬 2005, 118).

아픔과 슬픔을 안고 있으면서도 웃음을 웃는 예수, 현실의 비극을 희극적인 해학으로 극복하는 예수, 남의 웃음거리가 되고 남을 웃기면서도 궁극적인 마지막 웃음은 자기가 웃는 예수, 그에게서 우리는 인간 예수의 삶과 넓이와 깊이와 높이를 본다. 뿐만 아니라 그와 함께 울고 웃을 수 있는 친근감을 느낀다. 그는 이 세상의 모든 부조리와 고통과 고민으로부터 우리를 해방해서 마지막 웃음도 함께 웃을 수 있게 해주는 구주다(현영학 1997, 54).

오늘날 우리의 기독교가 외적으로 그리고 형식적으로 완고해지는 것은 "십자가만을 보기 때문에 기독교를 지나치게 비극적으로 해석함으로써 부활의 희극적인 면을 잊고 따라서 웃음을 잃어버린 것이 아닐까"(현영학 1997, 482). 예수는 "희극의 주인공," 즉 현실에서는 "패배자"로 간주되지만 그렇기 때문에 "사람들의 존경과 동정의 대상"이 되는 사람에 더 가깝다(현영학 1997, 482). 패배에도 불구하고 그는 결코 포기하지 않고 자신의 역경을 딛고 일어나 웃는다. 그래서 그는 "패배자로 나타나면서도 승리자로 끝나며 사람들에게 안도의 한숨을 쉬게 하며 해방의 웃음을 웃게 한다"(현영학 1997, 483). 이 모습이 가장 극적으로 표현된 것이 바로 예수가 나귀를 타고 예루살렘으로 입성하는 장면이다. 거기서 그는 분명히 "희극의 주인공, 슬픔을 안고 남의 웃음거리가 됨으로써 남을 웃기고 남과 함께 웃는 '피에로'였다"(현영학 1997, 484). 현영학의 예수에 대한 이러한 묘사들은 한국적 감성의 사이 구조하에서 우리가 어떻게 기독교적 종교성을 표현해 나가야 할 것인지에 대한 적극적인 단초를 제공한다. 그것은 바로 '탈놀이'의 '흥과 한의 연출기법'인 해학과 풍자이다. 유영모의 호는 '다석'(多夕)이다. 즉 '많은 저녁'이란 뜻이다. 이정배에 따르면, 이는 "존재를 드러나게 했던 빛(로고스)의 소멸로 인해 있음이 사라지고 없음이 드러날 때 그로부터 오히려 더 큰 세계가 비롯할 수 있다는 것"을 가리키는 말이라고 한다(이정배 2011, 201-202). 지구촌 소비금융 자본주의 체제가 이 땅을 살아가는 많은 사람들에게 점점 더 많은 어둠을 드리워주고 있는 이때, 이 빛의 없음은 절망의 이유가 아니라, 기존의 사유 태도로는 빛을 찾을 수 없다는 메시지로 읽고 그를 넘어갈 '해학과 풍자의 몸짓'을 통해 새로운 시대가 도래한다는 믿음을 가질 수 있다고 다석은 말하는 것이다. 바로 거기에 기독교의 미래가 있다.

VI

바디우의 저항과 믿음의 주체

바디우의 주체 이론은 '둘'(the Two)의 주체로서, 저항과 믿음의 짝패로 작동한다. 즉 바디우는 저항과 믿음이라는 주체의 교차점에 주체를 두고 있다. 저항하는 주체는 곧 시대의 정신이 강요하는 체제를 그대로 받아들이기를 거절하는 것이다. 이러한 거절은 진리에 대한 흔들리지 않는 믿음과 짝을 이룬다는 말이다. 그 믿음은 곧 우리 시대가 '불가능'하다고 선언한 것을 가능하다고 즉 가능한 불가능성이라고 믿는 것이다. 진리에 대한 그러한 믿음이 있기 때문에 주체는 '둘'의 주체이다. 즉 주체는 분열된 것이다. 그래서 주체는 처음부터 다수(the multiple)이다. 주체로 일어난다는 것은 모든 차이와 불협화음을 배제하고, 매끈한 일자의 논리로 모든 사태를 정리하는 것이 아니다. 오히려 기존 지식 체계와 불화하는 실재의 진리가 난입하는 사건을 충실하게 믿는 주체이고, 그렇기 때문에 시대에 저항한다. 그렇게 저항과 믿음은 짝패(paring)를 구성한다. 그래서 주체는 '사이'(the between)의 주체인 것이다.

1. 바디우의 주체

바디우(A. Badiou)는 철학을 그 조건들과, 말하자면 진리 절차들 (truth procedures)과 구별한다. 철학은 더 이상 진리를 생산하지 않는다. 진리는 진리 절차들을 통해 생산되며, 따라서 진리는 다수이다. 철학이 진리의 독점적 생산자가 되었을 때 발생했던 이전 세대의 재난들을 방지하려는 바디우의 방식이다. 철학은 이제 진리와 별도로 존재하고 진리는 철학 밖에서 발생하지만 그렇다고 철학이 진리 발생의 수동적 수용자에 그치는 것은 아니다. 오히려 철학은 진리 절차들 사이에서 선택권을 담지하며, 개념적 구성의 일관성을 담지한다. 이러한 철학의 역할 변경의 배경에서 작용하는 바디우의 문제인식은 바로, "… 우리 시대는 진정한 지식을 위한 시간을 갖고 있지 못하다. 경쟁력에 대한 찬양은 오히려 앎 없는 지식을 찬양하려는—진리 없이 행위하기 위한—욕망이다"라는 것이다(Badiou 2007, 310). 바디우는 지식의 경쟁이 진리를 대치해버린 시대, 그래서 경쟁에서 승리하면 바로 그것이 진리로 간주되는 시대에 진리의 물음을 다시 한번 묻고 싶은 것이다.

이 경쟁의 시대에 '진리의 물음과 가치'를 던진다는 것은 곧 시대에 저항하는 것이고, 시대가 강요하는 지식을 그대로 답습하는 것이 아니라 시대의 지식과는 다른 차원의 앎을 지향한다는 것이다. 그래서 바디우는 많은 이들이 믿고자 하는 것은 "가능한 것의 기술"이라면, 정치는 "불가능의 예술"이라고 말한다(Badiou 2009, 317). 정치는 우리가 현재 갖고 있는 것을 보다 풍성하게 하고, 확보하고 증식하기 위한 타협과 대화의 기술이 아니라, 기본적으로 이 시대정신이 불가능하다고 말하는 것을 주체적으로 가능하다고 믿고 선언하는 기술인 것이다. 진리를 향한 그러한 주체적 믿음의 선포가 현실적으로 성공을 구가하고 호응을 얻느냐 하는 것은 적어도 좌파 플라톤주의자인 바디우에게는 그다지 중요하지 않는 듯하다. 그래서 그는 "역사는 사건의 운수이고, 정치는 그의 강요된 주체적 합리성이다"라고 과감히 주장한다(Badiou 2009, 60). 진리는 주체에게 강요한다. 네가 믿고 살아가는 바는 진리가 아니라고. 그러니 그 진리를 향한 내기를 걸라고. 그런데 내기에서 이기면 무엇을 얻는지는 식별 불가능하고, 결정 불가능하다. 주체는 그저 자신의 사건 속에서 마주한 진리를 믿고 도박을 감행할 뿐이다. 그것이 유토피아를 향한 것이든 하나님 나라를 향한 것이든, 극락왕생을 향한 것이든 더 나은 세상을 향한 것이든, 그것은 각자가 각자의 사건을 통해 그리고 각자의 유적 절차들을 통해 진리를 어떻게 탐구했느냐에 달려 있을 것이다. 진리는 더 이상 하나가 아니다.

그렇다 더 이상 하나의 진리가 아니라 진리는 다수라는 바디우의 주장은 주체가 언제나 둘(the Two)의 구조에 있다는 것을 의미한다. 다수의 실재를 주체는 언제나 일자의 시스템으로 전환하고자 하기 때문이다. 이 전환 속에서 주체는 '둘'을 '일자의 진리'로 환원시킨다(도르 2009, 163). 바로 그렇기 때문에 우리는 물 자체나 현상 자체 혹은 사실 자체에 접근이 안 되는 것이다. 그리고 바로 그렇기 때문에 주체의 용기는 언제나 '잘못 놓인 구체성의 오류'(the fallacy of misplace concreteness)를 작동시킨다. 이 '오류'는 영구적으로 해결이 불가능한, 우리 인간의 인식이 4차원 시공간을 3차원 시공간으로 환원해서 인식하기 때문에 생기는 근원적인 오류이다. 그래서 주체는 '둘의 구조' 속에서 환상과 실재 사이를 끊임없이 오간다.

1.1. 『주체 이론』에서 말하는 주체

바디우에게 주체는 1982년 프랑스어로 출판한 초기 저서 『주체 이론』(*The Theory of the Subject*)에서 "둘"(the Two)로부터 유래하여, "사라지는 항"(a vanishing term)이다. 그의 『주체 이론』 전체는 주체를 가능케 하는 "둘"에 대한 설명으로 구성되어 있다고 해도 과언이 아니다. 이 둘은 배치 공간(splace)과 탈배치(outplace)의 모순과 갈등을 통해 접점을 모색하고, 주체의 자리를 부여한다.

1.1.1. "둘"(the Two)로서의 주체

"둘"로서의 주체는 근대 이래로 주장되어온 '일자'나 '통일성' 혹은 '일관성'으로서의 주체 이론을 전복하는 바디우의 논제이다. 그 유래는 헤겔(G. Hegel)의 변증법적 주체에서 비롯되는데, 바디우는 이를 라캉의 욕망의 주체 이론과 결합하였다. 통상 '전체성'(the whole)과 '일자'(the One)는 철학적으로 동일한 것으로 표상되어왔다. 바디우의 주체 이론은 바로 이 동일성 혹은 연속성 논제를 전복한다. 존재 즉 전체로서의 존재는 결코 '일자'가 아니라는 것이다. 바디우는 헤겔의 본문으로 돌아가 헤겔의 일자는 "둘"(the Two)이 일자의 개념을 배태하는 것이지, 하나가 둘로 분열되는 것이 아님을 지적한다(Badiou 2009, 5). 즉 전체(the whole)가 '일자'로 이름이 붙는 과정은 '두 번 셈하여지고, 두 번 배치되어야' 하며, 이는 처음부터 "둘" 즉 "분리"(scission)가 있었다는 것을 의미한다(Badiou 2009, 5). 바우디는 헤겔의 철학이 이런 분열의 반복, 하지만 본래 처음의 분열로의 복귀가 아닌 또 다른 분열로의 나아감이 반복적으로 발생하는 진실을 드러내고 있다고 말한다. 이 분열은 서로 다른 사물이나 사람들 간에 일어나는 분열

이 아니라, 본래적으로 같은 것이 "둘"로 이루어가는, 그러면서 자기 자신의 자리에서 다른 어떤 것을 계속해서 반복적으로 구현해나가는 분열을 가리킨다. 말하자면 헤겔에게 "둘"은 "즉자성"(something-in-itself)과 "대자성"(something-for-itself)을, "순수한 동일성과 배치된 동일성을" 혹은 "문자와 그 문자가 기입된 공간을" 혹은 "이론과 실천"의 둘을 가리킨다(Badiou 2009, 6). 바디우는 이 "둘"을 A와 AP로 표기한다. 여기서 AP란 "A의 배치를 가리키는 유적 항" 혹은 "배치의 유적-고유성 안에 있는 A"를 말한다(Badiou 2009, 9). 이 A와 AP의 관계를 헤겔은 분열 혹은 모순이라고 했다.

A와 AP의 관계는 어떤 것이 그 자체로부터 일으키는 차이를 말한다. 그리고 이 차이를 만드는 것은 A의 전개가 아니라 A가 배치된 자리로부터 일어나는 차이이다. 하지만 그러한 배치를 일으키는 자리는 결코 A를 고정시키지 못한다. A는 언제나 배치된 자리로부터 "탈존"(ex-sist)하기 때문이다(Badiou 2009, 10). 배치의 공간이 부여하는 고정성에 사로잡히는 것을 헤겔은 "퇴행"(relapse)이라 명명하였다(Badiou 2009, 10). 이 퇴행이 일어나는 이유는 기본적으로 배치(p, placement)가 자아내는 힘 때문인데, 이를 바디우는 "배치의 공간"(space of placement) 즉 "자리"(place)라고 불렀고, 이를 자신의 용어로 "배치 공간"(splace)이라 하였다(Badiou 2009, 10).

무력적 배치에 고정되기를 거부하고, 자신의 전개를 추동해나가는 A는 바로 그런 의미에서 "탈배치"(outplace)라고 말할 수 있을 것이다.[41] A가 배치 공간 즉 "구조의 행위"와 상동화되었을 때 퇴행이

---

41) 정치 지형에서 이 A와 P의 둘은 A를 "노동계급"으로, P를 "현대 제국주의 사회"로 대입할 때 무엇을 의미하는지 명확해진다. Ap란 배치 공간에 종속된 즉 현대 제국주의 사회의 배치 공간에 종속된 노동계급을 말하며, A란 노동계급의 끝없이 탈주하려는 힘

일어나지만, 기본적으로 어떤 무언가를 전개해나가는 힘(force)으로서 A는 배치의 자리에 "이질적"이며, 그래서 배치의 구조를 위반하고 거역하려는 기질을 갖는다. 바로 이런 기질이 배치 공간과 연관하여 명명될 때, 바디우는 이를 "탈배치"(outplace)라 하였다. 헤겔의 변증법은 결국 "배치 공간에 대적하는 탈배치"(the outplace against the splace)에 다름 아닌 것이다(Badiou 2009, 11). 본인의 논점을 명확히 하기 위해 바디우는 '배치 공간'(splace)을 "P"로, '탈배치'(outplace)를 'A'로 표기하면서, A와 P는 소위 말하는 '모순'이 아니라 "순수한 구조적 원리"라고 말한다(Badiou 2009, 14). 이 원리가 구조적인 이유는 이러한 구조를 만드는 분열(scission)이 "탈배치로서 (배치의) 자리에 포함되어" 있기 때문이다(Badiou 2009, 15).[42]

주체란 바로 이 "배치"와 "탈배치"의 둘이 담지한 모순으로부터 배태된다. 그리고 그 모순은 특정 시점에서 균형이나 봉합(suture)을 도

을 가리킨다(Badiou 2009, 9).

신학적으로 P 즉 배치 공간은 유한의 세계로, A는 무한으로서 하나님으로 표기될 수 있는데, 이때 하나님은 "유한의 배치 공간의 구체적인 탈배치로 색인된"다(Badiou, 2009, 15). 바로 이것이 성육신의 원리로서 하나님이 인간이 된다는 진술의 뜻인데, 말하자면 하나님은 "스스로(성부)를 분리하여, 유한 속에 스스로를 배치(성자)한다"(Badiou, 2009, 15). 이때 성자는 하나님의 탈존을 가리키는 말이 된다. 헤겔은 이것이 바로 니케아 신조의 원리라고 이해하였다(2009, 15).

42) 헤겔의 변증법을 가능케 해주는 또 다른 힘이 있는데, 이것은 "둘"에 더하여 또 다른 하나가 아니라 둘이 자아내는 효과이다. 배치 공간과 무관하게 초월적으로 존재하는 사물은 아무것도 없기 때문에 모든 사물은 배치 공간의 영향을 받기 마련이다. 이는 곧 사물은 특정의 자리 혹은 배치로부터 생겼다는 것을 의미하는데, 그렇게 발생한 모든 사물은 생래적으로(inherently) 탈배치의 기질을 품고 태어난다. 그래서 배치 공간을 위반하여 탈출하지만, 그러한 탈출은 영원한 분리를 의미하는 것이 아니다. 왜냐하면 탈배치의 기질도 생래적이지만, 배치 공간의 기질도 생래적이기 때문이다. 따라서 모든 사물은 탈출 후에 어느 시점에선가 본래의 자리로 돌아오려는 힘을 발휘하기 마련이다. 그래서 본래의 자리로 돌아와 본연의 자리를 대치한다. 이를 헤겔은 "한정성"(*Grenze* 혹은 limit)이라 명명하였다(Badiou 2009, 12).

모하고, 주체는 바로 그 봉합의 주체이다. 이 봉합이 이루어지면 주체는 사라지며, 다음 사건에 다른 모습의 주체로 출현한다.

여기서 중요한 것은 처음부터 "둘"이 존재한다는 것이고, "일자"(the One)는 그 '둘'을 기입하기 위해 고안된 장치이며, 그 역은 아니라는 것이다. 따라서 처음부터 '둘'이 있다. 헤겔에게 이 둘은 모순의 관계로 있으며, 바로 이것이 "차이"를 가리키는 본래의 자리인 것이다. 둘은 단지 숫자적으로 무차별한 '둘'이 아니라 "분열 속에 연결된 둘," 즉 "하나의 과정 속에 연결된 둘"을 말한다(Badiou 2009, 24). '둘'이 단순한 둘이 아니라 변증법적 관계를 통해 모순의 극복을 지향한다는 의미로 헤겔은 "대립 속의 통일"을 말하는데, 이는 '둘'이 융합하여 제삼의 어떤 것을 창출하는 것이 아니라, '둘의 운동'으로서 '일자'를 즉 그 '둘'의 효율적인 분기를 가리키는 일자를 나타낸다. 따라서 일자 다음에 다자 즉 둘이 도래하는 것이 아니라, '둘' 다음에 '일자'가 둘을 기입하는 방식으로 등장한다. 여기서 바디우의 둘의 철학이 갖는 의의를 살펴볼 수 있다. 전통적으로 철학은 일자(the one)와 다자(the many)의 이분법적 담론으로 해석되어왔는데, 바디우는 철학사의 이 기본 전제 자체가 잘못되었음을 헤겔 철학에 대한 재해석으로 제시하고 있는 것이다.

그 '둘'의 분열 속에서 차이는 균형을 이루며 발생하는 것이 아니라 불평등과 비대칭을 낳는다. 즉 하나가 언제나 다른 하나에 종속되는 형태로 통일이 이루어진다. '둘'의 근원적 힘이 배치 공간의 구속력에 종속된 형태로 나타날 때 둘은 "구조적 모순"(structural contradiction)의 형태로, 탈배치의 힘이 배치 공간의 힘을 능가하고 압도하는 형태로 나타날 때 "역사적 모순"(historical contradiction)의 형태로 나타난다(Badiou 2009, 25). 이 두 형태가 교차하고 매듭을 구성하는 자리가 바로 주체의 자리이고, 결국 주체를 배출하는 것은 '일자'가 아니라 '둘'(the Two)이다.

헤겔의 '둘'을 고찰하면서 바디우는 '힘'(force)이 자신의 "외부성을 그 자신의 운동"으로 간주하게 되면서 그 자신과 관계하기 시작한다는 점에 주목한다(Badiou 2009, 32). 이것은 바로 라캉이 유아에게서 주체의 출발점을 본 그 자리인 것이다. 즉 주체는 언제나 타자의 주체라는 말을 이해하기 위한 출발점인 셈이다. 헤겔은 바로 이 타자성의 내면화를 주체의 출발점으로 동일하게 인식했던 것이다. 타자의 내면화, 즉 배치 공간이 부여하는 가치 체계를 '나'의 가치로 내면화하면서, 헤겔은 "지양"(sublation)이 일어난다고 보았다. '둘'(the Two)은 결국 전체(the whole)와 일자(the One) 사이의 틈에 생래적으로 혹은 본래적으로 기생하는 것이며, 이 '둘'이 만들어내는 사이의 틈이 바로 주체의 물음을 낳는 자리인 것이다. 이 둘, 즉 전체와 일자의 둘을 가능케 하는 힘은 "오로지 다른 힘과 상관된 활동으로서만 사유 가능할 뿐"이다(Badiou 2009, 34). 본래적 '힘'이 자신에게 마주친 다른 힘으로 즉 자신을 조건 짓는 힘으로 관계를 구성한다는 것은 그것을 내면화한다는 뜻이며, 이는 곧 자신을 외적으로 외양화(exteriorization)한다는 것이다. 이는 역으로 "본연의 자신으로부터 멀어져 확장된다는 것"(the expansive wrenching away from itself)을 의미한다(Badiou 2009, 35).

자신으로부터 멀어져 나가는 외연적 확장은 배치 공간의 통일성을 부여하여, 체제의 자리에 혹은 상징계의 자리에 힘을 배치하여 배치 공간을 형성하든지 아니면 혁명의 자리에 즉 실재(the real)의 자리에 탈배치를 드러내든지, 그 양단간에 이루어진다. 전자는 본래적 '힘'이 배치 공간 속에 배치되어 불순하게(impure) 되는 것을 가리킨다. 바디우는 이를 "객관적"이라 지칭하였다. 후자는 힘이 그 본연의 '순수성'을 회복하기 위한 "정화라는 우연적 과정"(the aleatory process of purification)에 착수하는 것을 의미한다. 바디우는 이를 "주관적" 혹은 '주체적'이라 명한다. 이때 특별히 주목할 것은 이 정화 과정이 운동에 새로움을 도입한다는 것이다(Badiou 2009, 38). 이 새로움은 언제나 매 시대마다 정의의 부름을 가져온다. 모든 정의는 바로 이 새로움의 도입으로 가능해진다. 역으로 새로움의 도입이 없는 반복은 언제나 부정의를 낳는다. 바디우는 이런 점에서 헤겔의 관념론적 변증법을 구조적 측면과 역사적 측면으로 구분하여 이해할 것을 제안한다: 즉 "자리들의 논리와 힘들의 논리"로 말이다(Badiou 2009, 53). 하지만 바디우는 헤겔의 변증법이 주로 구조적 변증법을 해명하는 데 중점을 두고 있었다고 비판한다. 주체 이론의 출발점으로 "둘"을 보았던 점에서 헤겔은 지대한 공헌을 하였지만, 둘이 자아내는 변증법의 양상들을 고찰할 때는 또다시 둘의 역할로 고려하지 않고, 이를 거의 전적으로 구조적인 측면에서만 고찰하는 잘못을 저질렀다는 것이다. 바디우에게 주체란 언제나 "둘"(the Two)을 가리키며, 이는 "자리의 측면(라캉의 용어로 상징계)과 힘의 측면(실재계)"의 교차와 봉합과 사라짐으로 구성되는 것이다(Badiou 2009, 114).

1.1.2. 저항적 주체의 전거로서 클리나멘(clinamen)

둘의 출현의 텍스트적 근거를 바디우는 에피쿠로스(Epicuros)에게서 찾는다. 데리다가 '차연'(差延, différance)을 서술하기 위해 플라톤의 『티마이오스』로 되돌아갔던 것과 같이, 바디우는 자신의 주체 모델의 전거를 찾기 위해 에피쿠로스에게로 돌아가 "클리나멘"(cli-namen)을 인용한다(Badiou 2009, 58). 에피쿠로스는 본래 원자들만

이 존재했다고 여겼다. 그래서 처음에는 원자들과 그들의 거처 공간인 진공(the void)만이 존재했다. 그 진공의 공간에서 원자들은 수직으로 낙하하는 운동만을 하고 있었고, 이 원자들의 질서가 강하게 그리고 고정적으로 유지되고 있었더라면 만물은 생성될 수 없었을 것이다. 수직으로 떨어지는 원자들은 서로 관계하지 않기 때문이다. 그런데 우연히 수직의 궤도를 일탈하는 원자가 발생하면서 다른 원자들과의 충돌과 관계가 발생하고, 그로부터 만물이 생겨나기 시작했다. 이때 사선 방향으로 일탈하며 추락한 원자의 이름을 에피쿠로스는 '클리나멘'이라 불렀다.

클리나멘 속에서 바디우가 보고자 하는 것은 획일화된 전체 배치 운동에서 발생하는 일탈(deviation)이다. 바로 그 일탈하는 원자로 말미암아 만물의 도래가 가능케 되었다는 것이다. 이는 바디우가 배치와 탈배치의 둘의 구조를 통해 주체의 자리를 해명하고자 노력한다는 점을 유념하면, 이 클리나멘에 대한 인용이 어떤 메시지를 전하고 있는지가 분명해진다. 주체는 비록 '둘'의 구조로부터 출현하지만, 주체의 강조점은 바로 배치의 획일화된 힘에 '저항'하고 '탈주'하는 힘에 놓여 있다는 것이다. 클리나멘은 바디우가 보기에 "위치를 정할 수 없고, 규칙을 거스르는 운동의 탈배치"(the outplace of an unlocatable, deregulated movement)이다(Badiou 2009, 58). 이는 곧 획일화된 일자의 죽음을, 그리고 다자로서의 전체의 출현을, 또한 인지되지 못하던 진공이 일탈하는 원자로 인해 기표된다는 것을 의미한다. 이 저항과 일탈이 없다면 모든 존재의 생성은 불가능했던 것이다. 따라서 여기서 중요한 점은 바디우는 저항을 기존 체제에 반대하여 일어나는 이차적 힘이나 부차적인 구조로 보지 않고, 오히려 저항이 있었기 때문에 존재의 체제가 가능했었다는 점을 부각하고 있다는 사실이다.

저항은 부차적이거나 체제에 귀속된 어떤 것이 아니라, 모든 것에 근원적인 힘이다.

진공을 기표한다는 점에서 클리나멘은 주체, 혹은 좀더 정확히 말해서 "주체화"(subjectivization)라고 바디우는 말한다(Badiou 2009, 59). 클리나멘은 "자유 혹은 우연"이라고 말할 수 있을 "탈배치의 요건"을 가리키기 때문이다(Badiou 2009, 59). 클리나멘은 "불-특정(a-specific)이고 초필연적(beyond necessity)이며, 절대적인 탈배치이고 배치 공간화될 수 없으며, 도표화할 수 없는" "우연"(chance)을 가리킨다(Badiou 2009, 59). 클리나멘을 주체 혹은 주체화라 말할 수 있는 것은 구조주의자의 관점에서 클리나멘은 소멸 혹은 폐지되어야만 할 어떤 것이기 때문이다. 그것은 곧 구조 전체를 교란하거나 붕괴하는 인자(factor)로서, 적어도 구조주의자의 관점에서 보자면 제어하거나 삭제해야 할 요소이다. 따라서 주체적 요소 혹은 주체의 발생을 거론한다는 것은 구조주의자의 관점을 거스르거나 벗어나는 것을 의미한다. 여기서 클리나멘의 주체적 저항은 이제 전체 구조의 안정을 위해서 폐지되고 금지되어야만 한다.

클리나멘의 폐지는 "두 번째의 주요한 연산"(second major operation)을 구성한다(Badiou 2009, 61). 이 두 번째 연산은 주체가 영속하는 것이 아님을 가리킨다. 이 두 번째 연산을 바디우는 "사라지는 항의 연산"(the operation of the vanishing term)이라 하였다(Badiou 2009, 61). 두 번째 연산은 첫 번째 절대적 차이, 즉 원자와 진공 간의 절대적 차이 대신 이제 가장 약한 차이인 "자리들의 차이"(the difference of places)가 전체 생성과정을 주도한다는 것을 의미한다(Badiou 2009, 62). 이는 주체가 저항과 일탈을 통해 배치 공간에 새로운 판을 형성한 다음, 이전과 다음의 매개자로서의 역할을 다하고 사라지게 되면, 이전에 저항과 일탈로 간주되던 것이 기존 상황의 체제로 편입되어 다른 상황들과의 차이로 작용한다는 것을 의미한다. 말하자면 바디우의 저항과 일탈은 무조건적 전복이나 파괴를 지향하는 것이 아니라, 저항과 일탈의 단속적인(discrete) 성격을 그대로 유지하면서 배치 공간의 수용적 역할도 동시에 인정한다고 볼 수 있다.

1.1.3. "사라지는 항"(a vanishing term)으로서 주체

클리나멘의 일탈은 존재하지 않았던 진공, 즉 원자들 사이의 진공 혹은 공간을 표지함으로써, 이제 원자들을 질서정연한 원자들과 일탈적인 원자들로 구별하도록 만들어준다. 이 원자들의 차이는 곧 원자들이 배치된 자리를 의미하고, 이제 배치들의 차이로 원자들의 차이를 설명할 수 있는 체계가 자리 잡게 되면 클리나멘은 사라져야만 한다. 클리나멘의 일탈은 이제 배치들의 차이로 치환된 것이다. 그럼으로써 클리나멘은 이제 자리들을 찾아가는 "나그네"(passer)가 된다 (Badiou 2009, 62). 그러면 클리나멘의 운동은 찾아볼 수가 없게 되는데, 일탈 이후의 모든 효과들은 배치들이 자아내는 효과로서 배치의 법에 종속되었기 때문이다. 따라서 일탈운동으로서 클리나멘은 결국 "사라지기 위해서만 출현"하며, 그런 의미에서 클리나멘은 "바로 그 자신의 사라짐"을 의미한다고 바디우는 말한다(Badiou 2009, 62).

이러한 사라짐을 바디우는 혁명 대중 운동과 연관하여 설명한다. 일단 (혁명의) 사건 이후, 대중이 역사적으로 그리고 구조적으로 배치되고 나면 혁명의 주체로서의 대중은 사라진다. 그러나 이 사라짐은 소멸과는 다르다. 왜냐하면 "사라지는 항"은 결국 전체(the whole)에 흔적을 남기기 때문이다. 또한 일자로 등가되던 전체 그래서 일자에 종속된 전체가 이제 클리나멘의 일탈로 인해 일자와 틈새를 발견하게 되고, 그 틈새는 새로운 구조화를 통해 메워지겠지만, 그 일자와 전체 사이에서 일어날 수 있는 틈새는 그림자처럼 언제나 획일화된 구조 언저리를 맴돌기 때문이다. 비록 혁명 대중이 역사를 만들어내는 대중으로서의 배치를 상실하게 되었다 하더라도, 이제 그 대중은 역사 자체가 된다. 배치 공간은 주체로서의 대중을 공간에 배치된 요소로서의 대중으로 대치하지만, 바로 그럼으로써 대중은 이제 역사를 만들어내는 혹은 역사 자체와 구별된 무엇이 아니라 바로 그 역사 자체가 된다는 것이다. 다른 한편으로 역사 자체가 됨으로써 대중이 본래 주체적으로 담지했던 성격, 즉 체제에 대한 저항적 성품은 사라진다. 하지만 바로 이 사라짐을 통해 사라지는 항은 대중에게 존재를 부여한다. 따라서 역설적으로 "사라지는 항의 본질은 사라지는 것이지만, 동시에 그것은 가장 두드러지게—전체로서 혹은 그 자체의 원인으로서—존재하는 것이다"(Badou 2009, 64).

이렇게 사라짐으로써 주체는 고정된 기표로 존재하는 것이 아니라 다른 항으로, 즉 다른 기표로 출현하게 되고, 이러한 출현들이 기표들의 연쇄를 이루며 주체의 불연속적이지만 끊임없는 출현을 가능케 한다. 여기서 주체의 사라짐은 주체의 욕망의 대상이 (일시적으로) 충족되었다는 사실을 의미한다. 욕망은 결핍 혹은 결여되었거나 부재하는 대상에 대한 욕망이기 때문이다. 하지만 근원적으로 주체의 욕망은 채워지지 않는다. 물론 채워지지 않을 존재의 구멍을 채울 가능성이 전혀 없다고 여겨진다면 욕망의 근거도 없을 것이다. 따라서 이 존재의 구멍은 적어도 주체의 입장에서 채워질 수 있다는 믿음의 근거가 있다. 그렇기 때문에 주체는 이 구멍을 채우기 위해 기존의 체제에 저항하면서 출현하고, (만일 성공적으로 자신을 실현했다면) 사라진다. 이제 욕망의 대상이 사라진 주체는 존재하지 않기 때문이다. 따라서 주체는 "사라지는 항의 운명을 따라, 기표1과 기표2 사이의 간격의 신분을 가질" 뿐이다(Badiou 2009, 134).

1.1.4. 파괴[43])와 재구성으로서의 주체

바디우는 그 어떤 주체도 결국 "강요된 예외(forced exception)로서 두 번째 자리에 도래한다"고 말한다(Badiou 2009, 88). 이는 곧 주체란 "예측 불가능한 분기"(unpredictable bifurcation)임을 고지하는 것이다(Badiou 2009, 88). 욕망이란 부재하는 것에서 유래한다. 따라서 욕망의 대상이란 부재하지만, 부재함으로써 영향력을 발휘하는 것을 말한다. 욕망하는 주체는 이 부재를 채우기 위해 욕망의 기표들을 구축한다. 하지만 그 어떤 기표도 그 근원적인 부재를 채울 수 없다. 이전의 기표가 다 채우지 못하는 결여 때문에 또 다른 기표가 도입되고, 이 대치 과정은 끝없이 계속된다. 배치 공간의 연산은 바로 이 기표들의 끝없는 대치를 운영함으로써 "결여 자체를 인식하지 못하도록" 하는 데 있다(Badiou 2009, 138). 따라서 주체가 허위적으로 채운 만족[44])을 부재시키는 두 번째 연산이 언제나 필요하다. 이것을 바디우는 "결여의 결여"(lack of lack)이라 명명하는데, 라캉의 용어로

---

43) 나중에 *Being and Event*에서 바디우는 '파괴'(destruction)의 국면을 거절한다. 이 용어와 그것이 지칭하는 국면이 "권력 균형"이나 "권력 다툼"(power struggles)과 같은 지평을 공유하는 듯이 보이기 때문이다. 본래 이 '파괴'라는 용어를 통해 바디우가 의미하려는 바는 바로 이 '파괴'가 본질적으로 새로움의 도입과 연결되어 있다는 것이었다. 하지만 소급적으로 다시 '파괴'라는 용어의 자리를 고찰해볼 때, 바디우에 의하면, 이 용어는 새로움의 도입을 가져오는 것이 아니라 언제나 지식의 영역에서 순화된다. 유적 절차와 충실성 그리고 개입 등의 개념들을 정교하게 다듬어가면서, 파괴라는 용어의 기능이 불필요해졌다고 볼 수 있다(Badiou 2007, 408).

44) 바디우는 이를 "상상계적 고착"(imaginary fixation)이라 명명한다(Badiou 2009, 137).

이는 "불안"이다(Badiou 2009, 73).

이 두 번째 연산이 주체가 예외를 강요받는 이유이다. 왜냐하면 체제의 구조로부터 '부재하는 어떤 것'을 보기 때문이다. 이는 곧 주체로 하여금 체제를 뒤집을 동기를 부여하게 되고, 이는 체제가 원하는 것이 아니다. 주체가 체제로부터 예외의 자리를 강요받을 수밖에 없는 것은 주체가 욕망하는 진리는 언제나 "뒤틀려 있기"(twisted) 때문이다(Badiou 2009, 121). 라캉은 이를 "주체란 그 자체로 그의 [욕망하는] 대상으로부터 내적으로 배제되어 있다"고 표현했다(Badiou 2009, 124에서 재인용). 이는 주체란 언제나 불가능한 것을 욕망한다는 것을 의미한다. 이는 곧 주체란 언제나 욕망을 구조화된 상징계를 통해 충족되기를 도모하지만, 그 욕망의 충족은 원초적으로 불가능하도록 구조화되어 있다는 말이다. 따라서 주체의 출현은 역설적으로 이 불가능한 것이 상징계로 자연스럽게 접수되고 있지 못하다는 사실을 노출하고, 체제의 구조 속에 편입되지 않는 어떤 것이 사건을 통해 도래하고 있음을 의미한다.

같은 동전의 반대 면으로, 예외로서 주체는 언제나 기존 체제의 구조를 파괴하고 새로운 기표를 도입함으로써 출현한다는 것을 의미한다. 이는 곧 주체는 언제나 두 번 기입된다는 것을 의미한다. 두 번째 기입이라 함은 곧 부르주아지의 대립으로 상징되는 프롤레타리아가 실은 "부르주아지 배치 공간의 탈배치"(the outplace of the bourgeoi-sie's splace)임을 인식하는 것이다. 따라서 프롤레타리아로서의 주체의 출현은 그 주체가 욕망하는 혁명의 완성이 아님을 인식하게 되는 것이다. 프롤레타리아 주체의 출현은 혁명이 완수된 것이 아니라 혁명이 시작된다는 것을 나타내는 지표이다. 그 "정치적 주체는 [이제] 파괴(destruction)를 요구"하는데(Badiou 2009, 131), (실재의) 결여

만으로는 이를 충분히 설명할 수 없음을 라캉은 인식하지 못하였다.

주체의 결여를 결여케 하는 연산이 바로 "상실의 통제"(mastery of loss)로서, "파괴"(destruction)이다(Badiou 2009, 138). 따라서 모든 주체는 "존재의 결여와 파괴, 반복과 개입, 배치와 초과 사이의 교차로에 존재한다"(Badiou 2009, 139). 파괴란 주체가 자신의 기초를 구축하는 수사로서, 그 파괴를 통해 "상실은 결여를 원인으로 전환시키고, 초과(excess)로부터 일관성을 생산해낸다"(Badiou 2009, 140). 결국 파괴란 주체가 배치 공간의 반복을 거절하고, 그 반복의 체제를 넘어서는 초과로서 파괴적으로 등장하는 주체의 계기를 가리키는 것이다. 따라서 주체를 "존재 결여의 환유"로 표현하는 것은 절반에 진리에 불과하며, 주체란 또한 "존재를 결여로 가져가는 것" 즉 "파괴"이다(Badiou 2009, 141). 바로 이 파괴를 통해 주체는 결여 자체를 결여케 하면서, "실재보다 더한" 것을 초래하는데, 이 "더한 것"을 바디우는 "힘"(force)이라 부른다(Badiou 2009, 141). 그 힘의 출현은 "사건"(event)이며, 이는 곧 "주체의 흔적"으로서, 결여를 파괴와 교배시킨다(Badiou 2009, 142).

여기서 파괴란 단지 기존 기표 체제의 붕괴를 의미하는 것이 아니라, 실재의 탈주를 가능케 하는 "파괴적 일관성"(destructive consistency)의 구성을 가리킨다(Badiou 2009, 239). 라캉은 언제나 실재의 탈존(ex-ist)을 가능케 하는 "일관성 있는 반복"(consistent repetition)으로서만 보았지(Badiou 2009, 239), 주체를 파괴적 일관성의 측면에서 보지 못했다. 일관성 있는 반복은 언제나 또 다른 기표의 출현을 예감하고, 이를 바디우는 "주체화"(subjectivisation)라 하였다(Badiou 2009, 251). 반면 "파괴적 일관성"은 언제나 반동적 혹은 "소급적"(retroactive)이다(Badiou 2009, 251). 이 반동적이고 소급적인 '파괴적

일관성'을 바디우는 "주체 과정"(subjective process)이라 명명한다 (Badiou 2009, 244). 이 주체화와 주체 과정은 주체의 두 시간성을 의미한다.

파괴와 재구성으로 주체를 지칭한다는 것은 이제 주체를 '주체화' 와 '주체 과정'으로 구별하여 인식한다는 것을 의미하는데, 주체화란 초과로 인해 발생하는 "동요의 중단"이며, 이는 "파괴"를 가리킨다 (Badiou 2009, 278). 다른 한편으로 주체 과정이란 "초과를 둘러싼 배치 공간으로 초과를 다시 배치하는 과정"으로, "재구성" 과정을 지칭한다(Badiou 2009, 278). 바디우는 이 두 과정을 도외시한 채 주체를 말하는 것은 불가능하며, 주체란 이 두 과정의 효과라고 말한다. 주체는 결국 "파괴/재구성"(destruction/recomposition)의 과정으로서, 이때 주체화는 "중단의 원리적 차원에서 주체를 지명"하고, 주체 과정은 "재구성의 차원에서" 주체를 지명한다(Badiou 2009, 261). 주체화는 그의 예기(anticipation) 구조를 통해 "텅 빈 자리"를 구축하고(Badiou 2009, 264), 주체 과정은 소급된 반동적 행위(retroaction)를 통해 힘을 배치한다.

"강요된 예외"로서 주체는 언제나 "전체 속에서 비존재하는(inex-ist)" 것을 가리키는 이름이 된다(Badiou 2009, 88; 263). 우리 시대에 비존재로 존재하는 (진정한) 주체의 모습을 우리는 "이민 노동자들" (immigrant workers) 혹은, 한국 사회에서 더 많이 통용되는 이름으로 "외국인 노동자"를 들 수 있다. 그들은 전체 속에 기존하는 노동자들이지만 한국의 노동자 계층을 셈할 때 포함되지 않는 "비존재하는" (inexistent) 노동자들이다. 이것은 존재의 기이한 양식이 아니라 바로 존재의 근원적 양식이다. 왜냐하면 전체를 셈하는 방식은 언제나 적어도 그 전체에로 셈하여질 수 없는 하나 이상의 항을 포함하기 때문이다. 예를 들어 '대한민국'이라는 이름과 집합이 그렇다. 대한민국은 대한민국이라는 전체로 셈한 집합에 합산될 수 없다. 이를 합산하면 대한민국이라는 전체(whole)를 다시 셈하여야 한다. 따라서 이것은 전체로 셈하여질 수 없는 불가능성이지만, 그 전체를 규정하는 이름이 된다. 외국인 노동자들은 그런 의미에서 우리 전체의 진리를 드러내는 주체적 이름이 된다. 말하자면, 주체로 표기되는 것은 그 전체 안에 포함되지 않은 예외가 되는 것이다. 이런 맥락에서 주체는 예외이다. 그리고 이를 확장해서 표현하자면, 우리의 정체성을 규정하는 정의(definition)에서 예외로 배제된 것이 역설적으로 주체를 구성하는 가장 핵심적인 인자가 된다는 말이다. 제국의 체제는 그들을 언제나 전체의 예외로 규정하면서 소위 "우리 사회 전체"를 규정한다. 외국인 노동자들은 바로 그 전체 개념의 한계, 그 전체에 담긴 진리를 드러내는 한계 개념이 된다.

다른 한편으로 주체란 "배치 공간"(the splace)으로서, "파괴된 것으로부터 '비존재'(the inexistent)를 통해 이루어져 온 것"을 가리키는 이름이다(Badiou 2009, 264). 말하자면 주체란 파괴적 힘으로만, 일탈하는 저항으로만 존재하는 것이 아니라, 스스로 파괴해온 것에 일관성을 부여하는 이름인 것이다. 이런 의미에서 주체화는 언제나 "중단"(break) 혹은 반란에 담긴 "아니오"의 의미를 창출하며, 이런 의미에서 언제나 "강제의 논리"(logic of forcing)로 작동한다(Badiou 2009, 273).

1.2. 『존재와 사건』에서 바디우의 주체

『존재와 사건』(Being and Event)에서 바디우는 존재와 사건 사이에서 '주체'를 해명한다. 이 저서에서 바디우는 이하의 사실들을 확증한다: 1) '우리'가 살아가는 상황들(situations)은 "순수하고 무심한" 차이들을 드러내줄 뿐, 그 차이들을 통해 그 어떤 규범성도 제시하지 못한다(Badiou 2007, xii). 2) 따라서 진리는 상황의 구조를 지탱하는 질서와 파열함(rupturing)으로써만 구성된다. 진리를 열어주는 이 파열을 바디우는 "사건"이라 이름한다. 3) 하나의 주체란 결국 "이 진리 사건에 대한 적극적인 충실성"(an active fidelity to the event of truth)에 다름 아니다. 이는 곧 주체란 "진리의 투사"(a militant of truth)임을 의미한다. 4) 진리가 배치되는 상황의 그 어떤 사전구성적 속성에도 예외(exception)로 판명되는 존재의 진리를 "유적"(generic)이라 부른다. 다른 말로 진리는 상황으로부터 표현 가능한 그 어떤 것도 담지하고 있지 않다. 주체가 된다는 것은 곧 그러한 유적 절차가 지역적으로 활동하는 차원(a local active dimension of such a procedure)이 된다는 것을 의미한다(Badiou 2007, xii-xiii).

1.2.1. 존재와 일자

바디우의 존재는 다름 아닌 "순수 다수성"(pure multiplicity)이며, 그의 존재론은 다름 아닌 수학이다(Badiou 2007, xiii). 하지만 수학적 존재론을 통해 바디우는 존재를 수학적으로 해명하려는 것이 아니라 오히려 "존재로서의 존재가 아닌 것"(what-is-not-being-qua-being), 즉 "진리와 주체"를 추론하려는 것이다(Badiou 2007, 15). 진리를 추론하는 진리 절차 혹은 "유적 절차들"에는 네 가지 영역이 있는데, "사랑과 예술, 과학[수학]과 정치학"이 그것들이다(Badiou 2007, 16). 이 절차들로부터 일어나는 것은 바로 그 시대에 "식별 불가능한 것"(an in-discernible)에 대한 조명이다. 여기서 식별 불가능한 것이란 인식 불가능한 것을 가리키는 것이 아니라, "해당 집단의 모든 공통 특징을 그 자신의 다수적 존재 속에 붙들고 있는 것"으로서 "집단적 존재의 진리"에 해당하는 것이다(Badiou 2007, 17). 말하자면 유적 절차들은 그가 처한 자리의 공통 존재 즉 다수적 본질을 현현해내는 절차들이다. 주체란 그러한 현현의 유한한 순간(a finite moment of such a manifestation)이며, 이 주체를 통한 현현은 언제나 "국소적"(local)이다(Badiou 2007, 17). 주체는 오로지 유적 절차들을 통해서만 지탱되므로, 주체란 언제나 예술적 주체이거나 사랑의 주체이거나 과학적 주체이거나 정치적 주체이며, 다른 주체란 없다.

바디우가 다수(multiple)로서의 존재를 설파하는 한 가지 중요한 이유는 일자로서의 존재 혹은 존재를 근거 짓는 근원적 일자라는 존재를 전복하기 위함이다. 바디우에 따르면 일자는 존재가 아니라 연산 작용(operation)으로서만 존재한다. 즉 일자로서 셈하는 연산 작용 말이다. 상황은 "현시된 다수성"(presented multiplicity)으로서, 각 상황은 "하나로서 셈하기"(count-as-one)라는 각각의 고유한 연산자를 담지하고 있다(Badiou 2009, 24). 상황에 대한 가장 일반적인 정의로서 '하나로 셈하기'는 일자/다자라는 보편적 구조를 설정한다. 하나로 셈하기의 연산 작용이 적용되기 이전의 사물은 "비일관적 다수성," 즉 셈하여지지 않은 다수이고, 하나로 셈하기의 연산 이후의 사물은 셈하여진 다수로서 "일관적 다수성"이 된다(Badiou 2007, 25). 존재론은 다수로부터 그의 상황을 구성하는데, 이는 오로지 다수성들로부터만 구성되기 때문에 일자는 존재하지 않는다. 일자는 언제나 '하나로-셈하기'의 연산을 통해서 구성되는데 이는 다수들이 다수로서 인지될 수 있는 조건들의 시스템 이외에 다름 아니다. 따라서 바디우의 존재론 속에서 존재하는 다수(들)은 셈하여진다는 성질 이외에 어떤 내적 속성이나 외적 특징들을 담지하지 않는다.

이때 셈하여지지 않은 다수의 형식, 즉 비일관적 다수는 존재로 파악될 수 있는 지평 너머에 있는 셈이다. 그래서 전통적인 존재론의 시각으로 보면, 그 '너머'는 비존재 혹은 무(nothing)의 자리이다. 바로 그 무의 자리, 즉 '아무-것도-없음'(nothing-is)의 자리를 "공백"(void)이라는 이름으로 부른다(Badiou 2007, 35). 바로 이 공백의 이름이 "일자-효과"로서 출현할 때, 존재는 셈하여진다(Badiou 2007, 36). 따라서 하나로-셈하기의 연산 결과로 출현하는 일자는 기실 전통적 존재론이 '무' 혹은 '비존재'로 표식하였던 자리로부터 등장하는 셈이다.

집합론의 통찰을 빌린다면, 모든 다수는 언제나 그 하부에 하위 집합들을 포함하고 있다. 따라서 다수는 언제나 "다수들의 다수"(a multiple of multiplicities)로 존재하며(Badiou 2007, 46), 언어는 이 다수에 존재를 부여하는 것이 아니라, 비일관적 다수성 위에 언어적 구별을 통해 분리(split)를 유도한다.[45] 존재가 언제나 일자로 우리에게 현시되는 이유는 언어의 분리, 즉 비일관적 다수와 일관적 다수의 분리가 비일관적 다수를 제외하고 상황에서 셈하여지는 다수만을 추출해내는 작용이기 때문이다. 즉 비일관적 다수는 셈하기 이전에 일자가 존재하지 않는다는 가정으로만 추론되는 것이며, 따라서 상황이 구축한 지식의 형식 속에서 존재는 언제나 일자의 존재로 등장하는 것이 "현실적"(veridical)인 판단이다(Badiou 2007, 53).

여기서 중요한 사실은 '하나로-셈하기'의 작용 자체는 셈하기 작용의 결과 속에 포함되지 않는다는 점이다. 셈하기의 연산 작용 자체

---

45) 이 비일관적 다수들의 지평 즉 순수한 있음의 자리(the-there-is)는 라캉의 용어를 빌린다면 실재계(the real)이고, 그 언어적 분리들이 부여된 자리는 상징계(the symbolic)에 해당한다(Badiou 2007, 47).

는 셈하여지는 대상에 포함될 수 없고, 그렇기 때문에 '하나로-셈하기'의 연산으로 구축된 상황은 그 자체 안에 상황을 넘어서는 '초과'(excess)를 생래적으로 담지하고 있는 셈이다. 그렇기 때문에 언제나 '하나로-셈하기'의 연산은 "비일관성의 유령 앞에서 동요"한다(Badiou 2007, 53). 그리고 이는 모든 (셈하여진) 상황 속에는 "순수한 혹은 비일관적 다수"가 현시(presentation)로부터 "배제"(excluded)되어 있고, 따라서 일관성의 존재를 현시하는 셈하기 작용은 곧 "비일관성"이 된다(Badiou 2007, 53; 55). 다시 말하자면, 하나로-셈하기라는 상황의 구조질서로부터 "불법적 비일관성"으로 간주되는 다수는 사실 일자의 구성으로서 현시되는 전체 존재의 근거가 되는 셈이다(Badiou 2007, 54). 이 불법적 비일관성 혹은 "무의 존재"는 "구조로서의 현시와 구조화된 현시로서의 현시 사이의, 결과로서의 일자와 연산으로서의 일자 사이"의 "지각 불가능한 틈새"를 이름한다.[46] 바디우는 이 틈새를 "무"(the nothing)보다는 "공백"(the void)으로 부른다(Badiou 2007, 55). 그 공백은 언제나 '하나로 셈하기'의 연산 작용으로 상황에 존재하기 때문에 바디우는 "상황의 공백"(the void of a situation)은 곧 "그 존재로의 봉합"(suture to its being)이라고 표현한다(Badiou 2007, 55). 왜냐하면 이 상황의 공백은 곧 "전체 안의 비존재"(the not-of-the-whole)보다 오히려 더 근원적인 어떤 것, 즉 하나로 셈하기의 실패, 즉 "일자의 실패," 다시 말하면 상황의 실패, 상황적 체제의 실패

---

46) 이 틈새 사이에 존재하는 "셈하기의 연산으로서 무"(nothing as the operation of the count)를 바디우는 플라톤의 『티마이오스』에 등장하는 '코라'(*chora*)로 기술한다(Badiou 2007, 54). 이 코라의 작용방식과 함축성에 관하여는 박일준,「코라의 이중주, 데리다의 차연(差延 différance)과 화이트헤드의 동일성(identity): 사이(betweenness)의 관점에서」, 『人文科學』 41집(2008), 135-164를 참고하라.

를 가리키기 때문이다(Badiou 2007, 56). 이 공백이 상황의 자리에 현시되려면 셈하기 연산의 기능장애가 요구되는데, 왜냐하면 "일자-의-초과"(excess-of-one)가 요구되기 때문이다. 말하자면, 비일관적인 다수들 위에 질서를 부여하기 위한 '하나로-셈하기'는 그 자체로 기능장애이다. 왜냐하면 그 셈하기의 연산 자체가 자신이 구축하려는 질서의 일부로 현시될 수 없는 '불법적' 존재가 되기 때문이다. 따라서 법적 질서는 언제나 '불법적 질서'에 근거해 있다고 말할 수 있다. 말하자면, 우리는 법이 먼저 있고, 그에 대한 위반과 일탈이 있다고 생각하는 방식에 너무 익숙해 있다. 그래서 질서로 세워진 것을 근원적인 것, 본래적인 것으로 혼동하게 된다. 일자에 대한 '로망'은 바로 이 혼동에서 유래한다. 이 '일자-의-초과'가 일어나 "극단적-일자"(ultra-one)가 현시되는 사건에 기반하여 "상황의 공백은 소급적으로(retro-actively) 식별 가능하다"(Badiou 2007, 56).

1.2.2. 두 번째 셈하기로서의 체제(state)[47]

존재론은 공백을 이름함으로써 혹은 셈함으로써, 공백을 최초의 다수로 기입하고, 상황은 일자의 셈하기를 통해 구축된다. 이 과정은 언제나 "초과"(excess)를 발생시키는데, 여기서 모든 다수는 다수들의 다수라는 사실을 기억할 필요가 있다. 한 집합을 구성하는 원소들은 그 자체로 원소이면서, (거의 대부분) 그 하위의 집합들로 구성된

---

47) 바디우의 용어 중에서 'state'는 기존 번역에서 '상태'라고 번역되어왔다. 하지만 state 는 반드시 국가 혹은 정부를 뜻하는 State의 함축성을 동반하면서 사용되고 있다는 사실을 염두에 둔다면, 단순한 상태라는 번역은 와 닿지 않는다. 통상 체제라는 말은 'order'나 'establishment'를 번역하는 말인데, 바디우의 전체 맥락상 재현적 질서를 부여하는 두 번째 셈하기로서 state를 '체제'로 번역하였다.

원소이다. 따라서 집합은 그 원소들의 하위집합들을 포함하는데, 그 집합에 속한 모든 원소의 하위집합을 합한 집합 즉 멱집합(power set)은 언제나 본래의 집합보다 크다. 이 하위집합들을 셈하는 연산은 "상황 자체의 절대적 초과" 속에서 이루어지는 셈이다(Badiou 2007, 84). 이를 집합론의 말로 표현하자면, 포함(inclusion)은 "귀속(belonging)의 치유불가능한 초과" 속에서 존재한다고 말할 수 있다(Badiou 2007, 85). 즉, 한 상황 속에는 다수들의 구성 요소로서 상황에 포함되어 있음에도 불구하고, 그 상황의 항들로 셈하여질 수 없는 하위-다수들(sub-multiples)이 존재한다는 것이다. 예를 들어 이주민 노동자들 혹은 외국인 노동자들과 소위 "외국인 며느리들"이 이러한 유에 속할 것이다. 따라서 상황은 언제나 그의 '초과' 속에서 일관적 다수에 속하지 않는 다수를 만날 기회(들)을 내적으로 축적해나가고 있는 셈이다. 즉 '하나로-셈하기'가 다수에 귀속된 혹은 상황에 귀속된 다수들만을 셈한다면 그것은 바로 현시된 다수들만을 셈하는 것이다. 그런데 다수들이 존재하는 가운데에는 현시(present)되지 않고, 오로지 재현(represent)되기만 하는 다수들이 존재한다. 즉 첫 번째 하나로-셈하기는 현시된 다수들을 정확히 셈하지만, 재현되는 다수들은 모두 누락되는 셈이다. 현시되지 않고 재현만 가능한 항의 대표적 예가 바로 '상황의 체제'이다.

이를 다른 말로 표현해보자면, 집합론의 관점에서 "공"(∅)은 모든 집합의 하위집합으로 포함되어 있고, 공은 공 자체를 귀속된 원소로 하는 하부집합을 소유하고 있다(Badiou 2007, 86). '하나로-셈하기'의 기술에서 언급했듯이, 공백은 언제나 "결핍"(lack)의 형태로 도처에 존재한다(Badiou 2007, 86). "공"(∅)은 상황에 "불안"(anxiety)을 야기하는데, "상황의 현시 속에서 어떤 것이 셈하기를 탈출한다"는 불안감 말이다(Badiou 2007, 93). 그 불안감을 넘어서기 위해 상황은 다시 한 번 셈하기를 감행하여, 불안으로부터 상황의 체제를 안정화하기를 도모한다. 즉 그 '공'을 하나로 셈하는 것이다. 이 두 번째 셈하기는 재현(representation)을 통해 공백의 위험에 대처하여 "상황 속에는 일자가 있다"는 사실이 보편적으로 증명되었음을 확립하려는 행위이다.48) 이 두 번째 셈하기를 바디우는 "상황의 체제"(the state of the situation)라 명한다.49) 이 상황의 체제는 상황 속에 귀속된 것(be-longing)에 개의치 않으며, 오로지 상황에 포함된 것(inclusion)에만 관심을 둔다. 따라서 이주민 노동자들이 우리에게 귀속되어 있다는 사실은 체제의 관심이 아니다. 오히려 그들이 "우리"에 포함되느냐가 체제의 관심거리이고, 그것을 정하는 것이 바로 체제의 법이다.50)

1.2.3. 사건과 주체: 개입과 충실성

정치는 바로 "체제에 대한 폭행"(assault against the State)으로서, "그 이상생성 다수를 더 이상 참을 수 없다고 주장함으로써 정상 다수들(normal multiples)에 대적하여 특이 다수들(singular multiples)을 결집하는" 행위이다(Badiou 2007, 110). 바로 이 특이 다수들의 자리를

---

48) 바디우는 첫 번째 셈하기를 "현시"(presentation)이라 하고, 두 번째 셈하기를 "재현"(representation)이라고 명명하며, 현시의 일관성을 "구조"(structure)라 하고, 재현의 일관성을 "메타-구조"(metastructure)라 부른다(Badiou 2007, 94).

49) 이는 헤겔의 "One-One"에 해당한다고 바디우는 언급한다(Badiou 2007, 95).

50) 현시와 재현의 작동과 맞물려, 다수들은 다음 세 가지 항 중 하나로 존재한다. 정상항(normal term)은 상황 속에 현시되고 재현되는 항들을 말하고, 이상생성(excre-scence)항은 재현되지만 현시되지 않는 항을 가리키며, 특이항(singular term)은 현시되지만 재현되지 않는 항을 가리킨다. 이러한 항들의 예를 들어보자면, 메타-구조로서 상황의 체제는 "이상생성"항이고, 부르주아지는 정상항이며, 프롤레타리아는 특이항이다(Badiou 2007, 109)

바디우는 "사건적 자리"(evental site)라고 부른다(Badiou 2007, 175). 이 자리는 "사건을 위한 존재의 조건"이다(Badiou 2007, 179). "공백의 가장자리에 있는 한 다수의 실존이 어떤 사건의 가능성을 열어준다"(Badiou 2007, 179). 사건적 자리는 상황에 속하지만, 사건적 자리의 요소들은 상황에 속하지 않는다. 말하자면, 이 사건의 자리는 상황의 일부가 아닌 것이다. 그럼에도 사건적 자리는 그것이 현시되는 상황과 "상관적"(relative)이다(Badiou 2007, 176). 이와 연관하여 사건적 자리는 언제나 "국소적"(local)이고, 자연적 상황은 언제나 "지구적"(global)이라는 사실을 기억할 필요가 있다(Badiou 2007, 176).[51]

사건은 또한 "다수에 대한 분석 속에 내재하지 않으며," "언제나 현시 속에 국소화되"지만, "그 자체로 현시되거나 혹은 현시될 수 있는 것이 아니며," 존재는 더더욱 아니다(Badiou 2007, 178). 사건은 "정원 외적"(supernumerary)이다(Badiou 2007, 178). 이는 사건의 자리가 상황에 속하는지의 여부는 "상황 자체의 관점에서 결정불가(undecidable)"하다는 것을 의미한다(Badiou 2007, 181). 사건이 상황 속에 현시된다는 사실은 오직 "해석적 개입"(interpretive intervention)을 통해서만 선포될 수 있다는 것이다. 이때 이 '해석적 개입'은 상황의 다수들이 '하나로-셈하기'의 연산 속에서 구축하고 있는 연속성을 끊고 들어간다는 의미에서 "절단"(cut), 즉 "사건이 상황에 속하는지를 결정하는 절단"이라 지칭된다(Badiou 2007, 181). 또한 해석적 개입이 중요한 이유는 바로 이 사건적 자리는 그 사건이 현시되는 상황에서

---

51) 하이데거와 연관하여 언급하자면, 하이데거의 사건 즉 *Er-eignis*는 너무나 지구적으로 전개된다. 존재가 아니라, 주체를 통해 사건은 역사적으로 전개되어나갈 뿐이다. 따라서 "자연적 사건"이란 없다(Badiou 2007, 178). 사건은 언제나 국소적으로 일어나기 때문에 역사적 상황들에서만 전개되어가기 때문이다.

그것이 현시하지 않는 것에 기반해서만 인식될 수 있기 때문이다. 즉 해석적 개입은 "결정 불가한 것의 관점에서 결정"한다(Badiou 2007, 197). 일단 사건이 상황 속에 귀속되는 것으로 결정되면, 사건적 자리는 자신과 공백 사이에 스스로를 끼워 넣게 되고, 이러한 끼워 넣음은 "극단적-일자"(ultra-one)로 "결정"된다(Badiou 2007, 201). 이 결정은 언제나 "내기"(wager)이다(Badiou 2007, 201). 좀더 정확하게는 해석적 '내기'라고 해야 할 것이다. 또한 사건이 상황에 속함을 결정하는 개입은 또한 그 결정 불가성을 "상쇄하는"(cancel out) 결정이다(Badiou 2007, 202).

개입의 시초 연산은 "그 자리가 사건의 자리인지를 인증하기 위해 그 자리의 현시되지 않은 요소를 이름 붙이는 일"이다(Badiou 2007, 204). 이때 사건의 이름은 공백으로부터 출현하기 때문에 개입은 공백에 접촉하게 되고, 그럼으로써 "상황을 다스리는 '하나로-셈하기'의 법으로부터 빼기가 된다(subtracted)"(Badiou 2007, 205). 여기서 사건의 실존을 유도하는 개입은 사건이 둘로 발생하도록 하는 결정, 즉 "부재하는 사건"과 "정원외적인 이름"으로서 발생하도록 하는 "결정"(decision)이다(Badiou 2007, 205). 여기서 사건을 이름한다는 말을 X라는 기호로 지칭한다는 의미로 혼동해서는 안 된다. 사건을 이름하는 항(term)은 여전히 "익명적"(anonymous)이며, 그래서 사건의 고유한 이름은 "[사건의] 자리에 귀속한다는 공통의 이름" 외에 다른 것이 아니다(Badiou 2007, 205). 따라서 사건은 여전히 사건의 자리와 "판별 불가"(indistinguishable)하다(Badiou 2007, 205). 이 말은 곧 사건을 이름하는 행위는 "불법적"(illegal)이라는 것을 의미한다(Badiou 2007, 205). 왜냐하면 개입은 [사건의] 자리에 접한 공백으로부터 정원외적인 기표를 추출함으로써 체제의 법을 차단하기 때문이다. 따라서 "개입에 의해 가동된 선택"은 체제의 입장에서는 그리고 상황의 입장에서는 전혀 선택이 아닌 것으로 간주된다(Badiou 2007, 205).

개입은 결국 사건을 둘로 일어나도록 하는 결정이다. 즉 사건이 (상황의) 한 항이 아니라 "하나의 간격"(an interval)이라는 것이며, 이로써 일어나는 둘―즉 "자리에 접한 텅 빈 익명성과 이름의 덧붙임"―은 셈의 일자를 복제하거나 효과를 반복하는 것이 아니라 "본래적 둘, 긴장의 간격, 결정의 나눠진 효과"를 의미한다(Badiou 2007, 206-207). 이를 다르게 표현하면 개입은 그 자체로 여전히 "결정 불가"하다는 것인데, 그 결정은 "그의 귀결들을 통해 상황 속에서 인지될 수 있을 뿐"이기 때문이다(Badiou 2007, 207). 그렇다면 개입은 "훈련" (discipline)을 통해 이루어지는 것이다(Badiou 2007, 207). 개입을 통한 결정을 내리는 훈련은 곧 다른 사건들을 배경으로 해서만 이루어질 수 있는데, 다른 사건들과의 네트워크가 바로 개입적 역량(interventional capacity)을 구성하며, 이런 의미에서 개입이란 "사건적 둘-사이"(an evental between-two) 외에 다름 아니다(Badiou 2007, 209).

사건(들) 사이에서 이루어지는 개입은 곧 우리에게 "본래적 사건" (original event)이나 "시원적 사건"(primal event)이란 없다는 사실을 주지시킨다. 개입의 실재적 가능 조건은 언제나 "이미 결정된 사건의 순환"이고, 이 개입은 "상황을 지배하는 구조에 되풀이됨"을 요구하기 때문이다. 따라서 하이데거의 주장과는 배치되게 "존재는 개시하지 않는다"(Badiou 2007, 211).

아울러 훈련으로서의 개입은 사건의 분별이 그 자체로 이루어질 수 없다는 것을 가리키며, 같은 측면에서 사건을 분별하는 일은 "특별한 절차"(special procedure)를 요구한다는 것을 의미한다. 이 특별한 절차를 바디우는 "시간의 훈련"으로서 혹은 "시간의 체계적 통제"로서 "충실성"이라 부른다(Badiou 2007, 211).

충실성(fidelity)이란 심리적 태도나 주관적 덕목 같은 유의 것을 가리키는 것이 아니라, "현시된 다수들의 집합 속에서 사건에 의존하는 다수들을 골라내는 장치"로서, "상황들의 검토에 의존하는 상황적 연산(situated operation)"이다(Badiou 2007, 232; 233). 다시 말해서 충실성은 "상황 내에서 불법적 이름을 매개로 통용되고 있는 사건의 특정 다수와 현시된 다수와의 연관성을 식별"하는 연산이다(Badiou 2007, 236). 따라서 충실성은 상황을 둘로 구별하는 연산이다: 사건과 연관된 다수들과 무관한 다수들로 말이다. 말하자면 충실성은 항이나 양태와 같은 것이 아니라, "하나로-셈하기처럼 하나의 연산이면서 하나의 구조"로서, 말하자면 상황의 체제와 동일한 영역에서 작동한다(Badiou 2007, 233). 충실성은 "다수들이 사건에 연관되어 있는지를 확정하는 탐구들로 구성된 잠정적 결과 속에서 파악될 수 있다."[52]

하지만 충실성은 "지식의 문제"나 "전문가의 작업"이 아니라, "투사의 일"이다(Badiou 2007, 329). 충실성의 연산으로서 탐구(enquiry)가 진리/지식의 변증법을 작동시킨다. 이는 지식 문제와 연관하여 참과 사실을 구분하는 작업을 가리키는데, "충실성 절차에 통제된 진술"은 "참"(the true)이라 하고, 지식에 의해 통제된 진술은 "사실적"(the veridical)이라 한다(Badiou 2007, 332). 그럼에도 충실성의 연산인 탐구를 통해 얻어지는 "유한한 결과"를 "사실적 진술"과 엄격하게 구별하는 것은 거의 불가능하다(Badiou 2007, 332). 왜냐하면 탐구로부터

---

52) Badiou 2007, 234; 충실성의 절차들은 "이중적 기원들"(double origins)을 갖고 있는데, "사건의 이름"과 "충실한 연관관계의 연산자"가 그들이다(Badiou 2007, 392). 기독교의 경우 "그리스도-사건"과 "충실한 연관관계의 연산자"로서 그리고 "종교적 유적 절차의 지탱자"로서 교회가 있다(Badiou 2007, 392).

얻어지는 결과가 이미 백과사전적 지식 체계의 일부로 포함되어 있기 때문이다. 따라서 이 구별을 세워나가는 것은 곧 주체가 사건의 진리를 향한 투사가 되지 못한다면 불가능하다. 이는 곧 개입과 충실성의 절차들 기저에는 모두 '믿음'이 요구된다는 것을 의미한다. 투사란 진리에 대한 확신과 믿음을 탐구를 통해 투사적으로 실천하는 학인을 가리키는 말이다.

참된 것(the true)이 사실적인 것(the veridical)으로부터 확실하게 구별되는 유일한 방법은 바로 그것이 "무한한" 것일 때이다. 그 무한함을 지시하는 진리 절차를 바디우는 "유적"이라 부르며, 이 유적인 것에 의해 지시되는 부분을 "상황의 식별 불가능한 것"이라 부른다 (Badiou 2007, 338). "유적인 것"(generic)과 "식별 불가능한 것"(indis-cernible)은 거의 동일한 개념이다. '식별 불가능한 것'은 그 말의 부정적 함축성을 담지한 채 "중요한 것은 앎으로부터 혹은 정확한 거명으로부터 뺄셈되었다"는 사실을 나타내며, '유적인 것'은 그와 대조적으로 긍정적 함축성을 담지한 채 "식별될 수 있도록 허용하지 않는 것은 실재로 상황의 일반적 진리 혹은 그 존재의 진리이며, 도래할 모든 앎의 기초로 간주될 만한 것"임을 지적한다(Badiou 2007, 327). '식별 불가능한 것'이 말하고자 하는 본질적인 것은 곧 "진리는 항상 지식에 구멍을 뚫는 것이라는 사실"이다(Badiou 2007, 327). 지식은 "상황 속에서 이런저런 속성을 갖고 있는 다수들을 식별할 역량"임을 기억할 때, 진리가 그 지식에 구멍을 뚫는 것이라는 말은 진리는 결코 상황의 지식 속에 자리하는 것이 아님을 의미한다(Badiou 2007, 328).

상황 속에서 다수들을 식별한 역량으로서 지식은 "하나의 백과사전으로서" 혹은 "공통의 결정요인하에서 판단들의 총체"로서 실현된다(Badiou 2007, 328). 그럼에도 지식은 "사건을 알지 못한다. 왜냐하면 사건의 이름은 정원외적(supernumerary)이기 때문이고, 그래서 사건은 상황의 언어에 귀속되지 않기 때문이다"(Badiou 2007, 329). 사건의 이름은 정원외적이며, 그래서 지식으로부터 "폐제되어"(fore-closed) 있다(Badiou 2007, 329). 따라서 사건은 그 어떤 백과사전적 결정인자에 종속되지 않는다.

주체는 "사건(따라서 개입)과 충실성 절차(즉 그 연결관계 연산자) 사이의 교섭 과정 자체"로서, 그 양자의 "교차로"를 가리키는 이름이다(Badiou 2007, 239). 이때 주체화53)는 "개입적 지명에 연속하는 연산자(operator)의 출현"을 가리킨다(Badiou 2007, 393). 이는 둘(the Two)을 포함하는데, 주체화가 곧 "사건의 이름과 유적 절차의 개시 사이의 주체화하는 분열에 대한 지시작용"이기 때문이다(Badiou 2007, 393). 그렇다면 주체화란 유적으로 고유한 이름이 상황 속에서 고유한 이름을 획득하는 과정이고, 그런 의미에서 "공백"이라 할 수 있을 것이다(Badiou 2007, 393). 이를 다른 말로 표현하자면 주체화란 "초과적인 이름과 미지의 연산의 아포리아적 매듭"으로서, "사건이 공백을 소집하여, 공백과 자신 사이에 자신을 개입시키는 비실존적 지점으로부터 출발하여," 상황 속에서 참의 다수가 형성되는 과정을 추적하는 것이다(Badiou 2007, 394). 이는 곧 상황과 체제 간의 틈새를 인식하게 되는 것을 의미하는데, 상황과 체제 간, 즉 첫 번째 셈하기와 두 번째 셈하기 사이에는 어떤 논리적 필연성이 존재하지 않는다. 그것은 선택이다. 마찬가지로 사건의 (상황과 체제의 관점에서) "무-존재"도 "하나의 결정," "하나의 선택"이다(Badiou 2007, 305). 주

---

53) 특별히 『주체 이론』과 관련하여, "주체화"는 "개입"과 연관된 개념들을 가리키고, "주체 과정"은 "충실성"에 관련된 개념들을 가리킨다(Badiou 2007, 239).

체란 그 선택과 결정의 과정 외에 다름 아니다.

1.2.4. 주체와 믿음

주체는 "진리를 유지하는 유적 절차의 국소적 배치"이다(Badiou 2007, 391). 주체는 "충실한 유적 절차의 '국소적' 상태"로서 "그 상황을 초과하는 배치"(configuration in excess of the situation)이다(Badiou 2007, 392). 하지만 주체는 "국소적 상황 배치"로서 "개입이나 충실성의 연산자가 아니라, 바로 그 둘의 도래, 즉 유적 절차의 양식으로 사건의 상황에로의 합병"임을 놓치지 말아야 한다(Badiou 2007, 393). 주체는 실체나 의식 같은 것이 아니기 때문이다. 그것은 단지 "둘"의 구조가 자아내는 혹은 "둘들"(the Twos)의 구조들이 자아내는 배치로서, 그 배치된 자리에서 주체가 감당하는 역할은 선택과 결정이며, 이는 아주 대략적으로 공백을 존재로 봉합하고 사라진다. 그래서 주체가 선포하는 진리의 사건이 백과사전적 지식체계로 편입되고 나면 주체는 사라진다. 연산이 끝났기 때문이다.

그런데 주체는 유적 충실성 절차의 국소적 배치로서 진리를 식별하지 못한다. 왜냐하면 주체는 "국소적이고 유한"하지만, 진리는 "지구적이고 무한"하기 때문이다(Badiou 2007, 396). 따라서 상황에 내적인 존재로서 주체는 상황 밖에 놓인 그 어떤 항이나 다수도 알거나 마주칠 수 없다. 이런 맥락에서 진리도 마주칠 수 없다. 진리는 상황에 "현시되지 않은 부분"이기 때문이다(Badiou 2007, 396). 결국 주체는 "사건의 정원외적 이름과 상황의 언어"를 결합해내지 않고는 진리에 관해 어떤 말도 할 수 없다(Badiou 2007, 396). 이러한 결합이 결코 주체에게 진리를 식별하기에 충분한 언어적 자원을 제공하리라는 보장은 없다. 왜냐하면 결국 모든 진리는 "주체에 초월적"이기 때문이다

(Badiou 2007, 397).

따라서 주체와 진리의 특이한 관계는 믿음으로 형성된다: "주체는 거기에 진리가 있다는 것을 믿고, 그리고 이 믿음은 지식의 형식으로 발생한다"(Badiou 2007, 397). 이 믿음을 바디우는 "확신"(confidence)이라 부른다(Badiou 2007, 397). "이 믿음은 지식의 형식으로 발생한다"는 말은 "모든 주체는 [이름의] 지명들을 초래하며," 주체가 사용하는 그 이름들은 "일반적으로 상황 속에 지시대상을 갖고 있지 않다"는 것을 의미한다(Badiou 2007, 398). 그 이름들의 지시대상들은 "전미래 시제"(the future anterior) 속에 있기 때문이다(Badiou 2007, 398). 전미래 시제에 속한다는 말은 아직 도래하지 않은 것을 마치 이미 현재에 존재하는 것처럼 대한다는 말이다. 예를 들어 정의는 아직 도래하지 않았지만, 정의의 투사들은 정의가 바로 지금 여기에 현재한다고 믿고 투쟁하듯이 말이다. 주체는 "진리에 관한 가설들을 만들기 위해 이름들을 사용한다"(Badiou 2007, 399). 결국 진리와 주체 사이에는 넘어갈 수 없는 심연이 놓여 있는 듯이 보인다. 이 심연을 건너는 것은 결국 주체의 믿음, 주체의 진리에 대한 믿음이다. 말하자면 주체는 "식별 불가한 진리로 상황을 보충함으로써 얻어진, 도래할 우주(the universe to-come)를 공허하게(emptily) 이름한다"(Badiou 2007, 399). 그것이 현재에 공허할 수밖에 없는 것은 결국 주체가 선포하는 모든 것은 '전미래 시제' 속에 담겨 있기 때문이다.

따라서 진리의 도래는 주체에게 "강제"(forcing)를 발휘케 한다. '강제'는 "주체의 근본적 법칙"으로서, 진리의 유적 부분과 상황이 제공하는 이름 간의 짝을 맞추는 과정이다(Badiou 2007, 403). 다른 말로 표현하면, 강제는 "도래할 상황 속에서 그 언어의 진술이 사실성(the veracity)을 갖도록 조건적으로 강제하는 것"을 말한다(Badiou

2007, 406). 말하자면 주체는 "식별 불가능한 것의 자리에서 결정 불가능한 것을 강제"하면서 야기되는 "착오의 충실한 과정"이다(Badiou 2007, 419-420). 주체가 진리로 나아가는 과정은 착오와 실수를 필연적으로 동반하는 과정이라는 말이다. 이러한 '강제'가 필요할 수밖에 없는 이유는 근원적으로 (진리의 입장에서) 진리는 "사건의 극단적-일자(ultra-one)를 요구하고, 그 결과 진리는 결정을 강제"하기 때문이다(Badiou 2007, 430).

결국 주체는 "언어를 경유하여, 지식과 진리의 교차로에" 있다(Badiou 2007, 406). 거기서 주체는 충실성의 연산을 통한 탐구를 계속적으로 수행하는 "학인"(學人 the savant)이다(Badiou 2007, 406). 이 학인으로서 주체는 "충실성으로 사건에 사로잡히지만," 그럼에도 "진리로부터 직무정지당한" 존재이다(Badiou 2007, 406). 진리는 사건을 통해 주체에게 전하여지지만, 주체는 언제나 언어화된 상황의 백과사전적 지식 체계를 통해서만 사건에 대한 해석을 시도할 수 있기 때문에, 진리는 주체에게 언제나 '반'만 말하고 있다. 이러한 주체 이해에서 특별히 라캉적 통찰을 바디우가 적용한 부분은 사건은 상황 속에서 저질러지는 실수들을 개입적 지명으로 소집하여, 주체를 진리를 마주할 수 있는 자리로 데려간다는 것이다. 하지만 라캉은 "공백의 분리대"로 인해 사건을 통해 상황 속에 있는 존재들을 보충하는 길이 진리로부터 철저하게 막혀 있다는 사실을 인식하지 못했다(Badiou 2007, 434). 진리의 투사는 이 진리 인식의 불가능성을 횡단할 가능성을 믿으며, 끊임없이 상황의 체제 바깥으로 눈을 돌려, 진리를 상황으로 소환하는 자이다.

궁극적 의미로, "주체란 없다." 또한 "더 이상 어떤 주체들도 없다"(Badiou 2007, 434). 라캉은 "언제나 어떤 주체들이 있다"고 믿었지만,

주체란 어떤 있음(being)이 아니라 "있음"(there-is)의 자리로서 그곳
은 곧 "사건의 도래"(the coming-to-being of the event)를 가리킬 뿐
이다(Badiou 2007, 434). 따라서 주체는 그 자체로 존재하는 그 무엇
이 결코 아니다.

2. 저항의 주체에서 믿음의 주체로

바디우는『주체 이론』에서 기본적으로 저항과 일탈의 주체를 강조
한다. 저항과 반란이란 질서와 체제에 부차적이거나 이차적인 것이
아니라 원초적인 것이며, 이는 본래부터 '일자'가 아니라 "둘"이 있었
기 때문이다. 둘이 없다면 일자도 없지만, 그러나 그 역은 아니다.

저항과 반란의 주체는 어느 시점에서 사라져야 한다. 저항과 반란
의 기획이 성공한 뒤에도 살아남는다면 그것은 더 이상 저항과 반란
의 주체가 아니라 기득권의 주체로 바뀌기 때문이다. 따라서 등장하
기 위해 사라져야 하고, 사라지기 위해 등장해야 하는 모순적 존재가
바로 저항과 반란의 주체이다. 이는 곧 주체의 기획이란 '파괴와 재구
성'이라는 것을 의미한다. 다른 각도로 보자면, 주체는 '단절'을 통해
그의 주체적 정체성을 세워나가는 특이한 존재라고 할 수 있다(참조:
박일준 2009).

전기 바디우의 주체 이론에서 두드러진 점은 욕망을 가능케 하는
결여 효과를 결여케 하는 효과, 즉 결여의 결여로서 파괴를 도입한다
는 것이다. 라캉이 결여를 통해 욕망이 가능하고, 이 욕망으로 삶을
추동해나간다는 견해에 머무르고 있다면, 바디우는 주체는 '파괴'를
통해 그 욕망의 부재와 결여 구조를 돌파해나갈 수 있다는 희망을 갖

고 있다. 바로 이 욕망의 구조를 파괴하고 새로운 기표질서, 즉 정의의 질서를 가져온다는 점에서 바디우는 이를 '파괴적 일관성'으로 지칭한다. 『주체 이론』에서 드러나는 바디우의 주체는 다분히 저항과 전복의 주체의 모습을 담지한다.

저항을 주제로 삼았던 『주체 이론』과 달리, 바디우는 『존재와 사건』에서 '믿음의 주체'를 설파한다. '존재'란 근원적으로 '공백의 존재'이다. 여기서 말하는 공백이란 절대적으로 아무것도 없는 무(nothing)을 의미하는 것이 아니라, 상황의 연산 작용 즉 '하나로-셈하기' 이전의 비일관성을 가리키는 이름이다. 하지만 셈하기는 기본적으로 현시된 다수들의 구조에 속하지 않는 그러나 셈하기를 통해 다수들 위에 구조를 부여하는 유령 같은 존재로서, 그 연산의 행위는 행위 자체와 공백 사이에 자신을 끼워 넣음으로써 '극단적-일자'를 주창하는 행위이다. 본래적 의미로 보자면, 그 행위 자체가 공허(void)한 셈이다. 그 공허 혹은 공백이 주체가 맞이하고 인정해야 할 진리이다. 하지만 우리의 자아는 언제나 상황의 백과사전적 지식 체계가 부여하는 구조에 의해 그 어떤 무언가로 배치되어 있기 때문에, 진리의 도래는 식별 불가능하고 결정 불가능한 순간으로 경험될 수밖에 없다.

그래서 사건은 주체에게 주체의 둘의 탄생이 되는데, 개입과 충실성이다. 개입은 사건을 둘로 구조화하는 연산이고, 충실성은 상황을 둘로 나누는 연산이다. 사건은 상황의 바깥으로부터 도래하기 때문에 기본적으로 주체는 사건을 접촉할 언어적 수단을 전혀 갖고 있지 않다. 그래서 사건과 (상황으로부터 빌려온) 이름 사이에 '극단적-일자'를 부여하면서 둘을 만들고 연결하는 과정이 개입이라면, 충실성은 그 연관성에 결부된 상황의 다수들과 연관되지 않은 다수들을 식별하여, 거기에 진리가 있다는 확신을 가능케 하는 믿음의 주체를 구성하는 탐구 절차이다. 하지만 여기서 믿음이란 단순히 이성과 지식을 우회하거나 초월하는 믿음이 아니라, 정확히 이성을 활용한 탐구에 기반을 둔 믿음임을 유념해야 한다.

VII

종교철학적 연구를 통한 정의의 신학:

다중학문적 연구(multidisciplinary studies)와

정의(justice) 연구

우리 시대 신학 연구는 다양한 분야들 사이에서 방황하고 있다. 이런 상황에서 눈길을 끄는 것은 바로 '종교'라는 개념에 대한 일치된 정의를 찾아보기 어렵다는 사실이다. 철학자 칼 라스케(Carl Raschke)와 신학자 와일드만(Wesley Wildman)은 이런 혼란스런 풍토에서 종교철학적인 다중학문적 방식이 신학의 한 방법이 될 가능성을 제시해 준다.

먼저 칼 라스케는 종교에 대한 다양한 현상학적 기술에 집중하는 풍토로부터 종교적인 것이라는 '유적 특이성'(generic singularity)에 대한 이론 형성으로 나아가자고 제안한다. 이는 곧 종교 연구가 신학적 탐구와의 관련성을 회복해야 한다는 것을 의미한다. 왜냐하면 신학적 탐구는 우리에게 정의의 문제를 가져다주기 때문이다. 먼저 라스케는 '다양성'만이 존재하고, 정작 우리가 공통의 연구 대상으로 삼는 '종교는 무엇인가'에 대한 일치된 견해는 존재하지 않는 현재의 종교 연구 풍토를 개탄하면서, 이를 통해 상실되는 바는 종교 자체의 근원적 힘이라고 역설한다.

19세기 근대 제국주의 시대에 식민지 통치를 위해 제국은 바로 이 종교의 근원적인 힘을 인식하고 있었다. 그들은 새로운 식민지들을 개척해나가면서, 무엇보다도 그 지역의 '종교'와 그와 연관된 문화에 관심을 기울였다. 왜냐하면 종교는 시대를 변혁하고 바꾸어나갈 역동적인 힘을 지니고 있기 때문이다. 이 종교적 다양성의 시대에 우리는 더 이상 종교의 혁명적 역동성을 고려하지 않는다. 이 시대의 다양한 연구들 속에서 역설적으로 종교는 이미 그러한 문화 변혁의 힘으로서가 아니라, 인종적·민족적 다양성을 체현하는 구조로서 현상학적으로 기술되고 있기 때문이다.

종교가 그 힘을 상실한 것인가 아니면 우리의 연구방법론들이 종교의 그러한 힘을 주목하지 못하는 사이 그 혁명의 힘은 우리가 알지 못하는 다른 형태로 출현하고 있는 것인가? 라스케는 바로 이 종교의 근원적 힘을 제도권을 형성하고 있는 기존의 '종교들'의 현상학적 서술이 아니라, 그 제도와 사회적 현상들 속에서 파지되지 않는 '종교적인 것'(the religious)을 종교 이론으로 구성해나가자고 대안을 제시한다. 종교들에 대한 현상학적 기술들은 기존의 질서를 깨부수며 난입하는 이 종교적인 힘을 담아내지 못하고 있기 때문이다. 그것은 지젝이 말하는 '실재'(the Real)와 같은 것으로서 종교적인 것은 종교 연구라는 제도화된 시스템이 포착하지 못하지만, 우리의 연구 시스템이라는 상징계가 작동하기 위해서는 반드시 요구되는 그러한 것이다. 그 실재를 우리는 직접 관찰하거나 대면할 수 없다. 그 실재는 우리에게 그래서 왜곡되고 뒤틀린 모습으로 보일 뿐이다. 역으로 우리 종교 연구의 상징계 속에서 '종교적인 것'(the religious)의 실재는 언제나 우리 사유 시스템이 결함을 보이고 오류를 일으키는 곳에 존재한다는 말이 되기도 한다. 그렇다면 우리의 종교 연구는 '다양성'을 이질적으로 다양한 것들이 모인 집합으로서가 아니라, 종교적인 것을 의미적으로 지시하는 기표들의 끊임없는 탈영토화 운동으로 이해할 수 있다. 종교적 상징기호들의 의미화 작용(semiosis) 속에서 우리는 종교적인 것의 끊임없는 차연(差延 différance)을 바라볼 수 있기 때문이다.

다른 한편으로 웨슬리 와일드만은 근대 철학의 전통인 종교철학 (philosophy of religion) 대신 즉 종교에 대한 철학적 성찰이나 분석으로서의 종교철학 대신, '종교적인 것에 관심을 두는 사유 분야'로서 '종교적 철학'(religious philosophy) 연구를 제안한다. 현재 신학은 종교와 과학과 철학 분야와 '학제간 친화력'을 갖지 못한 채 자신만의 학문 경계 안에 갇혀 소통하지 못하고 있다. 그러한 소통을 가로막는 한 원인이 바로 '철학의 하부 연구 분야'로서 '종교철학'을 설정해놓은 풍토이다. 우리 시대 우리가 연구하는 '종교 연구의 대상'은 더 이상 종교학 한 분야의 문제가 아니라, 철학과 신학, 인지과학과 생물학을 비롯한 과학 분야 그리고 더 나아가 생명윤리 연구 분야와 함께 연동되어 있다.

예를 들어 종교학은 '죽음 의례'와 죽음의 종교적 의미를 연구하면서도, 우리 시대 '죽음의 경계'가 20세기 의학의 기적이라 일컬어지는 장기 이식의 성공으로 인해 1968년 하버드 뇌사위원회에서 인위적으로 조정되었다는 사실의 함축성을 전혀 고려하지 않은 채『티벳 사자의 서』같은 서적을 통해 최근의 임사체험 연구를 인용하는 것이 상례이다. 우리는 그 죽음의 책에 기록되어 있는 것과 같은 방법으로 삶과 죽음의 경계를 넘나들고 있는가? 물어본 적이 없다. 그저 우리는 자신의 분야 안에서 '당연히 주어진' 전통적 경계와 대상들을 다루고 있는 사이, 저 바깥의 세상은 이미 trans-humanism을 논하면서 인간 이후(Post-Human) 시대를 구상한다. 그렇다면 이 인간-횡단과 인간-이후 시대에 우리가 추구할 수 있는 새로운 신학 연구의 방향은 무엇인가? 와일드만은 철학과 신학과 종교학과 과학 분야들의 융합 사유의 장으로 종교(적) 철학(religious philosophy)을 제안한다. 와일드만이 제안하는 종교(적) 철학(religious philosophy)은 "다중학문적 비교 탐구"(multidisciplinary comparative inquiry)를 방법론으로 추구하면서, 기존 종교 연구의 경계들을 넘어 다시 종합학문적 기획으로서 종교철학을 꿈꾼다.

소비 자본주의가 전 지구의 계층들을 1대 99로 나누어가면서, 우리를 무한경쟁으로 몰아넣어 그 소비 자본주의의 소모품으로 쥐어짜고 있을 때, 종교의 의미란 진정으로 무엇인가? 신학은 오늘날 어떤 역할을 감당해야 하는가? 지난 20년 동안의 교회의 담론이 말하듯이 신학은 현장을 이해하지 못하고 홀로만의 상아탑에 갇혔는가? 아니면 이론은 본래부터 현장과 비판적 거리(critical distance)를 유지하면서, 현재 상황의 체계가 감당하지 못하는 문제를 해결하기 위한 가상적 실험 즉 이론의 실험을 도모해야 하는 것인가? 본래부터 신學은 '학'으로서의 정체성을 갖고 있다. 이성의 시대를 연 안셀무스 이래로 신학은 성서와 교회의 전통을 잠시 제쳐두고 이성의 힘만으로 신학의 설득력을 구사해왔다. 이는 현장을 무시하는 것이 아니다. 오히려 현장성에 매몰되어 현장의 논리로 옳고 그름의 판단을 유보한 채, 타협과 편먹기로 근원적인 문제를 해결하고자 하는 잘못된 행태들로 인해 기독교 신학은 멍들고 부패해온 것 아닌가?

1. 종교 이론 연구로서 종교철학: 칼 라스케

라스케는 종교 이론(religious theory) 연구로서 종교철학(philoso-phy of religion)을 제안한다(Rashcke 2012, 30). 라스케에 따르면, 종교란 "형식"이나 "문화적 배치" 혹은 "본질" 혹은 "현상들의 유적인 특성"과 같은 것이 아니라 "특이성"(singularity)로서, 그 주변에 "언어와 문화의 기호들이 무리 짓고 순환하는" 지점이다(Rashcke 2012, 5). 따라서 우리가 종교란 무엇인가를 이해하려면, 종교 현상이 드러내는 상징들 속에서가 아니라 오히려 그 상징들을 가능케 하는 종교적 기호들의 "현상-횡단적(trans-phenomenal)" 특성을 파악해야 한다(Rashcke 2012, 5). 이것은 종교를 그 시초점 즉 그라운드 제로에서부터, 다시 말해 제도 종교들의 현상과 유행이 아니라 종교적인 것(the religious)의 그라운드 제로에서 시작해야 한다는 것이다. 종교(들)의 현상학적 연구에서 간과되는 것이 바로 이것이다. 현상-횡단적 특성을 갖는 것들은 주관적 구조로부터 '구성'(construct)되는 것이 아니라, 어떤 형식(formalism)을 갖추고 있는데, 이 형식은 결코 손에 잡히는 어떤 것으로 물질화하지 않는 것이지만, 그럼에도 "명백히 실재적"(eminently real)인 것이다(Rashcke 2012, 6). 현상-횡단적 특성을 지닌 이 형식은 그럼에도 기존의 논증과 탐구와 발견의 분야들에서는 "비일관성들(inconsistencies)이나 변칙들(anomalies)"로 간주되는 것들이다. 우리는 그것을 실체적으로 입증하거나 포착하기보다는 퍼어스의 용어로 "가설유도적 추리"(abduction)로 포착될 수 있는 "일련의 의미 있고 무한한 샘플이나 예들의 연쇄들"로서 추론할 수 있을 뿐이다. 또한 우리는 결국 이 현상-횡단적 특성의 것을 어떤 대상과 일치시키기보다는 오히려 "그 기호 연쇄의 일부로 여겨지는 사건의 탐지"에 이르게 될 것이다(Rashcke 2012, 6). 결국 이 자본주의 시대에 '종교적인 것'의 사건 지평은 "공포가 넘쳐나고, 경계선들이 문드러져 닳아 있고, 구별들이 흐려지는" 자리에 등장한다(Rashcke 2012, 6). 그 사건 지평의 애매한 경계에서 의미의 출현이란 언제나 "가상적인 것의 초-실재성"(this *sur-reality* of the virtual)에 의존한다. 가상이란 비실재적이거나 가설적인 것을 가리키는 것이 아니라, 실재(the real)의 효과를 드러내지만, 그러나 그 자체로는 '실재 자체'가 아닌 그래서 관찰되지 않는 것을 가리키는 말이다(Rashcke 2012, 8).54)

---

54) 최근 사건의 철학이 바디우의 철학이 소개된 이래로 지구촌 여러 곳에서 호평과 득세를 얻고 있다. 하지만 라스케의 요점은 바로 이 사건의 철학에는 핵심이 결여되어 있다는 것이다: "종교적인 것 자체"(the *religious* per se; Rashcke 2012, 8). 바로 이 결여된 것을 구별되게 기표하기 위해 라스케는 "종교"(religion)라는 명사보다는 형용사형 명사 "종교적인 것"이라는 단어를 사용한다. 왜냐하면 '종교'라는 단어는 종교의 어떤 본질이나 실체를 함축하는 듯한 인상을 주기 때문이다. 이것이 중요한 회피사유가 되는 이유는 '종교적인 것,' 그것은 "돌이킬 수 없이 이론화 불가능(irremediably untheorizable)하다"(Rashcke 2012, 9). '이론화 불가능한 것'에 대한 이론을 세워나가는 작업이란 결국 그 대상에 대한 최종 이론을 꿈꾸는 것이 아니다. 바로 이 점에서 라스케는 바디우의 '사건'(the event) 개념을 비판한다. 이미 바디우도 인정했듯이, 진리란 명명 불가능하고, 분별 불가능하고, 결정 불가능하다. 그렇다면 진리 사건이란 그 비결정적인 것에 대한 운명의 도박을 요구하기보다는 지속적인 재해석의 노력을 요구하는지도 모른다. 비록 바디우의 진리의 투사는 언제나 학인(學人 savant)이기 때문에, 진리 사건은 언제나 특정 상황을 위한 진리를 폭력적으로 전해오고 있음을 인지하고 있지만, 그럼에도 진리 사건 개념은 그 진리의 기호적 중층성과 중첩성을 은폐하는 경향이 있다. 그래서 라스케는 종교적인 것의 진리 혹은 실재는 기호적 의미화 작용(semiosis) 속에 드러나며, 이 의미화 작용은 언제나 '사건의 특이성'(the singularity of the event)이 아니라, 그 특이성의 폭발 이후 전개되는 사건 지평(the event horizon)에서 일어나는 일임을 잊어서는 안 된다고 지적한다(Rashcke 2012, 212).

1.1. 문화주의자의 오류

1990년대 초 자크 데리다(Jacques Derrida)와 지안니 바티모(Gianni Vattimo)가 공표한 "종교의 귀환"(the return of religion)은 2001년 9 · 11 사건으로 인해 주목받았다. 이후 이런저런 이유로 우리 시대에 종교에 대한 관심이 증가해왔다. 문제는 이러한 종교에 대한 관심이 '종교에 대한 물음'에 답을 하는 데 큰 도움을 주지 못한다는 것이다. 말하자면, 종교들 즉 종교 현상들에 대한 관심은 높아져 왔고, 다양한 현상학적 연구들이 쌓여가고 있지만, 정작 우리는 '종교란 무엇인가?' 라는 원초적인 물음에 대한 답을 제시할 이론적 틀을 갖추고 있지 못하다. 그 이유를 라스케는 "문화주의자의 오류"(culturalist fallacy) 때문이라고 진단하였다. 이는 "과장되고 부풀려진 기호적 표시들이나 기호-기능들을 근원적 문화 실재들로 잘못 동일시하는 것"을 가리키며, 이를 라스케는 칼 마르크스의 용어들을 차용하여 "하부구조를 상부구조로 착각"하는 것이라 말한다(Rashcke 2012, 2). 따라서 사회철학자 올리버 로이(Oliver Roy)에 따르면 우리는 종교의 귀환을 목격하고 있는 것이 아니라, 종교의 "변혁"(transformation)을 목격하고 있는 것이다. 왜냐하면 종교는 이전 시대보다 더 가시적으로 변했지만 동시에 종교는 "흔히 쇠퇴하고 있는" 것도 사실이기 때문이다(Rashcke 2012, 2). 즉 종교 현상들이 우리 주변에서 성행하고 있어서 우리는 '종교의 귀환'이라고 생각하지만 그것은 로이에 따르면 "단순한 시각적 착각"(merely an optical illusion)에 불과하며(Rashcke 2012, 2), 오히려 우리는 그러한 종교적 현상들의 번성 속에서 종교적인 것(the religious)이 어떤 근원적 변혁을 겪고 있음을 보아야 한다는 것이다. 하지만 오늘날의 종교 연구는 이런 종교적 변혁의 흐름들을 포착하지

못하고 있다고 라스케는 진단한다. 그 이유는 종교 연구들을 뒷받침
하는 종교이론이 "대륙 철학과 종교학(Religionswissenschaft)의 유산
그리고 20세기 초 에밀 뒤르켐(Emile Durkheim)이 주창한 사회학적
기능주의와 행보를 같이하는 19세기 본질주의의 눈으로" 종교를 구
성해내고 있기 때문이다(Rashcke 2012, 3).

　근대 철학의 본질주의적 함축성을 극복하려는 최근의 시도들은
"이론적 서술주의"나 "방법론적 특별주의"(methodological particu-
larism)에 빠져(Rashcke 2012, 35), '포스트모던' 시대55)가 지향하는
다양성과 차이에만 집중하느라, 종교 연구 전체를 이론적으로 결속
시킬 수 있는 토대를 상실해왔다. 그러한 기존 이론들을 넘어서서 종
교 이론에 관심을 갖는 이들의 눈길을 끌었던 "세속 신학, 약한 신학
혹은 종교 없는 종교" 등과 같은 용어들이 일종의 이론 체계인 것처럼
들려지기는 하지만, 그것들은 이론적인 체계적 구조를 갖추고 있지
못하다(Rashcke 2012, 3). 사실 데리다의 철학을 신학적으로 적용한
신학들과 개념들 즉 '약한 신학'(weak theology)이나 '종교 없는 종교'
같은 유는 적어도 라스케의 눈으로 보자면 데리다가 시도했던 철학적

---

55) 사실 포스트모더니즘은 "종교" 혹은 "종교적인 것"의 물음을, 비록 지속적으로 주목은
　　해왔지만, 우회하거나 회피해왔다(Raschke, 2012, 13). 그 주된 이유는 기표들의 차
　　연을 가능케 하는, 퍼어스의 용어로, 일차성(Firstness)의 근원적 움직임을 부정하면
　　서, 기표들만으로 기호학을 규정해왔기 때문이다. 하지만 퍼어스에 따르면, 기호는
　　말과 사물의 연속성을 비집고 들어와 표현이 지향하는 (해석적) 타자의 물음을 제기
　　해줌으로써, 재현주의적(representational) 모델의 기의와 기표 간의 이원론적 관계
　　의 극복을 위한 새로운 모델을 제시해주고 있다. 따라서 데리다의 차연 구조 속에서
　　'기의'는 텅 빈 기표들을 통해 표현될 따름이지만, 퍼어스의 기호와 대상과 해석의 삼
　　중구조는 '종교적인 것'의 실재(the real)가 어떤 형식으로든 그 존재성을 확보하고
　　있을 가능성을 암시한다. 바로 이 종교적인 것의 실재성이 데리다-주의(Derridism)
　　속에서 상실된 것이다.

혁명 즉 소위 '해체'라고 불리는 혁명과 그를 추종하는 "값싼 데리다주의"(cheap Derridism) 사이의 간극을 전혀 주목하지 못하고, 무차별적인 데리다 상표의 인용에 불과하다.

종교 연구는 오랫동안 엘리아데의 작업을 통해 증거되고 있는 서술주의적 관념주의가 주도해왔는데, 이를 우리는 "동일성 이론"에 기반한 종교 연구라 할 수 있을 것이고, 이 동일성 이론을 기반으로 비교종교학의 시대를 통해 서술주의는 식민의 역사를 공유한다. 따라서 라스케에 따르면 서술추의적 방법에 근거한 종교 연구는 "문화적 제국주의"를 다양한 종교 현상들에 대한 객관적 기술로 가장하였다 (Rashcke 2012, 17). 즉 다양한 종교 현상들을 지구촌 문화의 다양성으로 진열해놓고 서구 지식인들의 지식-쇼핑을 기다리며, 지식-상품들을 더욱더 "인지 자본주의"56)의 체제하에서 서구의 지식 소비자들에게 매력적인 품목으로 가공하고 있는 중이다. 이 인종-문화 다양성의 지식 상점에서 지식 상품을 구매하는 서구 지식인의 모습은 "연민의 얼굴을 하고 있는 식민주의자"의 얼굴일 수밖에 없다(Rashcke 2012, 17). 문화적 다양성을 문화적 평등성으로 읽어낸다는 것은 이상 (ideal)이지만, 자본주의적 지식 상품으로 진열되는 문화-다양성의 하부 항목 상품인 종교-다양성 상품은 그저 지적 연민의 소비상품일 뿐이다. 여기에는 문화적 다양성에 대한 관용의 태도를 가장한 우월주의적 경멸의 태도가 은폐되어 있을 뿐이다(Rashcke 2012, 18; 브라운 2010 참고).

라스케는 여기서 한 걸음 더 나아가 이러한 문화(적 다양성)를 중

---

56) 이 용어는 조정환의 『인지자본주의: 현대 세계의 거대한 전환과 사회적 삶의 재구성』에서 차용한 것이다. 지식과 감정마저도 자본화될 수 있는 대상이 되어버려 착취의 대상으로 전락한 21세기 자본주의 상황을 묘사하는 단어이다.

시하는 종교 연구 흐름은 다양한 경쟁 종파들을 가장 무도회처럼 전시해냄으로써 사실상 "기독교—대체로 개신교—고백 공동체를 다원화하려는 시도"였다고 비판한다(Rashcke 2012, 21-22). 결국 종교 연구는 개신교 공동체의 획일성을 해체하려는 시도이면서, 여전히 개신교적 발상에 종속된 시도였다는 말이다. 이러한 신앙적 기획 때문에 종교 연구는 결코 학문 이론으로 발전할 수 없었다고 라스케는 진단한다. 철학적 신학이라는 표제하에 출발하였던 종교에 대한 신학적 관심들은 이후 '해체 신학,' '새로운 현상학' 혹은 '급진정통주의' (radical orthodoxy) 등의 이름으로 회자되지만, 이러한 시도들은 정작 종교 연구 분야들을 태동케 만들었던 제1의 물음인 "종교란 무엇인가, '종교'라는 단어를 통해 우리가 의미하는 바는 무엇인가, 그리고 우리는 어떻게 종교에 관하여 이론을 만들어내는가?"의 물음들을 회피한다(Rashcke 2012, 23). 이 연구들이 이 물음들을 회피했던 이유는 명확하다. 물음에 대한 답을 구할 수 없었기 때문이다. 하지만 우리가 그 물음들을 묻지 못한다면, '종교' 연구는 결국 현상학적 서술 차원을 넘어 몇 발짝 나아가지 못할 것이다. 이론은 우리가 경험적으로 그리고 현상적으로 알 수 있는 것들을 넘어서, 사건의 유적 횡단성을 이론화할 수 있을 때 힘을 얻는다. 이러한 유적 횡단성을 확보하지 못한 이론은 가치가 없다. 이전의 종교 연구들이 이러한 유적 횡단성에 대한 회의적 태도 때문에 그리고 포스트모더니즘이라는 다양성과 차이를 기치로 하는 문화운동의 흐름 속에서 이론을 포기했던 이유이다.

1.2. 기호학적 연구로서 종교이론 연구

문화주의자의 오류는 우리가 현상적으로 접하는 각 사건들은 '기호'(sign)일 수 있고, 기호가 언제나 기표/기의의 이분법에 의해서 작동하는 것만은 아닐 수도 있다는 것을 간과한 데서 비롯한다. 라스케는 종교이론을 퍼어스의 삼원적 기호관계(기호와 대상, 해석) 속에서 조명하면서, 이론이란 "의미화하는 관계들의 시스템에 대한 해석이 해석소(interpretant) 자체의 진정한 '기호'를 드러내는 바로 그 자기-계시의 순간에 일어나는 해석 행위로부터 일어"난다고 주장한다 (Rashcke 2012, 28). 말하자면, "종교는 홀로 존재하지 않는다 혹은 홀로 존재할 수 없다. ⋯ 종교는 '이론-의존적'(theory-dependent)이다" (Rashcke 2012, 28).

라스케는 종교 탐구 분야에서 이론적 사유는 **"기호적 사유방식"** (semiotic way of thinking)이어야 한다고 주장한다(Rashcke 2012, 29). 기호적 탐구란 "인간 경험의 **극장적**(theatrical) 특성을 통한 사유로의 모험"을 의미하는데, 여기서 '극장적'이란 말은 '이론적'(theoretical) 이란 말과 함축성을 공유한다고 라스케는 재치를 발휘한다(Rashcke 2012, 29). '극장적'이란 곧 '모방적'(mimetic) 특성을 가리키지만, 이때의 모방은 복제(replication)나 재현(representation) 혹은 상응(correspondence)을 의미하는 것이 아니라, 묘사의 현장에서 (본래적인 것의) "미관 손상을 초래하는 하나의 다시 그리기"를 의미하는 것으로서, "지시 대상을 초과하고 극복하는 지시 행위(act of reference)"를 말한다(Rashcke 2012, 29). 이는 기호 대상을 표상하거나 재현하는 기호와 그 기호를 통해 재현되는 기호 대상 간의 기호-연관성이 설정될 때면 언제나 일어나는 일이다.

종교 연구와 종교이론 연구는 결국 말과 사물 간의 연관성을 다루거나 혹은 "자연을 명석판명한 관념들에 따라 거울처럼 비추는" 일이 아니라, 여타 인문학의 작업들처럼 "모방의 '극장'에서 정처 없는 방랑"(a wandering in the 'theater' of mimesis)이다(Rashcke 2012, 29). 하지만 이 모방을 통한 기호적 방랑은 무작정 정처 없는 방황이 아니라, "틈새들을 메우는 문제"로서 언제나 "신학적"이다(Rashcke 2012, 29). 이렇게 우리가 기호 이론을 "기호작용 이론"으로 볼 수 있다면, 종교철학은 곧 "종교이론" 작업이 되는데(Rashcke 2012, 30), 이 종교철학적 작업은 언제나 신학적이다. 다시 말해서 종교학과 신학과 기호학은 서로 별개의 동떨어진 분야나 실체가 아니라, 서로 상호적으로 엮은 연구 분야들이 되는데, 각 분야가 조명하고자 하는 것이 바로 '성스러움'이기 때문이다. 종교란 그 자체로 "상식의 문법을 초월하는 기호-작용들과 의미화 과정들의 세공작업"으로서(Rashcke 2012, 30), 사실 '종교'라는 말로 다 품을 수 없는 초월적 잉여성을 언제나 담지하고 있다. 그렇기에 이에 대한 개념이나 이론은 언제나 다른 분야들과의 협력 속에 이루어질 수밖에 없다.

바로 이 기호작용(semiosis)의 관점에서 '성스러움'(the sacred)을 바라보자면, 성스러움은 어떤 실체적인 것이거나 초감각적인 어떤 것을 가리키는 말이 아니라, "기호들의 운동 혹은 심지어 돌연변이과정으로서, 그를 통해 의미화하는 다른 구성요소들 간의 모방적 관계가 비대칭적으로 형성되는" 것이다(Rashcke 2012, 30). 이 기호적 비대칭성은 궁극적으로 종교 기호들이 지시하는 기호지시 대상이 기표(들)에 의해 가시화되거나 인식 가능하게 되는 것이 아니라는 점에서 그렇다. 이는 "종교 행위의 공연적(performative) 특성"을 고려할 때 도드라진다(Rashcke 2012, 30). 종교 행위는 종교적 숭배의 대상을 '재현'하거나 '반복'하는 것이 아니라, 그 본래의 대상의 '미관 손상'을 동반하는 새롭게 혹은 다시 그리는 작업이다. 즉 종교 행위는 태고의 원초적 행위를 재현하거나 반복하는 것이 아니라, 그 본래 행위의 미관 손상(disfigurement)을 통해 새로운 기호작용을 배태하는 것이라는 말이다. 그래서 종교 행위는 본래의 종교적 기호지시 대상을 초과하고 극복하는 행위를 통해 본래의 기호 안에 담지 되어 있지 않던 이질성(heterogeneity)을 도입할 뿐만 아니라, 더 나아가 그 이질적 "타자의 부조화"(incongruity of the other)를 요구한다(Rashcke 2012, 31). 이런 맥락에서 데리다는 (종교적) 재현이 결코 현존의 "반복이 아니라 삭제"라고 말한다(Rashcke 2012, 30).[57] 라스케에 따르면 종교 연구가 소위 "과학적" 혹은 "학문적"이 된다는 것은 적어도 기호학적 관점에 따르자면 그 기호적 이질성 혹은 타자성을 다룰 때, 즉 "불가능한 이름들의 이름짓기"(a naming of impossible names)를 시도할 때 비로소 '학문적'이 된다(Rashcke 2012, 31). 이런 맥락에서 라스케는 종교 연구는 '종교이론'의 탐구가 되어야 한다고 주장하는 것이다. 데리다는 그래서 신앙(faith)을 "모든 기호운동들의 **탈/구성**(de-constituting)적이고 **탈/배치**(de-posing)적인 의미화, 즉 모든 '세계 종교'의 경제 안에서 거대한 **탈/기호**(de-sign)"[58]로 간주했다. 이는 곧 종교를 기호학적 관점에서 조망한 의미 있는 시도였고, 종교 연구를 종교이론의 방향으로 눈을 돌리게 하는 데 기여하고 있다. 즉 데리다의

---

57) 그리고 이런 맥락에서 종교 연구를 '서술적 기술'이나 '현상(학)적 기술'에 한정한 방법론들은 "지적인 비겁함"일 뿐만 아니라, "방법론적인 과실"이라고 라스케는 주장한다(Rashcke 2012, 30). 즉 현상학적 방식은 곧 인식의 상응 이론(correspondence theory)이나 재현 이론(representation theory)에 근거하여, 종교의 원초적 장면이 반복되거나 재현된다는 것을 전제한다는 점에서, 종교적 행위의 기호작용적 특성을 전혀 감지하지 못하고 있다는 것이다.

58) de-constituting과 de-posing 그리고 de-sign이 함축하고 있는 뉘앙스를 번역으로 제시하기는 무리가 있는 듯하다. 특별히 '탈/기호'는 본래 '디자인' 혹은 '설계'라는 말을 가리키는데, 중간에 '-'를 넣음으로써 '탈/기호'라는 뜻을 갖게 된다. 그리고 이 이중적 함축성이 본래 단어가 의미하고자 하는 바이다(Rashcke 2012, 31).

해체적 기호학의 전략은 종교 연구를 기호학적 관점으로 조망하면서 신학적 관점을 도입하려는 라스케의 기획과 맥이 상통한다.

1.2.1. 위추(僞推 paralogy)로서 종교이론 연구

라스케는 종교 연구의 이론 확립을 위한 제안으로 paralogy를 제안하는데, paralogism의 뜻은 국내 인터넷 사전에 따르면 "(논리) 잘못된 추리, 배리(背理), 반리(反理)[(논자(論者) 자신이 깨닫지 못하는 그릇된 추론)]"으로 되어 있다(출전: 『동아 프라임 영한사전』). 또한 *Random House Dictionary of the English Language*에 따르면 "타당한 추론 원리들을 위반하는 논증" 혹은 "그러한 논증을 통해 도달한 결론"으로 나온다(Rashcke 2012, 38). 그리고 "위추성"(僞推性)으로 번역하거나 "논과"(論過)라고 번역하는데, "잘못된 추리를 가리키지만, 궤변과 같이 사람을 속이기 위한 허위가 아닌 경우"를 나타내며, 칸트는 영혼을 설명하는 추론에 이러한 방식을 적용하였다고 한다(네이버 지식백과). 그러나 라스케는 이러한 일반적인 정의들이 결여하고 있는 것은 바로 이 '초논리' 혹은 "위추"(僞推, paralogy)가 언어 안에서 감당하는 "해체적 역할"이라고 여긴다(Rashcke 2012, 39). 이는 "논리적인 것이 탈/정주(disinhabit)하도록 만드는 무엇"과 연관이 되어 있다(Rashcke 2012, 39). 따라서 위추는 일종의 "담론적 비유의 남용(cata-chresis)"인데, "전체적으로 새로운 기호 운동이 일어날 때까지, 한 본문의 배치 구조 내에서 구문론적 관계들을 굽게 만들고, 흉하게 만들기" 때문이다(Rashcke 2012, 39). 사실 'para-'라는 접두어는 "-을 넘어(beyond), -외에(aside), 잘못된(amiss)"을 의미하는 단어인데, 이는 개작이나 변동을 함축한다(Rashcke 2012, 39). 이런 의미에서 보자면, 'para-'라는 접두어는 'post-'라는 접두어보다 위험한 접두어일

지도 모른다. 이것은 "정체성의 규칙, 즉 연결의 규칙에 반항(defy)"하고 있기 때문이다(Rashcke 2012, 39). 그럼에도 'para-logical'은 마치 의사(medic)에게 긴급의료원(paramedic)이 필수불가결한 것처럼 언제나 우리의 논리에 필수불가결한 어떤 것이다.

이 "위추"는 그런데 결국 따지고 보면 "합리성 자체의 형이상학적 내용의 진공(vacuity)으로부터 출현"하는 것으로서 이는 곧 "기호의 케노시스(*kenosis*)"를 가리키는 것이다(Rashcke 2012, 39). 여기서 이 기호의 내용적 진공 혹은 텅 빔을 가리키는 케노시스는 왜 의미화의 순간이 동시에 의미화 지시관계의 "해제"(deconstitution)인지를 알려주는, 즉 "본문과 의미화의 해제 순간"인지를 알려주는 텅 빈 기표인 셈이다(Rashcke 2012, 39). 이를 하이데거식으로 표현하자면, 존재는 "도처에서 갈라지고 금이 가 있다. 전체는 구멍으로 가득한데, 고정된 구멍이 아니라 일시적으로 출현하는 구멍들로서, 마치 나타났다 사라지는 출입구들이나 비극적으로 생겼다가 기적적으로 치유되는 상처들" 같다(Rashcke 2012, 39-40).

1.3. 종교이론 연구와 신학과의 관계

라스케에 따르면, 종교 연구는 '신학에 대한 관심'의 중요성을 간과해서는 안 된다. '신학'(theology)라는 말은 물론 기독교 교의학(dog-matics)에서 유래하기 때문에 우리는 이 용어를 기독교회와 연관해서 연상하지만, 그러한 교파적 함축성들을 벗겨내고 말 그대로 보면 신학은 "신적인 것에 관한 학문"(science of the divine)을 나타내며, 이는 "종교이론이 지향하며 노력해야 할 것"을 가리키는 말이다(Rashcke 2012, 29). 사실 우리가 각 종교 전통을 각자의 자리에서 관찰하면, 각 종교는 모두 "신학-의존적"(theology-laden)이다(Rashcke 2012, 29). 신학은 우리의 기호상징 체계 안에서 의미화 작용으로 건너오는 몸짓들을 우리 인간의 언어로 번역해내는 작업이다. 따라서 신학은 결국 '종교적인 것'을 언어의 구조로 변화하는 일이다.

그런데 종교적인 것(the religious)은 우리 언어의 담론 구조에서 "유령"(데리다)이거나 "시차"(parallax: 지젝)이다. 기존 담론 구조의 방식으로는 도저히 이해되지 않는 유령 같은 것, 그래서 전혀 기존의 것과 시각을 공유할 수 없는 곳에 존재하는 것. 기존 종교 연구들의 방법들이 결국 종교적인 것의 해명에 실패한 이유는 바로 여기에 있다. 기존 연구들은 종교 현상이나 경험들과 연관된 자료들을 방대하게 축적해 쌓아놓고, 그 안에서 유사성이나 연관성 혹은 관계분석들을 통해 종교적인 것을 설명하고자 한다. 하지만 정작 종교적인 것은 그러한 연관관계나 (비트겐슈타인의 용어처럼) "심층 문법"을 벗어나 일종의 종교적 서술의 본문들 사이를 부유하는 유령으로 존재하면서, 의미의 차이를 낳는 "타자성"(alterity)이다. 따라서 종교적인 것은 언제나 '부정적인 어떤 것'으로 출현한다.[59]

---

59) 이를 라스케는 데리다가 서술하는 부정 신학(negative theology)으로 비유한다. 데리다는 하나님을 서술하는 모든 신학적 언어와 논리의 무화를 주장하는 부정신학은 '신'을 규정하려는 다른 방식으로 볼 경우, 언제나 과장과 과잉의 몸짓일 수밖에 없다고, 그래서 언제나 신학의 주장들을 이중으로 주장하는 몸짓이 된다고 지적하기도 했다. 그러나 데리다가 "무가 되는 것은 하나님이 되는 것이다"(Nichts werden ist GOTT werden … To become Nothing is to become God)라고 말하는 앙겔러스 실레시우스(Angelus Silesius)를 인용할 때, 그는 부정 신학을 신을 다르게 규정하려는 시도로 보기보다 우리가 언어로 표현하는 모든 의미화 활동이 근원적으로 '텅 빈 기표'를 선회하는 활동임을 간과하고 있었던 듯 보인다. 그래서 이런 맥락에서 우리는 "언어 이론 자체가 '본질적으로' 하나의 '부정'(negative) 신학이다"고 말할 수 있을 것 같다(Rashcke 2012, 43).

우리가 종교적인 것이라고 가리키는 것은 결국 우리의 언어 체계 안에서는 '비존재' 혹은 '무'로 표기될 수밖에 없는 것이라서, 바로 이런 의미에서 종교적인 것은 "위추"(僞推)를 통해 전해질 수밖에 없다 (Rashcke 2012, 43). 이러한 '부정적 존재'를 기표할 수 있는 유일한 몸짓을 데리다는 "탈/부정"(denegation)이라 하였는데, '탈/부정'은 물론 부정(negation)에 대한 부정(de-)이지만, 그렇다고 부정을 무화시킴으로써 단순한 긍정으로 나아가는 것도 아니다. 단지 부정을 부정할 뿐이다. 이 '탈/부정'은 종교학의 근원적 지시대상인 '성스러움'(the sacred)과 신학의 지시대상인 '하나님'과의 관계를 묘사해준다: 즉 "성스러움은 하나님의 탈/부정이고, 하나님은 성스러움의 탈/부정이다"(Rashcke 2012, 44). 성스러움이란 것은 존재하는 것이 아니지만, 그렇다고 존재하지 않는 것도 아니다. 그것은 존재도 비존재도 아니다. 그렇다고 성스러움은 "하나님 너머의 하나님"이나 "하나님의 타자"를 가리키는 것도 아니다(Rashcke 2012, 44). 이런 의미 맥락에서 라스케는 성스러움을 하나님의 '탈/부정'이라고 언표한다. 이는 존재와 비존재의 "사이"(the 'between')이지만, 그렇다고 어정쩡한 중간 상태를 의미하는 것도 아니다(Rashcke 2012, 44).

'신'에 대한 사유에서 기독교 신학이 종교 연구 분야에 기여하는 바는 바로 '신성'(the divinity)이란 "기존 질서의 **정상 상태로부터 이탈**" (*out of kilter* with established order)이라는 것을 알려준 것이다. 신이 진리와 함께 하는 것은 신이 진리를 보장하거나 확증하기 때문이 아니라, 오히려 "진리는 방해하기" 때문이다(Rashcke 2012, 49). 분명히 진리는 기존 질서의 보편성과 조화로움을 방해하기 위해 난입하고 침범한다. 지젝에 따르면, 진리는 "우주적 질서를 혼란에 빠뜨리는 특별한 잉여(idiosyncratic excess)가 아니라, 그러한 질서의 모든 개념을 유지하는 하나의 특이한 잉여(violent singular excess)"이고, 그렇기 때문에 진리는 "괴물스럽다"(monstrous; Rashcke 2012, 49). 그렇기 때문에 진리의 의미는 언제나 "위반으로부터, 기반들의 붕괴로부터 그리고 정의를 향한 갈망으로부터" 출현한다(Rashcke 2012, 50). 진리의 실현으로서 정의가 갈망된다고 하는 것은 뒤집어 말하자면 그 정의가 현재 이 기존 질서 속에서 결여되어 있다는 것을 의미한다. 이 '결여'(lack)는 기존 질서의 관점으로 '부정적인 것'이지만, 바로 그 부정성(negativity) 혹은 무(nothingness)의 주위를 기표들은 선회하며 상징질서를 구성하고 해체하기를 반복하는지도 모른다. 그것은 들뢰즈의 말처럼 계속적인 "탈영토화"(deterritorialization)의 운동일 수도 있고, 데리다의 끝없는 '차연'(*différance*)일 수도 있다. 기존 영토 체계에 들어맞지 않는 그 이질적 잉여가 우리를 모든 배치로부터 "탈배치"(deposed)하며, 우리 삶에 "종교의 귀환"을 가져오는지도 모른다(Rashcke 2012, 51).

라스케에 따르면 종교철학은 바로 이 "부정적인 것에 관한 학문"(science of the negative)이 되어야 한다(Rashcke 2012, 46). 이는 곧 "계시의 신"(*deus revelatus*)이나 "숨어 계신 하느님"(*deus absconditus*)이 아니라 "사라지는 신" 혹은 "눈에 보이지 않는 신"(*deus evanescens*)을 기호학적으로 풀어나가는 학문이 종교철학이란 말이다(Rashcke 2012, 48). "눈으로 잡아"(catch sight)내지만 눈에 보이지 않는 신, 바로 이 신적인 것 혹은 종교적인이 바로 지젝이 말한 실재(the real)이다(Rashcke 2012, 49). 분명히 존재하는 실재이지만 우리 눈으로는 볼 수 없는 실재가 되는 이유는 우리의 인식 구조가 그것을 볼 수 있는 인식 기제를 갖추고 있지 못하기 때문이다. 그래서 그들은 귀신으로 출현(apparition)할 수밖에 없다. 이를 그대로 차용하자면, 신의 출현

혹은 성스러움의 출현은 언제나 이 소비 자본주의 시대에 "유령"(ap-parition), 즉 "부적절한 곳에"(out of place) "부적절한 시간에"(off schedule) 나타나 우리의 정상적인 삶의 구조를 깨뜨리고 난입하는 유령적 존재로 출현한다(Rashcke 2012, 49). 이 기존의 구조에 비존재로 간주되는 것, 그래서 유령 즉 존재도 비존재도 아닌 것으로 출현할 수밖에 없는 것들은 우리의 기존 세계 구조의 진리를 담지한다. 즉 우리 구조와 체계의 결함을 가리킨다. 우리는 일상을 지키기 위해 외면하는 그 결함과 결핍을 이 구조는 가리키고 있는 것이다.

1.4. 종교와 정의, 그리고 실재의 귀환으로서 종교

종교는 우리의 기존 사회질서에 언제나 "유령적"(spectral)이다 (Rashcke 2012, 52). 언제나 기존 사유와 상상력으로 포착할 수 없는 '잉여'를 도입하기 때문이다. 데리다는 칼 마르크스의 유령을 언급하면서 이를 "불분명한 것의 유령"(apparition of the inapparent)이라고 하였다(Rashcke 2012, 53). 그것을 언표화하는 것은 곧 "정의에 대한 관심"이다. 존재로 세상에 기투되었지만, 하나의 온전한 존재로 인정받지 못하고 귀신처럼 사회 구석구석을 유리방황해야 하는 존재, 바로 그러한 존재에 대한 관심은 곧 이 기존 질서의 '정의'에 대한 관심으로부터 출발할 수밖에 없을 것이다. 그렇기 때문에 종교의 문제는 언제나 정의의 문제이기도 하다. 이 부당하고 부정의한 세계 속에서 우리는 어떻게 '정의'를 말할 수 있을 것인가?

종교가 정의를 말할 수 있는 것은 바로 종교는 기존 체제의 수목형 질서로 존재하는 것이 아니라 "리좀적"(rhizomic) 질서를 통해, 상하 체제의 위계질서를 결여한 구조로 존재하기 때문이다(Rashcke 2012,

56). 그래서 라스케는 '종교적인 것'의 출현을 지젝이 말하는 "실재의 귀환"(the return of the real)으로 비유하기도 한다(Rashcke 2012, 62). 이 종교적인 것의 출현을 설명하는 지젝의 이론적 모델이 바로 "시차 관점"(parallax view)이다(Rashcke 2012, 63). 이는 관측 위치에 따라 드러나는 물체의 위치나 방향의 차이를 가리키는 것으로서, 라스케는 이를 이론 물리학의 입자/파동 모델로 비유한다. 입자 모델과 파동 모델은 전혀 다른 방정식과 전제를 가지고 대상을 그려주지만, 어처구니없게도 물질은 원자 이하의 차원에서 입자적 성질과 파동적 성질을 동시적으로 갖고 있다. 결국 동일한 대상이지만, 우리는 그렇게 전혀 다른 두 개의 모델을 통해서 부분적으로만, 즉 한 번은 입자로 다른 한 번은 파동으로 각각 기술할 수 있을 뿐이다. 어느 하나만이 참인 것도 아니고 그 두 모델을 적당히 얼버무릴 수 있는 것도 아니다. 결국 종교는 '종교적인 것의 기존 질서 세계로의 난입'을 설명할 수 있는 유일한 분야이다. 하지만 이 종교적인 것의 난입은 흔히 인용되듯이 "억압된 것의 귀환"으로 설명될 성질이 아니라 오히려 "실재의 부활"(*resurgence of the real*)로 설명될 성질의 것이다. 여기서 실재는 "예수의 말을 모방하자면, 우리가 언제나 우리와 함께 갖고 있는 것"으로서, "욕망의 대상들을 유지하고 재생하고," "모든 언어적 개념적 구조들을 범람"한다(Rashcke 2012, 64). 실재는 "상징 질서의 규칙들에 예외"이지만, "결정이나 서술 행위 속에 거주하는 것이 아니라" "의미화의 순간 속에 정초되어 있다"(Rashcke 2012, 64).

이는 실재의 귀환이 어떤 규칙이나 패턴의 정형화를 정당화해주거나 도입해주는 것이 아니라, 오히려 기존 정의의 이탈 말하자면 "종교의 탈/본문화(de-textualization), 즉 문법-논리적(grammatological) 모델로부터의 이탈"을 의미한다. 그렇다면 종교이론이란 곧 기존 종교의 경계 혹은 기존 종교이론들의 정착된 영토들을 벗어나서, 기존 영토 체계 속에서 유령처럼 존재하는 것들을 새롭게 품으려는 노력이다. 이는 한 번의 영웅적인 시도로서 종결될 일이 아니라, 탈영토화 이후 다시 재영토화가 이루어지고, 다시금 탈영토화의 시도들이 이루어져야 하는 지속적인 노력을 의미한다. 그리고 기존 영토 체계 속에서 포괄되지 못한 유령적 존재들을 다시금 새롭게 영토화하려는 노력을 동반한다는 점에서 종교이론은 '정의'(justice) 문제와 불가분리하게 연관되어 있다고 말할 수 있을 것이다. 이 맥락에서 카푸토가 인용하는 데리다의 "종교 없는 종교"에서 "종교 없는"이란 곧 '기존 제도의 종교들을 이탈하는'이라고 이해해도 좋을 듯하다. 그래서 데리다가 말하는 종교는 우리가 기존 담론 구조에서 반복하는 종교가 아니라 그것을 이탈한 종교를 가리킨다. 그럼에도 불구하고 이 종교 없는 종교는 기존 종교를 대치하는 새로운 종교나 종교성이 아니라, 모든 종교 기호들이 종교적 상징체계를 매 시대 매 상황에 따라 구축해나갈 수 있도록 하는 힘인 동시에 매번 기존의 (종교적) 상징체계를 넘어 새로운 상징의 영토를 찾아나갈 수 있도록 하는 힘이다. 이 힘은 기존 담론 안에서 불필요한 잉여로 취급받는 그래서 유령처럼 정처 없이 떠돌아다닐 수밖에 없는 존재들을 품게 하는 힘이다. 바로 이 점에서, 반복하여 말하자면 종교의 실재는 '고대의 시원적인 것의 귀환'이 아니라 일상의 정상성을 무례하게 일깨우는 "실재의 귀환"이다. 종교란 결국 "우리 세속주의자의 단잠을 산산이 흩어 부수어버리는 시끄러운 소음"이다(Rashcke 2012, 69). 하지만 이러한 종교적인 것의 몸짓은 우리를 해체하는 타자의 몸짓이 아니라, 어쩌면 하이데거의 말처럼 "우리를 가장 깊이 소유한 참 존재의 몸짓"(enownment-*Ereignis*를 이렇게 번역한 용례를 라스케는 따르고 있다)으로서 그의 중단 없는 의미화 작용(semiosis)이 바로 원초적으로 종교적이다(Rashcke 2012, 208). 그래서 "우리의 궁극적인 유령은 가장 깊은 소유(enownment)로서 종교적인 것이다"(Rashcke 2012, 208).

2. 신학의 다중학문적 비교 탐구로서 종교철학: 웨슬리 와일드만

종교철학이란 말은 두 명사의 결합으로 이루어져 있다: 종교와 철학. 여기서 "와"(and)는 은폐되어 있다. 즉 두 명사가 합쳐지면서 '와'라는 접속사는 탈각되고 명사들만 살아남았다. 명사들만 살아남게 되면서 거기에는 또 하나의 사라진 가상공간이 있다. 바로 종교와 철학 **사이**(between)이다. 이 '와'와 '사이'라는 접속사들의 사라짐은 단지 그들의 사라짐으로 끝나는 것이 아니라 이제 접속사들을 탈락시킨 명사들의 결합으로서 종교철학은 마치 이 종교와 철학의 결합이 애초 어떤 사이 공간(an in-between space)을 가리키는 것이 아니라 어떤 실물이나 실체를 가리키는 말인 듯이 등장한다. 철학의 하부 분야로서 취급받는 현재의 종교철학(philosophy of religion)이란 말이 만들어내는 근대적 효과가 바로 이것이다. '종교에 대한 것을 다루는 철학' 혹은 '종교에 대한 철학적 성찰'이라는 의미 효과를 강하게 풍기는 종교철학은 본래 종교철학이 담지한 다중학문적이고 종합적인 특성을 상실했다. 본래의 학제적이고 복잡하고 중층적인 성격을 회복하기 위해서 종교철학은 이제 philosophy of religion이 아니라 religious philosophy로 다가가자는, 즉 '종교적인 철학'으로 접근해야 하며, 이는 예전 시대의 '철학적 신학'이 담지하고 있던 반란의 차원인 '이성

의 반란'을 포스트휴먼의 시대에 새롭게 재구성하고자 하는 시도가
될 것이다.

이런 맥락에서 와일드만의 구상은 '종교(와) 철학(사이)'이라는
본래의 종교철학의 기획을 살려, 간학문적(inter-disciplinary) 연구
성향을 뛰어넘어 다중학문적(multidisciplinary) 탐구로 나아가자고
제안한다. 본래 종교철학은 전적으로 종교 연구 분야에 속한 것만도
아니고, 그렇다고 전적으로 철학적인 탐구의 대상인 것만도 아니었
다. 오히려 종교 연구도 철학 연구도 아닌 혼종적(hybrid) 분야로서
양 분야로부터 서출 취급을 받아왔다. 하지만 오늘날의 학문들은 이
제 각자의 고유한 영토에 안주하기보다는 각자의 고향을 떠나 탈영토
화를 시도할 것을 요구받고 있다. 바로 이런 맥락에서 와일드만은 종
교철학을 '간학문적 연구 기획'을 넘어서서 '다중학문적' 분야로 이끌
어나가기를 원하고, 그래서 philosophy of religion이 아니라 reli-
gious philosophy로 나아갈 것을 주장한다.

2.1. 현대의 종교 연구 분야들에서 종교철학이 필요한 이유

와일드만은 현재 근대철학에서 유래하는 종교철학(philosophy of
religion)이 당면한 크게 두 가지 문제에 답하고자 한다: 1) 종교철학
을 수행하는 다양한 방법론들 간의 해소되지 않는 모순들, 그리고 2)
종교철학이 종교에 대한 학문 연구 분야들과 일으키는 불일치의 문제
(Wesley 2010, ix). 그리고 와일드만은 이러한 물음에 대한 해결책으
로 종교철학(philosophy of religion)을 '종교적 철학'(religious philo-
sophy)으로서 즉 "다중학문적 비교 탐구들이 이루어지는 분야"(as a
field of multidisciplinary comparative inquiries)로서 재정의하자고 제

안한다(Wesley 2010, ix).

종교 연구가 다중학문적 방향으로 나아갈 수밖에 없는 이유는 종교 관념들이 "극도로 복합적이고 복잡하기" 때문이다(Wesley 2010, 15). 그 복합적이고 복잡한 종교적 관념들을 이해하려면 여러 전문적인 학문 분야들이 동원되어야 하고, 그러기 위해서 종교철학자는 그 다양한 학문에 전문지식을 갖춘 전문가일 수밖에 없다. 그럼에도 불구하고, 특정의 편향된 근본 개념들을 통해 다른 종교와 신앙들을 열등한 것으로 조망하던 계몽기적 서열의식이 가져다준 폐해 때문에 종교 연구 분야에서는 "공정성과 객관성"을 명분으로 다양한 분야를 넘나드는 종합지식인들이 제국주의적 발상을 통해 타종교들에 대한 편견과 선입견을 유발한다는 이유로 다중학문적 지향성을 지닌 종교철학자들을 홀대해왔다(Wesley 2010, 16). 계몽기 이후 시대의 제국주의적 편견과 선입견을 올바로 교정하려는 노력은 종교철학을 공정하고 객관적인 토대 위에 세우려는 시도보다는 오히려 제국주의적 선입견과 편견을 가지고 있을 것이라고 생각되는 종교철학적 접근 방법을 학문의 현장에서 배제하거나 제한하는 식이었다. 이를 통해 종교철학은 중세의 철학적 신학의 전통으로부터 유래하는 인문학 분야들과 사회과학 분야들을 포괄하는 다중학문적 모험으로서의 그 본래적인 비전을 상실해왔다.

아울러 현대 사회에서 '종교'란 사실 특정의 종교를 지칭하는 것이 아니라 '영성'이라는 정체불명의 이름으로 불리는데, 이는 현대의 다종교 다문화적인 상황과 지구지역적(glocal)인 상황이 맞물려, 어느 특정 종교를 옹호하거나 반박하는 것이 정치적 입장과 맞물리는 상황에서 연관된 갈등을 회피하고자 하는 노력의 일환이기도 하다. 그럼에도 이러한 다문화적 관용정신을 배경으로 하는 현대 종교 연구의 역설은 바로 그 연구들 속에 '종교'란 무엇인가에 대한 일치된 전제가 존재하지 않는다는 것이다. 황당한 이야기처럼 들리겠지만, 종교는 존재하지 않고 종교들의 실례들만이 존재한다. 다시 말해서 '종교'라는 말의 대상의 예들(examples)로서 지칭되는 기독교와 불교, 힌두교, 이슬람과 같은 제도 종교는 분명히 존재하지만, 그러한 개별 제도 혹은 비제도 종교들을 모두 포괄해서 통칭할 수 있는 어떤 것, 즉 종교라는 단어에 적확히 맞아 떨어지는 실체로서의 종교는 존재하지 않는다. 그래서 이런 역설을 해소하기 위해, '보편 종교'라는 허위의 대상을 창출하기보다는 '종교적 영성' 혹은 '종교적 심성'이라는 단어를 통해 '종교 일반'을 지칭하게 된다. 그런데 이 종교 일반이란 용어는 종교란 무엇인가에 대한 구체적인 정의나 의미경계를 결코 갖고 있지 못하다.

기존 종교 연구 분야들이 안고 있는 분과적 폐쇄성의 문제와 다양한 종교철학 방법론들이 보여주는 모순과 불일치의 문제를 해소하기 위해 새로운 개념의 종교철학을 제시하면서 와일드만은 그 종교철학의 학문 영역의 경계를 명확하게 그려주고 확정하기를 원하지 않는다. 도리어 와일드만은 종교철학(religious philosophy)의 의미 경계를 "모호"(vague)하게 유지하고자 한다(Wesley 2010, xiv). 왜냐하면 '다중학문적 비교탐구'의 기획 자체가 학문 분야들 간의 중층적이고 복잡하고 애매한 경계들을 가로질러 횡단하는 방법을 취할 수밖에 없기 때문이다. 이 기획이 종교의 의미 경계를 "모호"하게 유지하는 현실적인 이유는 바로 종교 연구들이 종교의 경계를 모호하게 유지하기 때문이다. 만일 종교의 의미 경계를 확정할 경우, 그러한 결정의 특정한 이론적 틀 구조가 종교를 협소하게 조망하도록 강요할 것이기 때문이다. 따라서 다중학문적 초점들을 갖춘 종교 연구는 여러 다양한 종교 현상들을 하나로 획일화할 추상적 개념이나 틀을 만들기보다는 종교 현상들을 다양한 각도와 관점에서 해석하고 서술하고자 한다. 와일드만은 이것이 다중학문적 비교 탐구의 목적들 중 하나라고 기술한다. 그리고 와일드만은 이 의미 경계의 모호성 아래에 종교 연구의 다양성과 종교 현상들의 다양다중성을 유지시키는 것이 지구촌 문명이 종교 갈등으로 나아가지 않도록 하는 방침의 역할을 감당할 수 있으며, 종교적 맹신의 노예가 되어 종교가 폭력의 도구가 되지 않도록 하는 데 학문적 종교 연구가 기여할 수 있다고 주장한다(Wesley 2010, 15).

결국 '종교철학'의 정확한 경계는 그려지지 않는다. 간학문적 연구나 융합학문적 연구 혹은 통합학문적 연구 등의 근대적 학문 분과의 경계를 가로지르는 연구들이 활성화되기 수천 년 전부터 '종교와 철학과 신학'은 서로의 경계를 가로지르며, 혼종적(hybrid)인 영역을 창출해왔다. 자신의 신학을 조리 있고 논리적으로 설명하기 위해서든 종교라는 현상을 논리적으로 설명하기 위해서든, 인간의 사유를 넘어 침노해 들어오는 초월적인 어떤 것을 설명하기 위해서든 종교철학은 우리가 종교라는 이름으로 지시하고 칭하는 대상이 결코 인간의 학문 경계 안에 박제되지 않는 대상임을 밝혀줘 왔다. 그것은 언제나 우리의 학문 분과 '사이'에서 기존 설명들이 결여하고 있는 측면들을 드러내며, 달라진 시대 상황에 맞게 새로운 언어로 기존 문화에 번역되어야 하는 것이다. 종교철학은 그러한 시도가 특정 교리나 신학에 얽매여 종교 권력의 선전 기제로 전락하지 않고, 오히려 종교적 독단의 위험을 넘어 인간 이성의 진지한 성찰이, 이성을 넘어 존재하는 그래서 이성을 무기력하게 만드는 신비한 영적 존재를 성찰하는 분야라고 광의로 정의할 수 있을 것이다. 이런 맥락에서 종교철학은 다시금 그 본연의 자리, 즉 종교"와" 철학 "사이"(Caputo 2006, 3-9)[60])에 균형을 잡으며 존재하기 위해 종교(적) 철학(religious philosophy)이란 명칭을 광의로 사용할 것이 요구된다.

2.2. 종교철학과 신학의 관계

아주 고전적 정의로서 '종교철학' 분야는 사실 '철학적 신학'(philosophical theology)이란 분야였다. 이 분야는 어거스틴의 존재론적 신 존재 증명이나, 토마스 아퀴나스의 우주론적 신 존재 증명 등과 같이, 기독교의 진리 주장을 표현하기 위해 당대의 철학 담론들을 활용해왔다. 그러면서 단지 철학적 형식을 빌리는 데 그치지 않고 신학의 내용을 철학적으로 구성하는 역할을 감당했다. 따라서 근대적 형태의 종교 연구 등장 이전까지 '종교철학'이라 불릴 수 있는 분야는 사실 '철학적 신학' 분야였다. 이 철학적 신학의 시도는 여러 다양한 학문적 성과들을 하나의 일관된 의미체계로 엮어 제시하는 것이다. 이런 맥락에서 철학적 신학으로서 종교철학은 모든 종교 연구를 '신학'이라는 분야 아래 두고, 신학적 성찰을 위해 철학적 논리를 사용했다. 그래서 아퀴나스는 철학은 신학의 시녀(maiden)라는 표현을 하기도 했다.

'종교에 대한 철학적인 연구 혹은 사유'로 종교철학을 정의하고 종교철학 즉 philosophy of religion이란 용어를 쓰기 시작한 것은 바

---

60) 카푸토는 여기서 '사이'를 성찰하지는 않았다. 하지만 그의 "와"(and)에 대한 성찰은 '사이'를 성찰할 동인들을 담지하고 있다. "와"의 사유와 "사이"의 사유를 세별하기란 쉬운 일은 아니지만, 거칠게 정의하자면, '와'는 획일성이 아닌 통전성(integrity)을 추구하며, '사이'는 차별이 아닌 '차이'를 추구하는 사유라 할 수 있다. 그래서 '와'는 둘이 합하여 이루어내는 조화의 모습을, '사이'는 둘의 차이가 빚어내는 '잉여'(the excess)를 주목하는 사유 방법론이라 할 수 있다.

로 중세기의 이 철학적 신학에 대한 근대 지식인들의 반발과 저항의
식 때문이었다. 이는 종교철학에 대한 정의를 '종교적 담론의 철학화'
혹은 신학적 사유를 철학적으로 재논술하고 신학적 교리를 철학의 언
어로 표현하는 것으로 삼으면서, 철학을 신학의 시녀로 삼았던 중세
기 학문 전통에 대한 정당한 반발이었다.[61] 이것은 종교에 대한 철학
적 탐구와 성찰을 바탕으로 근대 이래 종교철학이 이제 신의 속성으
로부터 세계를 이해하는 것이 아니라, 인간의 합리적 이성을 매개로
세계와 우주를 이해하기 시작했다는 것을 의미한다. 또한 인간이 자
신 스스로의 세계를 이성적으로 구성(construct)해나갈 능력을 자각
하기 시작했다는 것을 의미한다. 이는 근대 이래로 급성장한 과학기
술 분야들의 힘을 통해 성취되었다. 그런데 이 근대적 의미의 종교철
학 즉 philosophy of religion은 '종교'를 철학적 분석의 대상으로 고
정시킨다는 문제점을 안고 있다. 즉 종교적 뉘앙스를 전하는 철학자
들의 담론이 아니라, 기존 종교 현상에 대한 철학적 분석이 이 종교철
학 연구의 주종을 이루었다. 예를 들어 종교 언어에 대한 철학적 분석
등이 여기에 속한다.[62] 이러한 관점에서 조망하자면 종교철학은 철

---

61) 국내 철학자들에게 종교철학이란 "종교에 대한 철학적 반성"으로만 여겨진다(이진남
2009, 21). 혹은 종교철학은 "종교 현상을 철학자의 눈으로 바라보는 것"으로 정의하
기도 한다(유진열 2007, 26). 그래서 철학과 신학을 구분하기를 '신학'은 "내부자"의
눈으로 종교를 보는 것 그리고 철학은 외부자의 눈으로 종교를 보는 것으로 구별한다.
하지만 이런 식의 협소한 정의는 모두 근대기에 융기한 철학의 개념과 정의에 기초해
서 '종교'를 획일적으로 바라보는 단점이 있다. '종교와 철학' 간의 만남이 지닌 수천
년의 역사가 있다는 사실을 진지하게 고려하지 않는 것이다. 그래서 종교를 근대에
융기한 철학의 우산 아래 일거에 복속시키는 시도이다. 서구 문명사 전반을 놓고 볼
때, 종교(특별히 신학)가 철학과 맺어온 장구한 관계의 역사를 '종교철학'에서 배제하
는 것은 정치적으로 용감하지만, 지적으로 무익하다.
62) 종교철학을 좁게 정의하자면, 종교에 대한 개념적 분석(conceptual analysis)과 종
교 현상에 대한 경험적 분석으로 구별할 수 있을 것이다. 개념적 분석은 전통적으로

저히 철학 분야의 하위 연구 분야일 수밖에 없다.

하지만 근대를 지나 탈근대라 불리던 시기를 지나는 요즘 우리 시대에는 신학의 권력이 문제가 아니라 근대 이성의 통치가 문제가 된다. 근대로부터 유래하는 합리적 이성이 쌓아올린 문명의 찬란한 업적 이면에는 도저히 인간의 합리적 논리로 해결할 수 없는 문명의 문제들이 산적해 있다. 가장 긴급한 문제들만을 꼽더라도, 지구 생태환경 문제, 지구촌 자본주의 체제가 초래하는 부의 격차 문제, 생명공학의 발전으로 유래하는 생명의료문화의 자본화 문제, 전쟁, 기아, 기근, 에너지 파동, 식량 파동, 주기적으로 일어나는 신종 바이러스 문제 등에 더하여 여성과 인종과 계급의 문제 등. 이런 시대에 종교에 대한 철학적 이해란 곧 예술에 대한 철학적 이해를 예술철학, 과학에 대한 철학적 이해를 과학철학, 인간 심리에 대한 철학적 이해를 심리철학으로 부르던 근대적 이성의 전지한 권력구조를 그대로 답습하고 있다는 것이 문제가 되는 것이다.

근대 시기 우리는 인간의 합리적 이성을 통해 세계의 문제들을 이성적으로 해결해나갈 것이라는 낙관론을 믿고 있었다. 그런데 근대를 지나 소위 탈근대 혹은 후기 근대 시대를 살아가는 우리는 인간의 합리적 이성만으로 우리에게 닥쳐진 문제들을 해결할 수 있을 것이라고 낙관하는 사람은 거의 없는 것 같다. 장기이식의 문제, 이종간 이식의 문제, 인간 복제의 문제, 낙태, 유전자 검사, 유전자 특허를 둘러싼 지적 재산권 문제 등이 복잡하게 얽혀 있는 생명윤리 분야는 우리

철학적 신학이 제시해왔던 틀을 기반으로 종교, 특별히 기독교 신학의 주된 개념들인 '신,' '신의 속성들,' '신 존재 증명,' 신정론, 기적 등을 중심으로 철학적 분석을 전개하는 반면 현상학적 분석이란 인간 경험의 틀 속에서 종교 현상이 갖는 고유한 자리를 성찰하고 분석하는 방식이라 할 수 있다.

가 이해하고 있는 전통적인 개념들의 인간 이해를 가지고는 도저히 해결책을 찾을 수 없는 듯이 보인다. 지구 생태계 위기는 인간 문명이 그 스스로의 합리성만으로 세계의 미래를 이끌어갈 수 없다는 사실을 부정적으로 적나라하게 보여준다. 자본주의와 계층의 문제는 인간 안에 내재한 이기적 본성을 단순히 도덕적 훈육이나 윤리적 교육으로 억눌러서 해소될 성질의 문제가 전혀 아니다. 더군다나 냉전 시대 이래로 강대국들이 축적해온 핵무기 기술은 이제 민주적으로(?) 제3세계로 확장 이전되면서, 지구촌 국지전이나 민주주의 혁명의 순간에 힘을 가진 권력의 입맛에 따라 남용되고 있는 실정이다.

그래서 이제 사람들이 기독교 신학에서 말하는 '성령'의 협소한 맥락이 아니라, 지구적 의식이라는 맥락에서 '영성'(spirituality)에 다시금 주목하기 시작하는 시대가 되었다. 이런 맥락에서 와일드만은 종교철학(philosophy of religion)의 정의를 종교적 철학(religious philosophy)으로 새롭게 이해하자고 제안하는 것이다. 여기서 '종교적'이라 함은 단순히 기존 제도권 종교의 영성만을 의미하는 것은 아니다. 특별히 '종교철학'이라는 맥락에서는 영성과 연관된 포괄적 문제를 다룰 철학적 담론을 포괄한다. 예를 들어 신경 과학, 뇌 과학, 인지 과학 그리고 진화 심리학 분야들의 연구들이 진척되면서, 인간의 영혼과 몸 그리고 세계는 '영, 혼, 육'이라는 서구 전통의 이해로는 설명의 한계에 도달하였다. 인간의 영혼은 몸 안에 탑재된 중앙연산장치나 몸 없는 육신을 지닌 영혼의 형태로 존재하는 것이 결코 아니다. 이 분야들은 이제 전통적인 인간 이해와 이미지를 넘어서는 새로운 인간상을 요구하고 있다. 우리 시대가 요구하는 영성의 요구와 새로운 인간상에 대한 요구는 이제 '종교적인 것'의 근원적인 재정위를 요구한다.

2.3. 종교철학과 과학 사이의 관계 설정

지금 현재 우리 사회의 문제는 종교와 과학의 역할이 중첩되는 지역들이 점점 확산되고 넓어진다는 데 있다. 예를 들여 생명윤리의 현장에서 '안락사 논쟁,' '인간 복제 문제,' '이종간 이식의 문제,' '줄기세포 연구 문제' 등이 제기되는데 각 논쟁들은 단지 사실이나 가치의 어느 한편에 속한 문제가 아니라, 사실과 가치 영역이 혼재되는 영역이다. 과학적으로 이해되는 생명 개념과 종교적으로 이해되는 생명 개념 간의 갈등이 유발되는 것이 아니라, 이미 사실과 가치가 혼재된 현상으로 줄기세포가 출현하고 있다는 것이다. 줄기세포는 이미 사실이자 가치이다. 이렇게 사실과 가치가 서로 혼종적으로 얽매인 가운데 우리는 더 이상 사실과 가치, 자연과 사회를 구분하는 근대적 이분법에 기반한 세계관으로 문제를 해결할 수 없다고 부뤼노 라투르(Bruno Latour)는 주장하기도 한다(Latour 1993, 1-3).

그렇기에 최근 근대 이래로 정착되어온 종교철학(philosophy of religion)이라는 분과 경계에 의구심을 제시하는 사람들이 늘어나고 있다. 왜냐하면 이 학문적 경계 안에서 할 수 있는 종교철학적 작업은 종교에 대한 철학적 분석이나 성찰이지만, 사실 종교 연구는 철학 연구 분야보다 더 광범위하기 때문이다. 실상 종교와 철학이라는 분야들 자체가 특정한 이해를 중심으로 일관성 있게 통합될 수 있는 범위를 넘어선다. 더 나아가 종교를 바라보는 더욱 다양한 관점들이 현재의 종교철학의 경계 안에 포함되지 못한다. 예를 들어 종교에 대한 진화적 기원, 종교의 진화심리학적 기원, 종교의 뇌 과학적 설명 등이 기존 종교철학의 경계 안에서 다루어지고 있지 못하며, 종교에서 말하는 영혼의 문제와 직접적인 연관이 있을 '임사체험'(NDE) 연구나 죽음에 대한 정의가 다루어지고 있지 못하다. 물론 종교철학이라는 우산 아래서 다루어지고 있지 않다고 해서 그러한 문제들이 간과되고 있는 것은 아니다. 하지만 종교와 철학이라는 분야와 깊은 연관을 맺고 있을 주제들이 근대에 정의된 종교철학에 대한 협소한 정의, 즉 종교에 대한 철학적 분석과 성찰이라는 우산 아래서 포괄되지 못하고 있다는 문제는 분명하다. 이러한 맥락에서 와일드만은 "종교(적) 철학"(religious philosophy)으로 종교철학 분야의 성격을 바꾸어야 한다고 주장하는 것이다(Wesley 2010, xiii). 이를 주장하면서, 와일드만은 종교철학 분야가 단지 종교 연구와 철학 연구 분야만의 만남이 아니라, 이제 종교적 주제들과 철학적 주제들을 새로운 관점에서 다루어가고 있는 생물학이나 뇌 과학 그리고 인지 과학 등의 분야들을 아우르는 "다중학문적"(multidisciplinary) 연구가 되어야 함을 역설한다(Wesley 2010, xiv). 따라서 이제 종교철학은 '종교에 대한 철학적 성찰'로서 철학의 한 분야나 혹은 철학과 종교 연구 간의 '간학문적'(interdisciplinary) 연구의 틀을 넘어서서 여러 제반 학문 분야들이 소통하는 다중학문적 연구가 되어야 한다는 것이다.

그렇다면 종교철학은 과학과의 관계를 어떻게 맺어갈 수 있을 것인가? 아이언 바버는 '종교와 과학 사이의 관계'라는 맥락에서 '대화'와 '통합'의 관계들이 가능하다고 보았다. 종교와 과학은 서로 대화를 통해 서로에게 좋은 비판자와 조언자가 될 수 있다고 보는 것이다. 과학은 가치의 영역을 논의에서 배제함으로써 그 스스로가 특정의 가치를 주입받은 이데올로기의 도구가 될 가능성을 검토할 능력을 상실했고, 종교는 사실의 영역을 도외시함으로써 자신이 주장하는 가치가 타자들을 억압하고 학대하는 폭력의 이데올로기가 될 가능성을 철저히 비판해내는 데 실패했다. 그럼으로써 현대 세계에서 발생하는 여러 가지 문제, 즉 위에서 언급한 생명복제 문제, 안락사 문제, 낙태 문제, 이종간 이식 문제, 줄기세포 연구 문제 등에서 종교와 과학은 상대방의 논리를 이해하지 못하고 서로를 비난하는 상황을 연출해왔다. 종교는 과학으로부터 새롭게 발견된 사실에 근거하여 자신의 생명관을 교정할 필요가 있고, 과학은 자신의 사실 탐구가 이미 세계를 바라보는 특정한 관점으로서 이념적 지향성을 담지하고 있다는 점을 염두에 둘 필요가 있다. 과학은 그 자신이 어디로 나아가야 할지 결정할 가치판단을 결여하고 있다. 이 점에서 과학은 종교를 필요로 한다.

하지만 우리 시대 종교와 과학의 근원적인 문제점은 바로 종교와 과학이 각각 제시하는 세계상과 인간상이 새롭게 출현하고 있는 시대를 담아내지 못하고 있다는 것이다. 이미 자연과 문화, 인간과 비인간, 사실과 가치가 뒤얽혀 발생시키는 혼종성(hybrid)은 우리가 근대 이래로 견지해온 생명의 경계들을 근원적으로 재구성할 필요를 제기한다. 이 점에서 대화를 넘어서서 새로운 통합(integration)으로 나아가야 한다고 주장되는 것이다. 이를 위해 라투르는 "자연의 정치"(politics of nature)라는 개념을 자신의 책 제목으로 내세우기도 한다(Latour 2004, 53-90). 어떻게 보면 우리는 이미 자연적 인간 상태를 넘어선 시대를 살아간다. 우리 모두는 사이보그이다. 인공적으로 제작된 의복이나 안경, 스마트폰 등이 없으면 삶의 영위가 불가능한 시대를 살아가고 있기 때문이다. 스마트폰 스케줄러는 이미 우리의 외장 메모리 기능을 감당하고 있고, 안경은 우리의 눈이 자연 상태보다 더 편하고 선명하게 세계를 볼 수 있도록 해준다(Clark 2003, 8-11). 우리가 입고 있는 옷은 단지 보온 기능과 보호 기능만을 갖고 있는 것이 아니라, 세계와 타인을 향한 우리의 몸의 메시지를 전달하는 기능들도 감당하고 있다. 즉 우리는 더 이상 자연인(natural being)이 아니다. 어쩌면 자연인이라는 것은 애초부터 존재하지 않았는지도 모른다. 단지 근대가 자신의 지적 구성물을 쌓기 위해 인위적으로 가공해낸 개념이 자연인지도 모른다. 즉 인간이 살아가는 사회의 바깥 경계를 인위적으로 세우고, 그 안에는 유럽인들이 그 밖에는 아프리카 사람들이 있도록 하고, 인간은 오로지 내부의 사람들로만 즉 유럽 중심의 사람들로만 규정하기 위해 세운 개념 말이다. 이제 종교와 과학은 우리 시대를 위한 새로운 사유의 틀을 제시할 능력이 있는지를 추궁당하고 있다. 많은 것들이 급속하게 변해가는 시대에 종교와 과학은 변화한 세계에 맞는 개념들의 창조를 요구받고 있다. 그 개념들의 창조는 종교와 과학이 다중학문적(multidisciplinary)으로 연계하여 이루어갈 것을 요청받고 있다. 이 점에서 우리 시대의 종교철학은 이제 종교에 대한 철학적 성찰이나 종교 현상에 대한 과학적 분석의 수준을 넘어서서, 인문학과 자연과학이 다중학문적 성찰들을 통해 세계와 인간을 설명할 개념들의 창조 지평으로 나아가야 할 것이다.

3. 다중학문과 종교성

라스케와 와일드만은 우리 시대 종교 연구가 안고 있는 문제점들에 대해서 공감한다. 하지만 그 두 사람이 택한 해결 방식은 너무도 달랐다. 우선 와일드만은 다중학문 연구(multidisciplinary research) 방식을 제안해줌으로써, 우리에게 다시 '철학적 기획'의 필요성을 제시해주고 있다. 현재 종교 연구가 현상적 특이성을 중심으로 편성된 것도 따지고 보면 종교란 무엇인가에 대한 철학적 이해가 근원적으로 자리 잡고 있다는 점에서 와일드만의 제안은 매우 의미 있는 몸짓으로 여겨진다. 문제는 이 다중학문적 연구 방식 속에서 '종교의 근원적인 의미와 목적'이라는 문제의식이 읽혀지지는 않고 있는 것이다. 와일드만의 제안에는 여전히 서구적인 학문 방식에 크게 의존하여 아카데미아의 연구를 중심으로 아이디어를 제시하고 있다는 점이 눈에 뜨인다. 다른 한편으로 라스케는 우리 시대 현장 중심적 현상학적 연구방식이 결여하고 있는 종교에 대한 철학적 이해의 기반 상실을 문제삼으면서, '종교적인 것' 혹은 종교의 본래성이 무엇인지를 성찰하고자 한다. 그래서 기의/기표의 이분법을 넘어서 퍼어스의 삼원론적 기호 해석을 도입하면서, '종교적인 것'의 본래성을 바디우의 진리 개념이나 지젝의 실재 개념, 데리다의 유령 개념에 빗대어 '기존 질서로부터 이탈하는 것'에서 찾는다. 이는 종교가 본래 관심을 두어야 할 곳은 학문의 세계가 아니라, 이 세상의 체제가 갖고 있는 합리성 때문에 불합리한 맹신으로 간주되는 존재들이라는 것이며, 바로 거기에 종교적인 것의 유적 속성(genericity)이 있다고 보는 것이다.

라스케의 입장에서 와일드만은 너무 학문적이다. 다중학문적 기획에서 우리가 관심을 갖는 종교는 결국 학문적으로 이해되는 정의들(definitions)의 경계 안에서 길들여진 종교 아닌가? 하지만 라스케가 찾고자 하는 종교는 바로 그런 제도권의 움켜쥠을 벗어나는 몸짓이다. 이런 점에서 라스케의 '종교적인 것'을 찾으려는 이론적 연구 시도는 언제나 유목적이다. 정해진 목적이 없다. 그것은 변화하는 시대와 상황 속에서 비존재로 간주되는 무의미한 존재를 관심과 사랑으로 존재로 복귀시키려는 노력이다. 그렇다면 처음부터 라스케가 찾고자 하는 종교는 존재하지 않는다. 아니 어떤 형식으로 고정된 실체를 통해 존재할 수 없는 것이다. 세계 모든 종교 속에 '가상적으로'(virtually) 존재하는 것이다. 여기서 가상적이라는 것은 결코 가능한 것이거나 잠재적인 것이 아니라는 들뢰즈의 구별을 유념하자.

와일드만의 입장에서 라스케의 종교이론 연구 시도는 다소 편협하다. 물론 라쉐케가 다른 종교 연구자들보다 폭넓게 기호학과 철학적 사유를 도입하여 종교 연구의 활동 영역을 넓혀준 것은 사실이지만, 와일드만이 지적하는 '다중학문성'에는 미치지 못한다. 그리고 우리가 '간학문적 대화'나 '학제간 연구'라는 흐름을 넘어서서 '다중학문'을 이야기하는 흐름 속에는 바로 21세기 문명의 복잡성과 중층성에 대한 와일드만의 폭넓은 이해가 전제되어 있다. 더 이상 인간 유기체의 이타적인 행동이 생물학에서 배제되는 주제가 아니며, 인간의 심리는 심리학의 연구 대상인 것도 아니다. 인간이라는 것의 생물학적인 경계가 이미 느슨해져서 도대체 어떻게 이후에 '인간'이라는 현상을 정의할 수 있을지가 고민인 상황에서 우리는 여전히 기존 학문의 경계들에 기반하여, 그 경계를 유지한 채 시도하는 학제 간 대화를 통해 종교가 알고자 하는 진리 물음에 미치지 못할 가능성이 높다. 그렇다면 종교와 철학은 혹은 인문학은 과학과의 대화를 진지하게 시도해야 한다. 이런 대화의 절박함을 염두에 두면서 와일드만은 다중학문적 시도를 구상한 것이다.

정답은 없다. 하지만 우리 시대가 처한 문제가 무엇이냐를 정의하게 되면, 결국 우리가 구할 정답의 범위가 결정된다. 즉 해답이 우리의 문제를 해결해주는 것이 아니라, 우리가 문제를 어떻게 규정하느냐에 따라서 우리가 구할 수 있는 해답이 결정된다(Deleuze 1991, 15-16). 한 가지는 분명하다. '종교' 연구는 신학을 포함해야 하며, 신학은 아울러 종교적인 것의 본래적인 관점 즉 정의의 관점에서 종교 연구의 비판적 동무가 되어야 한다는 것이다. 이는 단지 신학과 종교학 그리고 철학의 관계 속에서만 이루어질 것이 아니라, 종교와 과학, 종교와 정치, 종교와 경제 등의 분야들로 확산되어가야만 한다는 것이다. 이러한 만남들이 신학 고유의 독자성을 해치고, 신학이 일반학문의 시녀로 전락하게 만든다는 시각들도 있다. 하지만 기억해야 할 것은 존재는 본래부터 다수(multiple)이다. 그 다수로서의 존재를 하나의 정체성을 지닌 일자로 환원하는 것, 그것이 바로 체제적 사유인 것이다. 우리가 담지한 다중적 정체성 그리고 혼종성, 그것들을 외면하는 한 우리는 즉 신학자들은 결코 신학이 무엇인지 모를 것이다. 우리는 결코 홀로 존재하는 세상 속으로 도래한 것이 아니다. 함께 더불어 살아가야 하는 세상에서 나와 다른 관점들을 갖고 있는 이들과 더불어 어떻게 공존하며 그리고 서로의 가치를 공유하며 살아가야 할지 진지하게 고민할 때 신학은 그 본래의 고유성을 지켜나갈 수 있을 것이다.

마치며: 포스트휴먼적 결론
- 공생의 존재론을 위한 신학을 궁리하다

오늘 우리의 신학은 어디로 가고 있는가? 정의의 신학은 '둘'(the Two)의 신학이다. 신학적 주체는 본래부터 일자(the One)로부터 시작하는 것이 아니라 '둘'로부터 시작한다. 하나님과 인간 사이에서 말이다. 우리는 하나님의 형상을 입은 존재들이라는 신학적 개념은 인간이 우수하다, 월등하다는 식의 개념이 아니라, 우리가 삶을 어떻게 살아야 한다는 당위가 초월적으로 우리에게 부여되어, 우리의 기존 주체성의 구조에 균열과 긴장과 불화를 야기하는 방식을 서술하는 개념이다. 인간의 눈으로 보면 정의의 추구는 매우 환상적이다. 즉 허구적이라는 말이다. 전혀 존재한 적 없는 정의의 순간을 고대하며, 현재 삶에 정의롭게 살아야 한다는 부담을 지우는 것이 매우 비현실적이기 때문이다. 왜 정의로워야만 하는가? 왜 우리는 가난한 자들에게 마음을 쓰고 관심을 두어야 하는가? 그 근거는 곧 하나님이 인간을 사랑하셔서, 결국 우리처럼 무능력하고 무기력한 인간이 되어 십자가에서 죽은 사건 즉 성육신의 사건으로부터 도래한다.

서구의 철학 속에서 정의를 설명하는 여러 가지 방식이 있다. 그 방식들은 어떻게 정의를 구현하는가에 관심을 두지만, 도대체 왜 우리가 정의롭게 살아야 하는지의 근원적 필요성을 설명해주지는 않는다. 그래서 정의 담론은 본래부터 신학적이다. 그것은 곧 '함께-하는

-존재'의 존재론적 근거이다. 오늘 우리 시대에 주체는 유령처럼 세상을 떠돌아다닌다. 머물 곳이 없기 때문이다. 그래서 더 '함께-하는-존재'의 존재론이 필요하다. 함께 한다는 것은 모든 것을 받아주고 이해해주기만 하는 것은 아니다. 오랫동안 익숙해져 그의 부정의에도 둔감해진다면, 그 관계는 올바른 관계가 아니다. 함께 나아가야 할 곳을 쳐다보며, 어깨동무로 격려하고 북돋우며 나아가는 비판적 동무의 관계가 필요하다. 그래서 정의는 사이의 담론이다. 적어도 신학적으로 정의란 무엇으로 규정되지 않는 것이다. 유일한 규정은 그것이 우리의 시스템 바깥에 놓여 있다는 것이다.

최근의 과학기술 발전은 위에서 언급한 정의 담론으로서 신학에 대한 이해에 큰 도전을 던져주고 있다. 인간의 존재 방식이 근원적으로 바뀌고 있는 것이다. 레이 커즈와일은 인간 진화의 새로운 국면이 도래하고 있음을 예고한다(커즈와일 2007). 유전학과 나노공학 그리고 로보틱스 분야의 발전으로 향후 50년 이내에 인간이 생물학적 몸의 한계를 기술로 뛰어넘을 가능성 말이다. 철학적으로 근대철학의 한계인 근대적 인간 중심주의의 요인들을 담지하고 있긴 하지만, 커즈와일이 예고하는 기술공학의 발달은 인간의 몸을 인공적으로 갈아탈 수 있는 가능성을 강하게 예증해주고 있으며, 이를 통해 인간-기계의 '혼종적 존재'(hybrid being)가 단지 상상력의 차원에서 도모되는 것이 아니라 현실적 가능성으로 도래할 수도 있음을 알려준다. 환경에 대한 심각한 문제들이 문명에 제기되면서, 우리는 자연/인공에 대한 근대적 이분법에 담지된 편견을 더욱 공고히 해나가고 있지만, 도구를 사용하는 존재로서 호모 파베르(Homo faber)는 이미 '인간'이라는 존재가 순수하게 자연적 존재일 수만은 없음을 예감한다. 인간은 자연이 제공해주지 않은 것을 도구를 만들어 활용하면서, 자연과 인공의 혼종적 환경과 존재들을 창출해내는 존재인 것이다.

철학자 앤디 클라크(Andy Clark)는 더 나아가서 파격적으로 인간을 "사이보그"라고 규정한다(Clark 2003, 4). 단지 기술의 도움으로 인간이 육체와 인공적인 유무선 통신전선으로 연결되었다는 점에서가 아니라, 인간의 정신적 존재 자체가 이미 인간 두뇌와 비생물학적 회로를 가로질러 연장되고 확장되고 있다는 점에서 그렇다. 그래서 클라크는 인간 정신이 이미 인터넷과 SNS 등을 통해 단순정위(simple location)의 지역적 한계를 넘어 다중적으로 위치하고 존재하고 있으며, 이런 맥락에서 "연장되는 정신"(extended mind)이란 개념을 제안한다(Clark 2011, 220-232). 이 논의들 속에서 가장 핵심적인 것은 전통적으로 인간을 규정하는 데 큰 역할을 했던 생물학적 토대가 초월되고 있다는 점이다. 따라서 이제 '인간'에 대한 사유는 생물학적 토대를 넘어 '혼종적 존재'로 개념적 영토를 확장할 필요성이 제기된다.

이런 맥락에서 『제2의 기계시대』의 공동 저자인 브린욜프슨(E. Brinjolfsson)과 맥아피(A. McAfee)는 디지털 기계들과 더불어 살아가야 하는 시대의 모습을 그려주고 있다(브린욜프슨 & 맥아피, 2014). 이 책의 한국어 번역본에는 "인간과 기계의 공생이 시작된다"라는 부제가 붙었다. 원제에는 등장하지 않는 제목이지만 이 번역본 부제는 책의 핵심을 간결하고 확실하게 포착해주고 있는데, 이제 우리는 (특별히 디지털) 기계 문명과 더불어 인간의 문명을 공생시킬 방법을 찾아야 한다는 것이다. 이는 곧 인간이 자신의 생물학적 경계를 넘어 기계와 더불어 공생하는 시대를 의미한다. 기계와 인간이 공생하는 시대의 존재론을 개념적으로 도모하여야 하는 이유는 사실 기계와 인간의 대립적 이분구조가 이미 존재하고 있기 때문이다. 우리 시대의 인간-대-인간의 구조를 통해 소유 자본의 양극화가 심화되고 있고, 이는 이제 인공지능을 소유한 인간과 그렇지 못한 인간 사이에 격차를 더욱더 벌리고 있는 중이다. 약육강식과 무한경쟁이라는 삶의 이미지가 주입되어 부의 양극화로 인한 대립과 대결의 구조가 심화되고 있는 시대에, 어이없게도 우리는 인간과 기계의 새로운 공생의 시대를 도모해야 하는 이중의 부담을 안게 된 것이다.

그럼에도 불구하고 생명은 곧 공생의 기호학이다. 생물 유기체의 핵심 기초단위인 세포가 이미 DNA와 RNA와 단백질 시스템들 간의 공생구조이고, 아울러 DNA도 세포핵 속의 DNA와 미토콘드리아 내의 DNA의 공생구조로 생명을 창출해나가고 있음을 유념할 때, 이제 인간이 스스로 만들어낸 혼종적 존재들이지만, 그 디지털적인 혼종 존재들과 더불어 공생의 삶을 창출해나가야 하는 것은 바로 그것이 사람-사이(human-betweenness)의 공생과 조화를 가능케 하기 때문이다. 인간에 대한 새로운 이해는 이제 인간의 꿈이 아니라, 꿈의 인간이 궁리되어야 할 때임을 예감한다. 제1기계시대가 경제성장과 소비문화로 그리고 그를 쟁취하기 위한 탐욕의 역사로 이행되었던 폐해들이 그대로 남은 채, 제2기계시대로 진입하고 있음을 경고하면서 브린욜프슨과 맥아피는 그러한 과오를 되풀이하지 않으려면, 제2기계시대에는 기계와 공존하는 인간 사회를 '타인과 공감하는 존재론'과 더불어 구성하지 않으면 안 된다고 역설한다. 그렇다면 인간에 대한 새로운 이해는 단지 기존의 존재들과 더불어 어떻게 공생하는 사회를 구성할지에 머물지 않고, 더 나아가 새롭게 출현하는 존재의 종들(species)과 어떻게 공생하고 공조하는 조화로운 사회를 만들어나갈지의 고민들을 포함해야 한다. 다윈의『종의 기원』은 종이 진화사 속에서 어떻게 진화해왔는가만을 말하지 않는다. 오히려 무수한 종의 탄생과 멸종을 동시에 다루면서,『종의 기원』은 진화의 역사 속에 무수히 새로운 종들의 출현을 보여주면서, "종"(species)이라는 존재의 경계가 그렇게 견고하거나 고정적이지 않음을 예증한다. 즉 '종'은 추상적 존재인 것이다. 그렇게 추상적 개념 존재를 사실적 존재 즉 불변의 존재로 간주할 때, 늘 우리는 화이트헤드가 지적하는 "잘못 놓인 구체성의 오류"를 범한다. 이제 기계와 공생하는 사회적 존재의 이해 속에서 인간 이해가 담지한 기존 경계를 어떻게 해체하고 재구성할 것인지의 문제를 좀더 폭넓은 틀과 시각에서 조명하고 탐구해야 할 때라 생각한다.

이러한 흐름들은 우리가 앞으로 정의의 신학을 추구할 때 놓치지 말아야 할 방향성들을 알려준다. 우선 다중학문적 방법을 놓치지 말아야 한다. 지금까지와는 다른 개념과 구조의 인간이 출현한다는 것은 우리와 전혀 다른 존재들이 새롭게 창조된다는 공상과학영화류의 이야기가 아니다. 우리가 세계와 사물을 인식하는 것은 언제나—화이트헤드의 개념을 따라—잘못 놓인 구체성의 오류를 따라 작동한다. 추상적 개념으로 구체적인 경험을 재단해서 인식한다는 것이다. 즉 우리가 인식하는 '인간' 현상은 그렇게 언어적 기제가 개입하여 구성한 이미지이다. 지금까지의 인간의 모습 속에서 간파되지 않았던 측면, 즉 인간 고유의 잠재성들 중 실현되지 못하고 배반당한 측면이 조명되면서, 우리는 인간에 대한 새로운 이해를 가질 것이고, 그를 통해 지금까지와는 다른 인간의 탄생을 이해하게 될 것이다. 여기서 신학의 인간론은 이러한 통찰들과 대화하며 자신만의 인간론을 새롭게 구성해야 할 것이다. 존재를 인정받지 못하는 유령적 주체들이 지구촌을 떠돌아다닐 때, 그들과 함께-하는-존재가 되기 위해서는 이성의 논리에 기반한 인간 이해가 아니라 감성적 공감의 논리에 기반한 인간 이해가 필요할 것이다. 그것은 한국적 감성구조인 흥/한과 정/무심의 감성적 사이 구조로부터 도래할 수 있다고 생각한다. 그리고 여기에 한국(적) 신학의 가능성과 잠재성이 놓여 있다.

이 시대가 필요로 하는 신학적 담론이 정의의 신학이라는 것은 역설적으로 지금 우리가 살아가고 있는 시대가 부정의하다는 것을 의미한다. 부패한 한국 사회를 변혁하면서, 새로운 개념의 인간, 즉 여/남이 동등한 세상을 열어주고, 가난한 자들의 마음을 위로하고, 시대를 선도하던 기독교가 그리고 그의 교회들이 이제는 세상의 염려와 근심의 대상으로 추락하고 있는 다소 음울한 종교개혁 500주년의 해이다. 하나님 앞에서 모든 사람은 평등하다는 개념, 그것은 이제 모든 존재, 자연적 존재와 인공적 존재 모두를 포함한 모든 존재로 확대되어야 할 필요성을 제2기계시대는 예고하고 있다. 이제 인간-사이의 정의만이 아니라, 비-인간 존재들에게까지 정의의 담론이 연장 확대되어야 할 시대가 도래하였다. 인간의 경계를 넘어서는 탈-인간(혹은 포스트휴먼)의 신학이 정의의 담론과 더불어 요청되고 있다.

신학은 언제나 탈-인간적이었다. 지금 시대가 규정하는 인간의 범주는 당연히 포함해야 할 여성들과 아이들과 노인들을 신분 때문에 인종 때문에 그리고 성(性) 때문에 포함하지 않고 있다는 사실을 고발함으로써 신학은 정의 개념을 도입해왔다. 결국 신학은 탈-인간적이다.

| 인용 문헌 |

구티에레즈, 구스타보(Gutierrez, Gustavo). 1977.『해방 신학』. 성염 역. 서
  울: 분도출판사.

김영민. 2012.『당신들의 기독교: 환상의 미래와 예수의 희망』. 서울: 글항아리.

김현수. 2010.「서구 정의 개념의 지성사적 연원에 관한 연구」.『한국기독교신학
  논총』. 71집.

네그리, 안토니오(Antonio Negri) & 마이클 하트(Michael Hardt). 2001.
  『제국』(Empire). 윤수종 역. 이학문선1. 서울: 이학사.

데리다, 자끄(Derrida, Jacques). 2004.『법의 힘』(Force de loi). 진태원 역.
  서울: 문학과 지성사.

듀마노스키, 다이앤(Dumanoski, Dianne). 2011.『긴 여름의 끝: 지구에게 문
  명과 인류의 생존에 대해 묻다』. 황성원 역. 아카이브.

도르, 조엘(Joël Dor). 2009.『라캉 세미나 · 에크리 독해 I』(Introduction à la
  lecture de Lacan). 홍준기, 강응섭 역. 아난케 정신분석 총서6. 서울: 아
  난케.

로이스, 훌리오(Lois, Julio). 1988.『해방 신학의 구조와 논리』. 김수복 역. 서
  울: 한국신학연구소.

박일준. 2000. "역자 서문"『자연 신학: 과학과 신앙에 관한 에세이』중 판넨베르
  그 저. 테드 피터스 편집. 박일준 역. 한국신학연구소

_____. 2002. "From Being to Betweenness: 토착화 신학과 한국적 신학을
  넘어 – 존재를 넘어 '사이' 그 자체에로"『기독교통합학문연구소회보』여
  름: 제30호 Online: www.crifis.org.

_____. 2008.「코라의 이중주, 데리다의 차연(差延 différance)과 화이트헤드의 동일성(identity): 사이(betweenness)의 관점에서」,『人文科學』41집, 135-164.

_____. 2009.「화이트헤드와 바디우의 주체개념 비교: 창조성의 주체와 공백의 주체」,『화이트헤드 연구』, 18집, 9-47.

_____. 2010 A.「차이의 진리(差延)와 진리(의 差異): 데리다와 바디우의 접점, 주체에서」,『화이트헤드 연구』21집, 33-81.

_____. 2010 B.「탈근대 시대의 가난한 자, 사이, 그리고 혼종성」.『다시, 민중신학이다』. 강원돈 외 11명 공저. 서울: 도서출판 동연.

_____. 2010 C.「토착화 신학 3세대의 이중적 극복과제」.『제3세대 토착화 신학』. 변선환아키브 · 동서신학연구소 편. 서울: 모시는사람들.

박재순. 1999.「기독교의 유토피아 사상: 하나님 나라」.『시대와 철학』, vol.10, no.1.

배기찬. 2005.『코리아 다시 생존의 기로에 서다』. 경기, 고양: 위즈덤하우스.

백원담. 2010.『동아시아의 문화선택 한류』. 2쇄. 서울: 펜타그램.

브라운, 웬디(Brown, Wendy). 2010.『관용: 다문화제국의 새로운 통치전략』(*Regulating Aversion: Tolerance in the Agen of Identity and Empire*). 이승철 역. 서울: 갈무리.

브린욜프슨(E. Brinjolfsson)과 맥아피(A. McAfee). 2013.『제2의 기계시대: 인간과 기계의 공생이 시작된다』(*The Second Machine Age: Work, Progress, and Prosperity in a Time of Brilliant Technologies*). 이한음 역. 서울: 청림출판.

블로흐, 에른스트(Bloch, Ernst). 2009.『저항과 반역의 기독교』(*Atheismus im Christentum*). 박설호 역. 경기, 파주: 열린책들.

서남동. 1983.『민중신학의 탐구』. 서울: 한길사.

신은경. 1999.『풍류: 동아시아 미학의 근원』. 보고사.

심광현. 2005.『흥한민국: 변화된 미래를 위한 오래된 전통』. 서울: 현실문화연구.

오버만, 훼이코(Oberman, Heiko Augustinus). 1995.『루터: 하나님과 악마 사이의 인간』(*Luther:Mensch zwischen Gott und Teufel*). 이양호 · 황성국 역. 천안: 한국신학연구소.

위형윤. 1995.「기독교 경제정의 실천에 관한 연구」.『사회과학연구』, 3권.

_____. 2000. 「정의와 인권 실현을 위한 실천과제」. 『한국기독교신학논총』, 18집.

유지황. 2004. 「어거스틴과 (후기) 현대 사상의 정의(正義) 이해 비교 분석: 다원적 세계의 관계적 조화」. 『한국기독교신학논총』, 34집.

이글턴, 테리(Eagleton, Terry). 2010. 『신을 옹호하다: 마르크스주의자의 무신론 비판』(*Reason, Faith and Revolution: Reflections of the God Debate*). 강주헌 역. 서울: 모멘토.

이기상. 2010. 『글로벌 생명학: 동서 통합을 위한 생명 담론』. 서울: 자음과 모음.

이상익. 1997. 『서구의 충격과 근대 한국 사상』. 서울: 도서출판 한울.

이신. 2011. 『슐리얼리즘과 영의 신학』. 이은선, 이경 역음. 서울: 동연.

이원석. 2013. 『거대한 사기극: 자기 계발서 권하는 사회의 허와 실』. 북바이북.

이정배. 2011. 『빈탕한데 맞혀놀이: 多夕으로 세상을 읽다』. 서울: 동연.

이주한. 2013. 『한국사가 죽어야 나라가 산다』. 역사의아침.

임재해 외. 2007. 『고대에도 한류가 있었다』. 서울: 지식산업사.

장윤선. 2008. 『조선의 선비 귀신과 통하다: 조선에서 현대까지, 귀신론과 귀신담』. 이숲.

정수복. 2012. 『한국인의 문화적 문법: 당연의 세계 낯설게 보기』. 개정1쇄. 경기, 파주: 생각의나무.

정혜선. 2011. 「『동·서양 문화 비교』로 본 한류」. 『인문과학』. 48집.

지젝, 슬라브이(Žižek, Slavoj). 2003. 『믿음에 대하여』(*On Belief*). 최생렬 역. 서울: 동문선.

_____. 2007. 『죽은 신을 위하여: 기독교 비판 및 유물론과 신학의 문제』(*The Puppet and the Dwarf, the Perverse Core of Christianity*). 김정아 역. 서울: 도서출판 길.

차정식. 2000. 『신약성서의 경제사상』. 한국신약학회.

최규창. 2012. 『고통의 시대 광기를 만나다』. 강같은평화.

티한, 존(Teehan, John). 2011. 『신의 이름으로: 종교 폭력의 진화적 기원』(*In the Name of God: The Evolutionary Origins of Religious Ethics and Violence*). 박희태 역. 서울: 이음.

커즈와일, 레이(Kurzweil, Ray). 2007. 『특이점이 온다: 기술이 인간을 초월하는 순간』(*The Singularity Is Near: When Humans Transced Biology*).

김명남 · 장시형 역. 경기 파주: 김영사.

코스타, 레베카(Costa, Rebecca). 2011.『지금 경계선에서: 오래된 믿음에 대한 낯선 통찰』(*Watchman's Rattle*). 장세현 역. 서울: 샘앤파커스.

플라톤. 2000.『티마이오스』, 박종현, 김영균 역. 서울: 서광사.

피어리스, 알로이스(Pieris, Aloysius). 1988.『아시아의 해방 신학』. 성염 역. 왜관: 분도출판사.

한병철. 2012.『피로 사회』. 김태환 역. 서울: 문학과지성사.

현영학. 1997.『예수의 탈춤』. 서울: 한국신학연구소.

휘터만(A. P. & A. H. Hütterman). 2004.『성서 속의 생태학: 성서에서 찾아낸 지속가능성의 원형』(*Am Anfang war die Ökologie*). 홍성광 역. 서울: 황소걸음.

Badiou, Alain. 2005. *Infinite Thought: Truth and the Return to Philosophy*. trans. and edited. by Oliver Feltham and Justin Clemens. New York: Continuum.

_____. 2007. *Being and Event*. trans. Oliver Feltham. New York: Continuum.

_____. 2009. *The Theory of the Subject*. trans. Bruno Bosteels. New York: Continuum.

Bhabha, Homi K. 1994. *The Location of Culture*. London: Routledge.

Boice, James Montgomery. 2001. *The Gospel of Matthew*. Vol.1. The King and His Kingdom—Matthew 1-17. Michigan: Baker Books, 2001.

Caputo, John D. 2006. *The Weakness of God: A Theology of Event*. Bloomington & Indianapolis: Indiana University Press.

Clark, Andy. 2003. *Natural-Born Cyborgs: Minds, Technologies, and the Future of Human Intelligence*. Oxford: Oxford University Press.

_____. *Supersizing the Mind: Embodiment, Action, and Cognitive Extension*. Oxford: Oxford University Press.

Deleuze, Gilles. 1991. *Bergsonism*. trans. Hugh Tomlinson and Barbara Habberjam. New York: Zone Books.

Deleuze, Gilles and Felix Guattari. 1987. *Thousand Plateaus: Capitalism and Schizophrenic 2.* trans. by Brian Massumi. Minneapolis: University of Minnesota Press.

Derrida, Jacques. 1982. *The Margins of Philosophy.* trans. by Alan Bass. Chicago: The University of Chicago Press.

_____. 1998. *Monolingualism of the Other: or, The Prosthesis of Origin.* trans. by Patrick Mensah. Standford, CA: Stanford University Press.

Faber, Roland, Henry Krips and Danile Pettus. ed. 2010. *Event and Decision: Ontology and Politics in Badiou, Deleuze and Whitehead.* New Castle, UK: Cambridge Scholars Printing.

Goulder, Michael D. 1989. *Luke: A New Paradigm.* Journal for the Study of the New Testament Supplement Series 20. Sheffield, England: Sheffield Academic Press.

Harari, Yuval Noah. 2015. *Homo Deus: A Brief History of Tomorrow.* London: Harvil Secker

Hare, Douglas R. Matthew. 1993. *Interpretation: A Bible Commentary for Teaching and Preaching.* Louisville: John Knox Press.

Heelas, Paul. 2008. *Spiritualities of Life: New Age Romanticism and Consumptive Capitalism.* Oxford, UK: Blackwell Publishing.

Jennings Jr., Theodore W. 2006. *Reading Derrida / Thinking Paul: On Justice.* Stanford, CA: Stanford University Press.

Lafleur, Laurence J. 1960. "Introduction: Descartes' Place in History." in René Descartes. *Discourse on Method and Meditations.* trans., with an introduction, by Laurence J. Lafleur. Indianapolis: The Bobbs-Merrill Company, Inc.

Latour, Bruno. 1993. *We Have Never Been Modern.* trans. Catherine Porter. Cambridge, MA: Harvard University Press.

_____. 2004. *Politics of Nature: How to Bring the Sciences into Democracy.* trans. Catherine Porter. Cambridge, MA: Harvard University Press.

Lee, Jung-Young. 1995. *Marginality: The Key to Multicultural Theology*. Minneapolis: Fortress Press.

Luz, Ulrich. 2007. *Matthew 1-7: A Commentary*. Minneapolis: Fortress Press.

Milbank, John, Slavoj Žižek & Creston Davis. 2010. *Paul's New Moment: Continental Philosophy and the Future of Christian Theology*. Grand Rapids, Michigan: Brazos Press.

Negri, Antonio & Michael Hardt. 2004. *Multitude: War and Democracy in the Age of Empire*. New York: Penguin Book.

_____. 2009. *Commonwealth*. Cambridge, MA: Harvard University Press.

Raschke, Carl. 2012. *Postmodernism and the Revolution in Religious Theory: Toward a Semiotics of the Event*. volume in the series Studies in Religion and Culture. Charlottesville and London: University of Virginia Press.

Spivak, Gayatri Chakravorty. 1988. "Can the Subaltern Speak?" in *Marxism and the Interpreataion of Culture*. ed. C. Nelson and L. Grossberg., 271-313. Basingstoke: Macmillan Education. Accessed March 9, 2017, http://abahlali.org/files/Can_the_subaltern_speak.pdf.

Treacher, Amal. 2000. "Welcome home: between two cultures and two colours." in *Hybridity and Its Discontents: Politics, Science, Culture*. ed. Avtar Brah and Annie E. Coombes. London: Routledge.

Turner, David L. and Matthew Baker. 2008. *Exegetical Commentary on the New Testament*. Grand Rapids, Michigan: Baker Academic.

Whitehead, Alfred North. 1967. *Adventures of Ideas*. New York: The Free Press.

_____. 1978. *Process and Reality*. Corrected Edition by David Ray Griffin and Donald W. Sherburne. New York: The Free Press.

Wittgenstein, Ludwig. 1967. *Philosophical Investigation*. trans. G.E.M.

Anscombe. Third Edition. Oxford: Basil Blackwell..

Žižek, Slavoj. 1993. *Tarrying with the Negative: Kant, Hegel and the Critique of Ideology.* Durham: Duke University Press.

Žižek, Slavoj, & Boris Gunjević. 2012. *God in Pain: Inversions of Apocalypse.* New York: Seven Stories Press.

Zupančič, Alenka. 2003. *The Shortest Shadow: Nietzsche's Philosophy of the Two.* Cambridge, MA: The MIT Press.

정의의 신학: 둘(the Two)의 신학

2017년 3월 25일 초판 1쇄 인쇄
2017년 3월 30일 초판 1쇄 발행

지은이 박일준
펴낸이 김영호
펴낸곳 도서출판 동연
등 록 제1-1383호(1992. 6. 12)
주 소 (03962) 서울시 마포구 월드컵로 163-3 2층
전 화 (02)335-2630
전 송 (02)335-2640

ISBN 978-89-6447-360-3 93320